# 松下圭一 日本を変える

## 市民自治と分権の思想

大塚信一

TRansview
トランスビュー

# まえがき

ここに一人の政治学者がいる。

彼は政治家でもなければ、社会運動家でもない。しかし彼は、政治学者として、二〇世紀にはじめて誕生した都市型社会とそこに生きる市民についての、自治と分権にかかわる独自の社会理論をつくりだした。

その社会理論は、二〇世紀後半から二一世紀にかけて、日本の政治状況と社会構造を、ひいては文化のあり方を、大きく変えてきた。

私は本書で、なぜこのような政治学者が生まれたのか、その秘密を探ってみたいと思う。

彼は、大学教授なのに、研究室をあえてもたなかった。なぜ、もたなかったのか。彼は、研究室がないのに、半世紀以上にわたって、比類ない大きな仕事を続けてきた。なぜ、それが可能だったのか。

彼の足跡をたどることによって、日本人の習性となっている〝お上《かみ》崇拝〟の問題点と、それに抗して自立した市民が自ら政府をつくるべきだと考える彼の思想の特質が、明らかになるはずである。

彼は学者であり思想家である。同時にふつうの市民である。とすれば、〝たたかう〟というイメージからは遠いかもしれない。しかし二〇世紀後半の日本を、根底から変えてしまうほどのその思想の影響力は、変えるべき対象が一筋縄ではいかぬ、歴史的に形成された強固な地盤をもつものであるだけに、文字どおり身命をかけて〝たたかいとられた〟ものであった。

私は、このような政治学者・松下圭一の姿を描きたいと思う。

松下圭一　日本を変える——市民自治と分権の思想——＊目次

## 第六章　市民文化の可能性 248

# 凡例

一、本書掲載の図版は、「図4 東京都シビル・ミニマム計画（一九七〇年〜七二年）」をのぞき、すべて松下圭一氏作製のものである。図版掲載の書籍によって、図版タイトルその他に多少の異同があるが、本書掲載の図版タイトルと説明は、松下氏の指示に基づいて作製した。

一、引用の出典は、初出時に、書名・出版社名・刊行年を記し、二回目以後は書名のみを記した。

一、論文は「　」で表わし、著作は『　』で示した。なお、法律や条例も『　』で表わしている。

一、欧米の人名表記は、原則として松下氏の著作に準じた。同一名で著作により表記が異なる場合には、刊行年の新しいものによった。

一、本文中では、松下圭一氏をはじめ、すべての方の敬称を省略した。

松下圭一

# 日本を変える

——市民自治と分権の思想——

装幀　高麗隆彦

# 序章　松下圭一とは

## 多面的な存在

〝松下圭一〟という名前をみて、人はどのようなイメージを描くだろうか。かりに政治学者だと知ってはいても、具体的にどのような仕事をしたのかと質問されるならば、簡単には答えられないだろう。松下圭一はそれほど多くの仕事をした、多面的な存在なのだ。

まず、松下にたいするイメージは、世代によって異なってくるにちがいない。なぜかといえば、松下は一九五二年に最初の仕事を発表して以来、現在にいたるまで六〇年以上も、たえず日本社会の現実と政治状況にむきあって、発言をつづけてきた人物だからである。

たとえば七〇歳代の老人（私もその一人である）は、〝大衆社会〟論争の若き論客として、松下の颯爽とした活動ぶりを思いだすかもしれない。当時まだ論壇に強い影響力をもっていた、旧マルクス主義系の論者たちを相手に、松下は孤軍奮闘のかたちで、二〇世紀後半の日本社会の特質を見事にえがきだした。論争自体にかんしては、論点が十分にかみあっていたとはいえなかったが、ともすれば教条主義的な議論をくりだす論敵にたいして、より広い観点から現代社会の歴史的な位置づけをあきらかにする松下の論理は、じつに新鮮な印象をあたえるものだった。

また、六〇歳代の人々にとっては、松下のイメージは〝シビル・ミニマム〟という言葉とともに描かれるかもしれない。全国で〝革新自治体〟が誕生し、〝地域民主主義〟〝自治体改革〟がさけばれ、次第に日本の政治状況を変えていった。その背景には、松下のシビル・ミニマム論とその具体的空間化としての都市政策論の展開とがあった。

現在では、シビル・ミニマムの考え方は、自治体の職員のみならず一般の市民の間でも常識化しているが、ようやく敗戦後の貧しさから脱却しつつあった当時、それがどんなに新鮮な輝きをともなってみえたことか、言葉につくすのはむずかしい。ちなみに〝シビル・ミニマム〟〝地域民主主義〟〝自治体改革〟は、すべて松下の造語であり、その後、日本の社会理論を政策・制度改革型にかえていく端初となった。

そして五〇歳代の人々にとって松下のイメージは、つぎのようにいえるかもしれない。つまり、日本は経済成長の結果、GDPでは世界有数の大国になったかにみえた。しかし平均的な庶民は、テレビドラマの「水戸黄門」や「大岡越前守」にみられるように、いまだにお上《かみ》の権威の前にひれふす心性からぬけだせないでいた。そこへ自立した〝市民〟と〝市民文化〟の可能性を説く松下が登場した。松下は、明治維新以来長らくそうであったような、欧米モデルを引き合いにだすのではなく、私たち自身がそれをつくりだす必要を説いたのだった。

その結果現在では、日本各地で独自の地域づくりや福祉活動、また景観・緑化へのとり組みがみられるようになった。それと同時に、〝市民文化〟を真に可能にするためには、その根底に国家統治のためではない〝市民自治の憲法理論〟の創出が必要であることを、松下はあきらかにしたのであった。

四〇歳代あるいはそれ以下の世代の人々にとって、松下のイメージは、それまでずっとそうであったような、論壇の寵児としてのそれではないかもしれない。が、市民自治と分権を唱えつづけてきた松下の努力が、十分とはいえないまでも「二〇〇〇年分権改革」で実現をみたように、松下のイメージは、日本社会を成熟へみちびく先達へと変化してきた、といえるのではないだろうか。

さらに、明治以来の〝官僚内閣制〟から〝国会内閣制〟へという松下の提言も、それが日本社会・政治の現状変革のための基礎作業であることを、たとえばさきの『特定秘密保護法案』の議論の過程で、私たちもあらためて実感したのではなかったか。なぜなら、強行採決された『特定秘密保護法』こそ、国会を無視して官僚の独断と専行を許容するものにほかならないから。

**強く現実にはたらきかける**

つぎに視点をかえて、職業別に考えてみるとどうなるだろうか。ここでも〝松下圭一〟のイメージは、多様なかたちでとらえられているにちがいない。

まず政治家からはじめよう。

かつて半世紀前、松下が、社会党構造改革派の江田三郎のブレーンをつとめていたことは、よく知られた事実である。時間が流れ、二〇世紀の末に民主党が誕生する。そしてついに政権交代をはたした民主党の代表・総理大臣をつとめた菅直人は、「松下先生の〝不肖の弟子〟」であることを自認し、「松下理論を現実の政治の場で実践する」（菅直人『大臣』岩波新書、一九九八年）ことにつとめた。

また、革新自治体の群生期には、東京都の美濃部亮吉知事や横浜市の飛鳥田一雄市長をはじめ、多くの政治家たちが松下理論を導きとしていた。

一方、日本共産党に属する人々からすれば、大衆社会論争以来、同じく革新系に属するとはいえ、松下の存在は、社会変革理論の正統性という観点（とりわけ「国家統治」という問題）からすれば、何とも目障りなものであったといえるだろう。

もちろん「国家統治」をかかげる保守党の人々にとっては、「自治・分権」、「地域民主主義・自治体改革」をとなえ、市民自治の憲法理論の必要性を説く松下、はたまた官僚内閣制から国会内閣制への変革を主張する松下ほど、核心をつく強力な論敵はいないはずである。

今だに公共事業で何兆円ものバラマキをおこなっている保守党からすれば、〝スクラップ・アンド・ビルド〟ではなく、財政破綻を前に〝スクラップ・スクラップ・スクラップ・アンド・ビルド〟をとく松下が、憎々しくすら思えるであろうことは想像にかたくない。

つぎに学者の場合はどうだろうか。

政治学者にとっては、日本政治学会理事長や日本公共政策学会会長などを歴任してきた松下が、学問的に大いなる先達であることは、間違いないだろう。また、ロックの研究からはじめて四〇冊近い著作をもつ松下の研究を大まかに分類するだけでも、十指にあまる研究業績があることをしる研究者は、その無尽蔵ともいえるエネルギーに圧倒される。そしてなによりも、松下の仕事が現実に日本の自治体をかえ、保守・革新をとわず政治のあり方に決定的な影響をあたえてきたことを、否定することはできないはずである。

一方、たんに大学で講義をおこない、研究室で文献（とりわけ欧米系のものの）研究に専念している学者にとっては、松下の実際の姿を思いえがくことはむずかしいだろう。つまり、講義があるとき以外は、現実の課題を直視するために、ほとんど日本国中の現場におもむき、共同研究や対話をおこない、それゆえ研究室をもたぬ松下教授の姿を。ましてや、国レベル、また自治体レベルの政治・行政について、市民や職員たちとともに長年にわたって研究や政策・制度改革の提言をおこない、そこから現場の問題に精通している新しいタイプの研究者たちを、数多く世に送りだしてきた松下の姿勢を評価するなどは、とても考えられないことだと思う。

さらに現代政治をめぐって、政策・制度型思考の必要性から、幅広く市民型政策知識人の養成が求められるが、それは現場でしかできないこと、また政策・制度型思考そのものが予測と調整の技術であるので、学者型の社会理論による一方的伝達には限界があることなど、松下以外の誰が説得力をもって主張できるであろうか。

学者の二つめに、法律学者の場合をみてみよう。とりわけ憲法学者にとって、松下の『市民自治の憲法理論』（岩波新書、一九七五年）があたえた影響ははかりしれない。当時それは〝松下ショック〟とよばれた。国家統治のための憲法理論ではなく、市民自治の憲法理論を、という松下の主張は、至極もっともと思われるのだが、それから四〇年近くたっても、日本の憲法学は根本のところで今でもかわっていない。憲法学は条文の解釈学だけでよいのか、という松下の問いかけに、憲法学者たちはいつ真摯に答えるようになるのだろうか。

つづいて自治体の首長・議員や職員について考えてみよう。

すでにみたように、松下は三〇歳代から自治体レベルで、首長・議員や職員たちとともに、「市民自治」を起点として、政策・制度、また法務・財務をめぐる基本改革の提言をおこなってきた。やがてこれらの成果は定着し、われわれの常識となっていった。たとえば、市民が健康で快適な生活ができるための、政策基準としてのシビル・ミニマムの考え方など。

しかもここで重要なのは、自治体の首長・議員や職員が松下から学んだと同様に、松下自身彼らからじつに多くのことを学び、自身の理論にたえず反映させていったにちがいない、ということだ。

松下が研究室をもたないように心がけた真の理由を、私はこの点にみたいと思う。つまり、理論と現実との往復運動をこれほど徹底しておこなった政治学者は、ほかに存在しないだろうということだ。この意味において、私は松下にたいして衷心からの敬意を表したいと思う。

一方、今日の首長・議員や職員といっても、国の下請け機関に甘んじているだけの人々にとっては、松下の存在はこれ以上ないほど煙たいものではなかろうか。なぜなら松下は、首長・議員や職員にたいして、「基本条例」の制定によって自治体という〝政府〟をつくり、運営していくことを求めるからだ。

このことは官僚についてもいえるだろう。松下は、都市型社会において各国で拡大する官僚組織一般を批判しているのではない。そうではなく、今日の政官業複合のなかで、明治以来の絶対・無謬の国家統治をかざしながら、外郭組織をふくめて無限膨張をつづける官僚組織を徹底的に批判するのだ。なぜならその結果、ＧＤＰの二倍にもなる巨大政府借金をつみあげ、くわえて安全神話ボケで〝フクシマ問題〟に危機感すらもたない「官僚内閣制」という現実があるからである。とりわけその官治・集権型の法学思考に、松下は疑義を呈する。

そして、松下の言葉をつかえば、「全国画一、省庁縦割、時代錯誤という組織欠陥」をもつ官僚内閣制は、今日もつづいているのだ。だから官僚のおおくや、官僚出身の政治家たちは、〝松下圭一〟という名前を聞くたびに、顔をひきつらせる。私自身一度ならず、そうした場面を経験している。

## 私との半世紀にわたる関係

ここまでいくつかの視点から、松下の多面的なありようをみてきた。そのしめくくりとして、ジャーナリズムとの関係を検討することにしたい。本文で具体的にみるように、松下は学生時代には学生新聞の編集、大学助手時代は政治学事典の編集実務に精力をそそいできた。その後政治学者として、新聞や雑誌、出版と深い関係を保持してきた。それはあまりにも多様な関係なので、簡単にまとめられるものではない。

そこで私は、あえて松下と私との個人的関係がどのようなものであったかを明らかにすることで、一つのケース・スタディを提示したいと思う。そこから松下の、ジャーナリズムや出版にたいするスタンスのとりかたがみえてくるはずだから。

私が岩波書店に入社したのは、一九六三年三月のこと。短い研修期間のあとに配属されたのは雑誌課だった。雑誌課の部屋には、『世界』『思想』『文学』の編集部、そして渉外のセクションが同居していた。『世界』編集部には、後に社長となる緑川亨や、これまた美濃部東京都知事の特別秘書をへて岩波書店の社長になる安江良介などがいた。ちなみに、東京都のシビル・ミニマムの策定にあたって、安江は松下に協力を仰いだ。

『世界』編集部は七人前後の世帯で、いつも忙しそうにしている。それに比して『思想』と『文学』の編集部は、それぞれ二人の部員しかいない。しかもいつも静かである。

私の上司である雑誌課長のOは、東大法学部で川島武宜教授のもとで温泉権について研究したという人物だった。敗戦前後の混乱期に中央公論社の社員だったが、すぐにとびだし友人とともに出版社をおこし、一時期大もうけしたと自慢していた。それから岩波書店に入ってきたのだ。

Oは新人の私にむかって、「誰かあいたい人がいたらいいたまえ。あわしてあげるよ」といった。私は二人の名前をあげた。松下圭一と城塚登。城塚は初期マルクスの研究などで知られる哲学者だった。

Oは松下に電話して、「明日の昼、時間があったら神保町までできてくれないか」と頼み、松下の了解をえた。その翌日、私ははじめて松下にあい、揚子江という中国料理店で昼食をともにした。

なぜ私が松下の名前をあげたかといえば、学生時代からその著作の愛読者だったからだ。『現代政治の条件』（中央公論社、一九五九年）と『現代日本の政治的構成』（東京大学出版会、一九六二年）

の二冊である。そのほか『思想』に発表された論稿もよく読んだ。

ここでまったくの私事になるが、私の卒業論文のことにふれておきたい。社会思想史の武田清子教授の指導をうけて書かれた卒業論文の題名は、恥をしのんでいうと、「疎外概念の日本社会分析のための適用について」であった。初期マルクスの疎外理論によって、日本社会の問題点を明らかにしようという、若者らしい恐れをしらぬ構想であった。さきに名前をあげた城塚登の著作なども、そうした文脈で参考にしていたのだ。

卒業論文を書くにあたってもっとも役立ったのが、松下の前述の二冊の本であった。当時の松下は、現代日本社会における〝ムラ状況とマス状況の二重構造〟をあげ、それにたいする〝両正面作戦〟の必要を説いていた。

これは学生の私にとっては、目から鱗の落ちるような衝撃だった。なぜなら、当時の論者のほとんどが、〝ムラ状況〟への批判とそこからの脱却をといていたが、それらは欧米をモデルとする〝近代化〟の提唱にほかならなかった。ところが松下は、当時顕在化しつつあった都市化の問題をみすえて、〝マス状況〟にも光をあてていたのである。しかも、このムラ・マスの「二重の疎外」にたいする〝両正面作戦〟を構築するにあたって、ほかの多くの論者のように、手本を欧米に措定してかかることがなかった。

松下は、私たち自身の考えによって、私たち自身が〝両正面作戦〟を遂行し、新しい時代をつくるべきだ、と主張しているように思えた。

さらに今から考えれば、私がマルクスの疎外論を日本社会分析のために援用したことじたい、あながち誤りではなかったことも、のちにマルクス社会理論の基本は「社会主義《ソサエティ・イズム》」だという松下の明快な分析を読んで、はじめて理解することができたのであった。もちろん、学生の私にそこまで読みとることはできなかったのではあるが。

『思想』編集部に配属になってから三年目の一九六六年、私は松下に最初の原稿を書いてもらうことができた。「〈市民〉的人間型の現代的可能性」(『思想』六月号)である。

そういえば、山口昌男に「文化の中の「知識人」像――人類学的考察」を書いてもらい、林達夫に絶讃されたのもこの年のことだ(拙著『理想の出版を求めて』トランスビュー、二〇〇六年)。その意味で、一九六六年という年は私にとって、編集者としての出発を意味するものであった、といえるかもしれない。

「〈市民〉的人間型の現代的可能性」という論稿は、先にみたような、自発性をもって自治活動をおこなう市民の可能性について論じ、普遍性をもつ市民的人間型をあきらかにしたものであった。明治以来百年以上たって、ようやく「現代民主主義」の中心課題である市民的人間型の形成についての理論化が、松下によって可能になったのである。

その意味で、この論稿はその後の松下の膨大な仕事の基礎をなす、重要な礎石の一つといってよいだろう(もちろんその前提には綿密なロック研究があった)。残念ながら新米編集者の私には、その大きな意味を十全に読みとることができなかった。その後の半世紀間における、松下の仕事の全貌をみることが可能になってはじめて、私はその深い意図を理解できるようになったのである。なんと遅まきなことか!

それから五年後（一九七一年）、岩波新書編集部にうつっていた私は、松下に『都市政策を考える』を書いてもらった。この場合にも、私自身が企画をたて、松下に執筆を依頼したものの、そこに盛られた内容と射程について十分な理解をもっていたかと問われるならば、簡単にそうだとは答えられない。もちろん同年に刊行された『シビル・ミニマムの思想』（東京大学出版会）に書かれた松下のシビル・ミニマム理論と、その空間化としての都市政策という考え方については、それなりに理解しているつもりだった。しかしさきにのべた市民的人間型の場合と同様に、その理解はまだ不十分だったと今にして思う。

つまり、二〇世紀後半になって日本全土を都市化の波がおおって以降、都市政策は政治の根幹になっており、さらに都市型社会のはらむ問題に対処することこそが、今後のもっとも重要な課題であることを、もう一つ理解しきれていなかったのである。

それはともかく、この新書はまさに時代の要請にこたえていたのであろう、建築家や工学研究者、そしてデザイナーなどをふくむおおくの読者にむかえられた。版を重ね、深い影響力をもった。その結果、一九七二年には松下が中心になって、『岩波講座　現代都市政策』（全11巻・別巻1）がつくられる。編集委員は松下のほかに、伊東光晴、篠原一、宮本憲一の諸氏であった。本文で詳しくみるが、それは世界的なレベルにおいても画期的な試みであったといえるだろう。

『都市政策を考える』の四年後、一九七五年に、こんどは『市民自治の憲法理論』をまとめてもらった。この本のあたえた衝撃はすさまじいものだった。さきにもふれたように、それは〝松下ショック〟とよばれ、一部の憲法学者は怒り狂ったといわれている。憲法学者は『日本国憲法』を、国家統治の観点からのみ解釈していると批判する松下に、正面きって反論した学者はいなかったようだ。四〇年近く経過した今日でも、松下が批判した事態は本質的にかわっていない。

私はこの新書が刊行された前年の一九七四年に、宇沢弘文に『自動車の社会的費用』をまとめてもらっていた。この新書も非常に大きな衝撃を社会にあたえ（拙著『理想の出版を求めて』参照）、その結果、政策基準論としてのシビル・ミニマム論とあいまって、排気ガスの規制や道路の整備などがおこなわれ、この時代にみられた大都市の空をおおうスモッグから、われわれは解放された。今日、中国各地のＰＭ2.5の深刻な被害をきくにつけ、日本が青空をとりもどしていることの意味をかみしめないではいられない。

宇沢の新書が、現実的にさまざまな規制や法制度の改正をもたらしたのに比して、松下の『市民自治の憲法理論』による批判は、いずれ詳しくみるように、憲法の運用にかかわる「二〇〇〇年分権改革」をおしすすめたが、政治・行政の中枢における「官僚内閣制」から「国会内閣制」へという憲法の根幹にかかわる理論や教育においては、いまだ根本的な変化をもたらしていない。

それは松下の批判が、深い次元でのわれわれのお上《かみ》崇拝という文化・心理の、より深層にかかわるものだったからだろう。私は、松下が生涯をかけて批判しつづけた、私たち自身の意識構造ないしは文化特性を、すこしずつではあってもかえていかなければならない、とあらためて思う。

ところで、一九八〇年代の私はといえば、叢書『文化の現在』を出したり、現代文化の綜合雑誌『季刊へるめす』を創刊するなど、松下の仕事とは少し離れたところで活動していた。

九〇年代にはいって、私は編集部の責任者となり、私の個人的な好みだけでなく、岩波書店全体の企画活動を視野におさめなければならなくなった。ちょうどその時期に、二〇年ぶりに松下と再会し、「二〇〇〇年分権改革」との関係もあって、また集中的に仕事をまとめてもらうことになる。それはまず、分権改革直前の『日本の自治・分権』（岩波新書、一九九六年）からはじまった。あとがきで松下は次のように書いている。

本書は、おなじく岩波新書の『都市政策を考える』（一九七一年）、『市民自治の憲法理論』（一九七五年）につづいており、三部作となった。第一は、「政策」を中心に都市型社会への移行を背景とする発想・理論の転型を提起し、第二は「制度」をとりあげ、明治以来、戦後もつづく憲法学・行政法学のパラダイム転換をのべたが、今回は、一九六〇年代以降の自治体改革を集約しながら自治体の問題状況をあらためて整理している。国家観念の終焉にともなう自治体、国、国際機構への三分化が、その基調となっている。この意味で、この三冊は、国家、階級、農村の時代から市民、自治、都市の時代への、私なりの歩みとみていただければ、さいわいである。

続けて松下には、『政治・行政の考え方』（岩波新書、一九九八年）と『自治体は変わるか』（岩波新書、一九九九年）をまとめてもらった。この二冊は右の三部作をうけて、世紀末の雰囲気のなかで、あらためて日本における政治の問題点を整理し、それにたいする変革の条件を問うたものであった。

この二冊の実際の編集作業は、私が編集部長として激務のさなかにあったので、それぞれSとO

に担当してもらった。だが松下は、『自治体は変わるか』のあとがきでつぎのように書いてくれたのだった。

本書も大塚信一さんのお世話になった。今日からふりかえるとき、「国家、統治、階級」から「市民、自治、都市」へという一九六〇年代からの理論軸の転換を、大塚さんは最初に理解いただいた編集者だったと思う。

そういえば、『日本の自治・分権』のあとがきには、一九六六年に〝市民的人間型〟について寄稿してくれた折のことをのべたあと、松下は「一九六〇年代はおおきな転換期で、社会科学の理論対立、党派論争のとくにきびしい時代であった。編集にもご苦労があったと思う。今回あらためて、御礼を申しのべたい」と書いてくれたのであった。

いうまでもないことだが、私の苦労など、時代の変化とその問題をとらえて正面から挑んでいった松下の悪戦苦闘にくらべるならば、まったくとりあげるに足るほどのことではない。しかし松下の言葉に、私はふかく感動した。そして万分の一でもその言葉に値するところがあるとすれば、それは学生時代から私が松下の仕事に大きな影響をうけ、今もその影響下にある、という事実からくるものだと思う。

## この時代に松下圭一を読むということ

二〇一三年の春、松下は手紙と著書『成熟と洗練――日本再構築ノート』（公人の友社）を送ってくれた。それは私が年賀状で、私たちがこの一〇年間近くつづけてきた〝東アジア出版人会議〟の中国や韓国の仲間が、東アジア共通の現代の古典ともいうべき「一〇〇冊の本」の一冊として、松下の『都市政策を考える』の翻訳出版をそれぞれ準備しつつある、と知らせたことへの返礼であった。

『成熟と洗練』を読んでさまざまな感慨にとらわれた私は、久しぶりに話したいと思い、電話をしてあうことができた。一〇年ぶりの再会で話はつきず、かつて松下夫妻と一緒に食事をした店で、ふたたび一夕をすごした。

実はそのときまでに、二一世紀に入ってから刊行された松下の著作に目をとおしておこうと思ったのだが、調べてみて驚いた。なんと一六冊もあったのである。なかでも『都市型社会と防衛論争』（公人の友社、二〇〇二年）、『戦後政党の発想と文脈』（東京大学出版会、二〇〇四年）、『転型期日本の政治と文化』（岩波書店、二〇〇五年）、『国会内閣制の基礎理論――松下圭一法学論集』（岩波書店、二〇〇九年）、『二〇〇〇年分権改革と自治体危機』（公人の友社、二〇一三年）などは、まさに私たちが現在直面している問題に真正面からこたえようとする力作ぞろいで、私はあらためて松下のかわらぬ真摯な姿勢に感嘆せざるをえなかった。

二一世紀の社会状況を的確にとらえ、問題に多面的な照明をあて、その構造特性を浮き彫りにし、対応策を理論化していく――それは一九六〇年代から私がよくしっている、松下の政治学者としての稀有な姿勢そのままであった。

同時に、『現代政治＊発想と回想』（法政大学出版局、二〇〇六年）と『自治体改革＊歴史と対話』（法政大学出版局、二〇一〇年）の二冊は、松下が自身の仕事について、あらためてその課題を考察したものであり、その個人史をしるうえで興味つきない読み物でもある。

私はこの二冊と『成熟と洗練』をくりかえし読んだ。そして松下にあった。半世紀近くも前に、よく四谷や新宿でいっしょに飲んでいたときとまったくかわらず、あれこれと話した。そうこうするうちに、私は胸中に、松下の仕事について書きたいというつよい思いがわきあがってくるのを感じた。

私はこれまで、編集者として長年親しく接してきた三人の人物像をえがき、出版していた。『山口昌男の手紙――文化人類学者と編集者の四十年』（トランスビュー、二〇〇七年）、『哲学者・中村雄二郎の仕事――道化的モラリストの生き方と冒険』（トランスビュー、二〇〇八年）、『河合隼雄　心理療法家の誕生』（トランスビュー、二〇〇九年）、『河合隼雄　物語を生きる』（トランスビュー、二〇一〇年）である。

文化人類学の山口も、哲学の中村も、臨床心理学の河合も、いずれも半世紀をこえる長いつきあいであった。そして私は、彼らから大きな影響をうけてきた。

松下と話をするうちに、私は突如として学生時代のことを思いだした。――前にのべた松下の二冊の本を、マルクスやM・ウェーバーの本と同様に熱狂的に読んでいたことを。図書館で『思想』のバックナンバーをひっくりかえして、松下の論文をみつけてむさぼり読んだことを。

やがて私の思いは決意へとかわっていった。

今思えば、その変化は、現在のまことに危険な政治状況――安倍政権の『特定秘密保護法』の強行採決や、集団的自衛権についての恣意的な解釈改憲の閣議決定に典型的に見られるような――によって加速された結果だといえるだろう。

換言すれば、このような政治状況だからこそ、松下圭一という政治学者の仕事の全貌を明らかにしなければならない、ということだ。それはとりもなおさず、生涯を通して、日本の〝市民〟の成熟とその自治・分権のためにたたかってきた松下の姿をえがくことにほかならない。

私は本書で、松下の稀有な仕事を具体的にたどることによって、真の意味でのたたかう政治学者としての松下の姿をあきらかにしたいと思う。

# 第一章　出発まで

## 空襲と大地震

松下圭一は一九二九（昭和四）年八月一九日に、福井県福井市に生まれた。

福井の町は、かつて一五七五（天正三）年に柴田勝家が足羽《あすわ》川の北側の自然堤防上に北の庄城を築いたことにはじまる。後に北の庄の北が敗北に通じるとして忌まれたことから、福居と改められていたが、元禄時代ころからは福井と称されるようになった。

城下では度々の大火があり、一九六九（寛文九）年の場合には三五〇〇戸以上が被災し、天守閣も焼失した。その後、天守閣が再建されることはなかった。

松下は豊島上町《としまうえまち》（現豊島一丁目）に住んでいたが、それは北陸本線福井駅と足羽川の間に位置し、北の庄城跡にも近いところにあった。いずれも歩いて数分でいける。

父親が病身だったので、松下はこどもの頃から父親にかわって町内会の会費集めなどに回っていた。こうした体験が後にいかされ、地域への関心のもとになったと考えられる（『現代政治＊発想と回想』)。
一九四五年の敗戦時、松下は旧制中学の四年生になっていた。一五歳である。松下の言葉をきいてみよう(同右)。

当時、中学三年では出征兵士の農家に時折の農業動員、中学四年では学校は閉鎖状況となり、爆撃機などのプロペラづくりのため、徹夜をふくむ工場動員という日々でした。体が弱くて軍国少年になれなかった私は軽い結核にかかっています。胸のレントゲン写真には、今も小さな、いわゆるカルクがいくつもみえます。

松下の数年上の世代は、戦場にかりだされていた。同世代の友人でも予科練に行った連中は厳しい訓練と栄養失調のために結核になり、敗戦後復員はしたものの、やがて一人また一人と亡くなっていったのだった。

戦時は、戦争イデオロギーにあふれていましたが、上の諸世代とは異なって幼いため、私はまだ個人としての自覚をもってこれにとりくんではいない年齢でした。また、一九四五年七月の福井市への空襲では、私も焼死寸前となっています。近所の方々の防空壕では死屍累々でした。(中略)私をふくめ焼けだされた被災者たちは、八月一五日以前に放心状態で、すでに無気力、つまり戦争離脱となっていました。

八月一五日は、このため、私には通常語られているようなショックはなく、暑い夏日のもと、米の配給の行列に並んでいて、敗戦を知ります。「あ、終わったのか」という、いわばスカスカしたうけとめ方でした。行列の人々も同じようで、特別の反応もなかったようです。その日、福井も快晴で、正午ごろアメリカの長距離戦略爆撃機Ｂ29が太陽光線をうけてキラリと光りながら、高空を飛んでいたのを、今も覚えています。（同右）

福井の空襲がどれほど苛烈なものであったか、以下の数字をみればよくわかる。それは七月一九日午後一一時半頃から、翌二〇日午前〇時四五分頃にかけて行われ、地上からの反撃はほとんどなく、一二七機のＢ29によって一〇万本以上の焼夷弾（八五六トンとも、九五三トンともいわれる）が投下された。死者は一、五七六＋一〇八（重症後死亡）人、罹災者は当時の人口一〇三、〇四九人のうち八五、六〇三人にも及んだ。焼失家屋は二万戸以上。

米軍資料によっても、福井市の八四・八％が破壊され、「目標（福井市街地）の中央で、高度一五、〇〇〇フィートに達する煙を保った大火災が目撃された」（『米軍資料・日本空襲の全容――マリアナ基地Ｂ29部隊』小山仁示訳、東方出版、一九九五年）という。

松下はまさに〝目標〟の中央近くに居住していたので、その体験のすさまじさは想像を絶するものであったにちがいない。

敗戦の翌年、一九四六年に松下は、旧制福井中学校を卒業して金沢の旧制第四高等学校に入学した。

一八九四（明治二七）年に、すでに七年前に設立されていた第四高等中学校は、第四高等学校となった。四高の校長は、一九五〇（昭和二五）年の閉校にいたるまで、一四人を数える。そのなかには、第五代の北条時敬（一八九八〔明治三一〕～一九〇二〔明治三五〕在任）や、第七代の溝渕進馬（一九一一〔明治四四〕～一九二一〔大正一〇〕在任）など、学生の自治を促進し学生に敬愛された、優れた校長がいた。その一方で、自治と変革の精神に富むといわれた四高の学生から排斥される校長も、少なからず存在した。

松下が入学する直前の一九四六年一月には、当時の石井校長が学生の排斥運動によって辞任するという事件があった。また四七年一〇月には、昭和天皇の金沢訪問に際し、一部の四高生は来校反対を決議した。その結果、巡幸ルートは変更される。しかし松下は、そうしたことにはあまり関心がなく、共産党などとも関係のない、ごく普通の学生だったようだ。

三年生のとき、つまり一九四八年六月二八日、福井平野でM7.3の大地震がおこった。死者三、八九五人、負傷者二二、〇〇〇人余、家屋の全壊約三六、〇〇〇、半壊一二、〇〇〇弱。地震直後の大火によって四、〇〇〇戸弱の家屋が焼失した。

こうして松下は、「戦争末期の空襲とともに、数年の間に敗戦をはさんで二度、家をうしなうことにな」った。そして「この二回、いずれも、私は地域での社会、ついで政治・行政の崩壊を〈経験〉することになります」（『現代政治＊発想と回想』）。

## 最初の論文「習慣について」

そうした経験をもとに、一九四九年卒業を目前に松下は、四校の文芸部雑誌『北辰』（一五八号、昭和二四年一月三〇日発行）に、「習慣について」という論考を発表した。

「習慣について」は、松下が最初に公に発表した文章である。それと同時に、後の仕事を予想させる、きわめて独創的な発想にもみちている。以下で詳しくその内容をたどることにしよう（旧かなは新かなに、旧漢字は新漢字に改めて引用する）。

松下はまず、ロビンソン・クルーソーの話からはじめる。大西洋北緯一〇度にある孤島に漂着した彼の日々の課題は、いかにヨーロッパの生活様式をこの異土に再現するかであった。

すべての生物は環境において存在し、身体の構造は環境の函数である。それによって「人間の環境への適応は媒介されたものになり、間接的距離的な性格をもっている、《ママ》かくの如き人間の適応形式に沈澱してゆくことによって形成されるものが習慣である」。

「習慣は人間の活動形態を制約し、人間にとってそれは物理的「生理的」なものを構造的に意味している。それ故習慣は人間存在の条件であり、人間の行為構造の形式である。（中略）それは獲得された自然、アリストテレスに従えば第二の天性である。」

ラベッソンによれば、「「習慣」はもはや無く未だ無いところの変化の為に、即ち可能的変化の為に存在する」。「かように習慣は可能性の範疇に於てのみ勝義に把握せられ、斯かる平面にのみ経験の可能なる場が存在している」。

したがって、「経験は未来への、飛躍《エラン》への決意に支えられ、試行錯誤の過程として我々がその環境と相交渉する仕方――プラグマティズムの主張する如く検証的過程であるよりも寧ろ創造的構成的であると共に、所与性を課題性として把え、更に自由性に転換せんとする実験的努力――である」。

　つまり努力というものは、生命と環境とが均衡する場所であり、われわれはそこに「僻或いは傾性」を得る。「この傾性が次第に習慣という実体的表象にまで結晶されてゆくのである」。こうして「習慣は高次の生命と自然との間の共通の限界、換言すれば動的中項を意味」するものとなる。

　ここで松下は、デューイやゲーテなどの考えを援用しつつ、次のように論を進める。「……殊に人間に於てそれらは習慣――言語、制度、道徳、道義、機械の総体――に表象され、習慣は人間行為の構造にあって我々の生命の生理的機能として自己同一的に存立すると同時に、他方行為の条件、生命の限界として認知されるならば、……第二の環境を構成している。それは第二の自然であり、……歴史的な環境である」。

　さらに松下は、ベルグソンやペーターの説を吟味しつつ、神話の次元にまで話を広げていく。「……我々は幻覚の世界の中に、習慣の中に生存を続けているのである。幻覚の世界それは虚構の、神々たち（偶像、英雄、偉人、先祖）の神話の世界であるが、かかる意味でソレルやヴァレリイと共に神話を哲学の課題とみなすとき、我々は更に広い視野を獲得するであろう」。

　次に教育の問題に入る。「さて個人の習慣は、彼に先行する社会の要求を伴う慣習への模倣即ち教育の過程と彼自らの試行錯誤の過程との化学的融合の結果である」。

このあたりから論は佳境に入り、デカルト、スピノザ、ルソー、オスカー・ワイルド、ショペンハウエル、アナトール・フランス、デュルケムの思想が縦横に論じられ、とりわけヴァレリイへの論及が多くなる。

「我々は事実の大地の土着民であるよりも寧ろフィクションの国の市民である。事実の大地はつまり生む自然を指向し、フィクションの国は生まれた自然であり……その市民達は事実の大地を企画してゆくカテゴリ性を構造的に具備している。」

そしていよいよ、習慣の崩壊に論は及ぶ。

「千里の海洋をも遠しとせずして原始人はカヌーのみで航海しうるけれども、我々の活動は全く緻密多様であり、活動には整備された膨大な機構を必要とし、もしでなかったならば文明は主観の意図を充全に果すことは些少とも可能ではなく、それは予め快適に準備された環境を前提として要請している。この巨大な機構の崩壊は直接に我々の生活の支障破壊を惹起し、我々は為すすべも知らす《ママ》ミニマムとして沈黙の宇宙に投出されるであろう。」

ここには松下の二度にわたる被災の影響をみることができる。しかし同時に、後に都市政策論やシビル・ミニマム論、ひいては地域民主主義論を展開していく松下の原点がここにあることも、次の文章から読みとることができるはずである。

「……習慣という過去からの命令は却って展望的態度に把握され、強制としてよりも歴史的社会的自由に我々を解放するものとして行為を規定せしめる。」

次に芸術の問題に移り、イデーと作品との関係が論じられる。「アルチザンはアルチストの条件であり、アルチザンのみがアルチストを可能とする」。ここでも環境とか現実との関わりが重視されていることがわかる。

それは目的と手段を分けて考えることへの批判にもつながる。「習慣の裡に存在せぬ思想は実践の手段を欠くのみならず検証的規準にも欠け、シニカルな観念の王国の禁欲生活に身を隠す」。

つまり、人間にとって行為とは何か、が問われているのだ。「行為は、個人にとってその環境との平衡の不断の崩壊による回復の過程を意味し、社会的には持続的改良――或る特殊な条件の下では革命として爆発するそれである」。

そして、その行為の源泉である情動と習慣との関係について、次のようにのべる。「情動は飛躍《エラン》の必然的不可欠の源泉であるけれども、それは習慣の大樹に滲透し新鮮な樹液として流出する時にのみそれは現実となる」。「空間的脱出はHowを問うことによって得られる習慣の知的統御の貫徹を意味しており習慣の綾地にそれぞれの個人は織込まれているのみである。」

最後に松下は、そもそも人間の意識とは何であるかを改めて問い、それは広い意味での「階級の意識」であることを明らかにする。広い意味でといったのは、松下はハイデガー、ミンコフスキー、グルーレ、そしてエンゲルスの説に依拠して論じているからだ。つまり、通常みられるようなマルクス的階級意識論だけでなく、より根源的な人間存在論の地平まで含めて、「階級の意識」を考察しているのである。

そして次のような結論をえたのであった。

「習慣は個人に高次の客観性を賦与し、それは行為に向わんとする素質、行為における要請なのである。」「主体の解放は論理的な観念処理によってなされるのではなく、フィクションを生きることにより、具体的には階級に見いだされる個人の実践を通してのみ、新しいフィクションへの開放がなされるのである。」

脱稿の日付は一九四八年一〇月三〇日であった。

私は「習慣について」を、金沢の石川四高記念館と隣接した石川近代文学館の一室で閲読したのだが、その最中に、かつて私が編集したR・ハロッドの『社会科学とは何か』（清水幾太郎訳、岩波新書、一九七五年）を思いださずにはいられなかった。翻訳の書名を右のようにしたのは清水幾太郎であったが、原書名は *Sociology, Morals and Mystery* である。高名な経済学者ハロッドは晩年にいたって、人間の経済活動の根底にある習俗・習慣、道徳、さらには日常を超越した神秘などの重要性に気づいて、本書を書いたのであった（拙著『理想の出版を求めて』参照）。

一方、松下は二〇歳になるかならぬかの頃に、この論稿を書いた。しかもより深い次元において。その後の膨大な政治学者としての仕事を考えるとき、松下のハロッドに優る着眼点のよさを認めないわけにはいかない。

## 発禁本もあった「市民文庫」

ところで松下は、どうしてこのような欧米の思想家の著作を読むことができたのだろうか。もちろん四高の図書館に収められているものもあったにちがいない。しかしここには特別な事情があった。松下は「金沢の旧制四高の学生だったとき、四高前のとある商店（茶の販売店だったという――大塚）の壁面をかりて書棚をおき、「市民文庫」と名づけていた、二人の若い知識人がひらくミニ図書館をいつも訪れていた」（『現代政治＊発想と回想』）。松下はつづけてつぎのように書く。

「市民文庫」は、発禁の書をはじめ、戦前の専門書や文庫、新書からなっていました。聞くところによれば、発禁の書は特高警察の目をのがれるため、金沢近郊のとある農家の蔵に奥深く隠されていたようです。書棚には、戦前の書物にもかかわらず、戦後の新しい時代の息吹ともいうべき、リベラルな感覚が息づいているのを感じていました。

私は、旧制高校時代、授業よりもこの「市民文庫」で育ったようです。また、私に思考訓練の基礎をあたえてくれた三木清『構想力の論理』（岩波書店、一九三九年）は、ここで発見したのでした。今日からふりかえってみますと、敗戦直後、さすが金沢ですが、「市民文庫」という市民活動をおこなっていた二人の若い知識人がおられたこと自体、驚きというべきでしょう。

ここには羽仁五郎の著作や講座派系の論者の本もあったという。なかでも松下ののちの仕事との関係からいえば、国家観念の絶対性という考え方に強い影響を与えたヘーゲルにたいする根本的な批判である、ハイネの『ドイツ古典哲学の本質』（戦前の改造文庫版）に出会ったことは、特筆すべきであろう。松下自身、次のように書いている（『成熟と洗練――日本再構築ノート』）。

ハイネはドイツ政治の後進性、ドイツ理論の観念性を、本書できびしく批判していた。ハイネの頃のドイツはプロシアなど領邦の群立状態で、国民統一もできていない単なる地名にすぎなかった。ハイネはこのドイツについて、フランスのニワトリが「カクメイ」と鳴けば、時々目がさめるにすぎない後進地域だとキメツケていた。

マルクスも一員の「青年ドイツ派」でもあった、このハイネのドイツ哲学批判は、当時、カントやヘーゲル、ついで新カント派、新ヘーゲル派のドイツ系が主流をなす、日本の帝国大学の哲学者たち、さらに法学部の理論家たちからは、見向きもされていなかったと思われる。

松下は「市民文庫」の本を手あたりしだいに読んだ。だから自身がいうように、学校の授業からよりもはるかに多くのことを、この文庫から学んだにちがいない。同時にその体験からして、〝雑学〟の重要さも知ったという。

というわけで、学校の成績はかならずしも芳しいものではなかったようだ。くわえて松下は家が二回も罹災している。経済的に恵まれていたとは考えられない。松下の言葉を借りれば、福井県出身者が一五、六人住んでいる塾（寮のようなものか）の〝まかない屋〟をやっていた。それは塾の生活に必要な日用品の買物などをする仕事で、それが多忙なので、授業にはあまり出席しなかったらしい。四高に通うのにも、チンチン電車に乗らずに下宿から歩いた。

指導教官は、「東北大なら入れるだろう」といった。つまり、東大や京大はやめたほうがいいと示唆したのだ。しかし松下は、東大を受験し合格した。

ちなみに四高では、同年には芝田進午が、松下の一年後輩に宮本憲一が、いた。芝田は、松下が「習慣について」を書いた同じ『北辰』一五八号に、「科学論の研究――自然弁証法との関連において」を発表している。お二人にはいずれ、松下の仕事との関係で登場してもらうことになるだろう。

### 「東京大学学生新聞」編集長として

一九四九年四月、東大に入った松下は、本郷キャンパスの第一食堂の食券売場にはられた、手帳半分くらいの小さな紙片に、「東大学生新聞編集部員募集」と書かれているのをみつけた。さっそく編集部にいき、萩原宜之ら先輩の面接をうけて部員になった。五月頃のことだという（以下は、座談会「「東京大学学生新聞」の時代」『東京大学新聞年鑑』二〇〇六―〇七、の松下発言による）。

『東京大学学生新聞』は、その年一月に創刊されたばかりだった。しかも当時の大学の方針で、部員募集は差し止められていた。つまり松下は「ヤミ部員」になったのだ。

この新聞は、現在も発行されている『東京大学新聞』の母体となったもので、一九五七年に現行の題名に改めた。なお一九四八年末に新聞用紙割当問題で休刊したのも『東京大学新聞』であったが、これは一九二〇年創刊の『帝国大学新聞』が、敗戦前後の紆余曲折をへて、四七年にこの題名になったものだった。

当時、この新聞はあまり売れずに広告収入も少なかったので、財政的にきびしかった。のちに松下は、映画の広告をとったり、園田高弘のピアノ・コンサートを主催したり、映画「オルフェ」の試写会をおこなったりして、収入増加をはかったという。

先輩たちは三年になると卒論を書くためにやめていき、松下は一人になってしまったこともある。編集部は学生会館の二階にあった。三階には学生寮があり、松下は幸いにもその寮に入ることができた。松下によれば、〝二階と三階を行ったり来たりしているうちに、編集長になっていた〟。また松下は割付などの編集作業を好んだ。

敗戦直後なので、印刷所を探すのに苦労した。転々とした結果、新橋の「新光印刷」に落ち着いた。そこの社長は、のちに〝出版界の傑物〟といわれた徳間康快で、松下はよく話をしたという。印刷や校正の知識を身につけた松下は、のちに東京芸術大学、日本女子大、東大教養学部などで、大学新聞のつくり方を指導した。

その後大学側も部員募集を認めるようになり、新入部員が加わる。当時の南原繁総長とも月一回の会見がおこなわれるようになった。なお東大学生新聞会の会長・小野秀雄教授（新聞研究所長）や、顧問の辻清明教授（法学部）とも時々会っていた。

編集長として忘れられないのは、「医学部の大名行列」記事事件だという。一九五〇年二月一六日付の第37号で、医学部の教授回診をマンガにして批判する記事を掲載したのだ。医学部教授会で大問題となり、総長室から「刊行停止」の電話が入る。当時は用紙割当制で、総長印がないと新聞がだせない。しかし顧問の辻教授の努力で、何とかつづけることができた。休刊は一回もなかった。

当時、この新聞は書店やキオスクでも入手できた。また定期購読者には郵送するので、部員全員で新聞折りをし帯封をしたという。

松下は一年生のときから二年生の後半に身体をこわすまで、一年一〇カ月近く編集長をつとめた。編集部員は七、八人、他に営業部員が二、三人いた。のちにみるように、大学卒業後に従事した『政治学事典』の編集作業とあわせて考えるならば、実務を大切にする松下のこのような姿勢は、やがて自治体改革へのさまざまな具体的提言につながっていったと考えられる。

学生新聞の仕事が忙しいこともあって、丸山眞男、辻清明といった有名教授たちの講義も、松下はあまり聴かなかったようだ。のちに、「私に政党にかんする理論関心をあたえていただいたのは、大学時代の辻清明教授の講義によってであった」（『戦後政党の発想と文脈』）と書いてはいるが。また文学部の授業、たとえば哲学科のヘーゲル『法哲学』演習などはのぞいたことがあるという。

二年生のときに丸山眞男ゼミに入った。ルカーチの『歴史と階級意識』（一九二三年）をドイツ語で読んだ。したがって、「ルカーチだけでなく、コルシュ、ローザ・ルクセンブルク、あるいはベルンシュタイン、カウツキー、また二人のアドラー、レンナーなど、ドイツ語系の多様なマルクス理解を教わっていました。当時は理論辺境だった日本からは世界の主流にみえるソ連共産党ないしコミンテルン系のマルクス理解を、私はそのころ、すでに相対化できていました」（『現代政治＊発想と回想』）。

しかしそれも、松下が三年生のときに丸山教授が健康をそこない入院してしまったので、一年ぐらいで終わってしまう。

三年生のときに、「ロックにおける近代政治思想の成立とその展開」という論文を書いた。丸山教授は病床でそれを読んでくれた。松下は非常に感動した。

## 『政治学事典』の編集会議

三年で卒業した松下は、公募に応じて法政大学法学部の助手になった。

一九五二年、松下の最初の仕事が発表される。三年生のときに書いた右の論文を書きなおし、同じタイトルの(1)(2)として『法学志林』第五〇巻第一号、第二号に掲載された。さらにそれらを読んだのであろう水田洋の仲介によって、五四年には一橋大学の『一橋論叢』の「ロック没後二五〇年記念号」(第三二巻第五号)に、続きの部分が「名誉革命のイデオロギー構造とロック」として発表される。

これらの論文をもとに、五年後の一九五九年に、松下の最初の著作『市民政治理論の形成』(岩波書店)が刊行される。が、それについては次章で詳しくみることにして、松下が助手時代に経験した『政治学事典』の編集作業についてのべておこう。この事典は一九五四年に平凡社から刊行された。すこし遅れて企画されたと思われる同社の『哲学事典』は、編者の林達夫を中心に、ユニークで開かれた執筆陣によってつくられていた(一九七一年刊)。

『政治学事典』の編集会議は、編集委員の辻清明・中村哲・丸山眞男が議論をかわす場だったので、松下はそこからさまざまなことを学び、「政治理論の全領域を見わたす思考訓練にもなった」(『現代政治＊発想と回想』)。

また編集事務をおこなうにあたっては、「単語選択のため政治学の各領域にあたらざるをえなかった。いまだ戦時中からの理論鎖国がつづいていた当時、紀伊國屋書店でようやくもとめた最新のトルーマン『ガバメンタル・プロセス』（一九五一年）が新鮮だったことを、今もあざやかにおぼえている」（『戦後政党の発想と文脈』）という。

ところで松下は、助手時代に非常に重要な仕事をおこなっている。それは、ロックにおける「理論としての近代」の成立＝市民政治理論の形成の確認の上に、さらにその現代的転換について論じていることだ。それは「集団観念の形成と市民政治理論の構造転換」(1)(2)として、『法学志林』に一九五六年の三月と五七年の一一月に発表されている。いずれ詳しくみるが、この現代的転換こそ、松下の「大衆社会論」の基本的論点となるものであった。

最近書かれた「〈官治・集権〉の日本とロック」（『ロック『市民政府論』を読む』岩波現代文庫版、二〇一四年）で、松下はつぎのように書いている。

> 戦後の一九五〇年代、まだロックの本格理論研究は日本になかった。私は一九五〇年代の若き日、ロック理論を市民政治理論の《古典的形成》として位置づけ、今日の《普遍市民政治原理》を理論化するという時期をもちえたことに、感謝している。
>
> 当然、当時の私の次の仕事は、〈都市型社会〉への移行をふまえた、二〇世紀初頭以降における市民政治理論の新しい《現代的転換》であった。

二年間の助手時代をへて、松下は法政大学の講師になった。以後矢つぎばやに仕事を展開していくことになる。

# 第二章　ロック研究

## 1　ロック思想の前提

### 最初の著作『市民政治理論の形成』

すでにみたように松下は、旧制大学三年生のときに書いた論文に手を加えて、『法学志林』と『一橋論叢』にそれぞれ発表した。五年後にそれらをもとに、章節の構成を変え、書き直したのが、最初の著作『市民政治理論の形成』（以下『形成』と略記）であった。

五年という年月の意味についてはのちにあきらかにすることにして、ここではまず、松下が論文を発表した一九五〇年代初頭の状況について、松下自身の言葉で記しておこう（『現代政治＊発想と回想』）。

この一九五〇年代は、日本におけるヨーロッパ思想史研究では、軍隊にもいかれた戦中派の福田歓一さん、水田洋さんらが仕事をされはじめていました。だが、戦時中の日本は理論鎖国だったうえに、敗戦後も戦後の欧米で飛躍的にたかまる思想史研究の専門文献がまだひろくは入らない時代でした。また、貸出し制度の整わない時期でしたから、戦前の文献についても、各大学図書館の利用には、私は個人として各大学の友人にお世話になりました。（中略）ただ、ヨーロッパ思想史もふくめて最新の研究書や研究誌などを、占領政策の一環として公開していた日比谷の「アメリカ文化センター」にはよくかよいました。

また松下は、つぎのようにもいっている（同右）。ロックの思想を研究するためには、以下の三つのマクロな人類普遍原理、①古代共和原理、②中世立憲原理、③近代個人原理、への展望が必要だったのだが、当時のわが国の研究水準が低いのでとても苦労した。とりわけ②と③（なかでも宗教的寛容の問題）については、敗戦直後の当時の理解をこえるものであった。つづけてつぎのようにいう（同右）。

日本の維新前後における英米仏といった一九世紀先進国理論の導入は、明治啓蒙思想、自由民権どまりで、明治憲法制定ののちは、もちろん異端もありましたが、正統理論は各帝国大学法学部の主流をなした一九世紀ドイツ系の後進国型官僚国家理論を原型としていました。そのうえ、戦時中は、リベラリズムのイギリス、デモクラシーのアメリカを「鬼畜米英」といっていたのです。このため、ここでのべた①②③をめぐる、戦前から戦後にかけての日本の理論状況は当然だったといえます。近代化後進国の悲しさでした。

この①②③にとりくむため、東大図書館にもかよいましたが、私の主題に関連する英文図書の多くには「オックスフォード大学寄贈」という朱印がおしてありました。関東大震災の折、寄贈をうけていたのです。大学の国際性をあらためて痛感しました。


このような状況のなかで、若き松下がロックの問題にとりくむことができたのは、前章でみたように、旧制高校時代に「市民文庫」で欧米の思想家たちの著作に親しんでいたからだった。『北辰』に発表した「習慣について」を書くために、松下はデュルケム、ベルグソン、デューイ、そしてヒュームなどの考えを援用したが、そのヒュームを介して、ロックやホッブズを中心とするイギリス市民思想への関心が高められていったのであった。

大学に入ってからは、学生新聞の編集長として多忙なときをすごした。しかし、健康上の理由で編集長を辞して以降、ふたたびイギリス市民思想への関心が復活し、三年生のときに「ロックにおける近代政治思想史の成立とその展開」をまとめた。それから『形成』上梓までの経緯は、前章で詳しくみたとおり。その間の五年間が、松下にとってどんな意味をもっていたのか、『形成』の「序言」を検討してみよう。

まず、この五年間に、欧米におけるロック研究に大きな進展があったことを、松下は具体的にのべる。

しかし、もっと重要なことは、この間における戦後日本思想の根本的な変化であった。旧稿をまとめた五年前には、松下自身「戦後啓蒙思想の近代一段階論的発想」にたっていたという。五年後の現在、「市民社会」から「大衆社会」へという問題意識から、「近代・現代二段階論」が提起されている。とするならば、「市民社会」観念の古典的形成者としてのロックの政治理論は、これまでとはことなった視角から位置づけなおされなければならない。

それは、松下が市民政治理論のロックにおける古典的形成を論じる場合、とりもなおさず、市民政治理論の「現代的転回」との関連においてであることを意味する。その内容は、やがて『形成』の続篇として予定されていた『市民政治理論の転回』となるはずであった。『転回』は陽の目をみることがなかった。しかしその内容こそが、のちの松下の膨大な仕事のそれぞれの基礎にすえられていたのである。

同時に、驚くべきことには、松下はこのロック研究にじつに壮大な意図をこめていた。それは第一に、哲学におけるデカルト、自然学におけるニュートン、経済学におけるスミスに匹敵するような位置を、政治学においてはロックにあたえることを課題とした。つまり、「このような古典的範型を設定することは、現代における政治理論の諸展開に内在する価値観念ならびに理論範疇の普遍的問題性をえぐり出す視角の樹立を意味している。古典の現在的同時性といわれるものはまさにこれである」というわけだ。

第二に、ロック研究の課題として、ロックにみられるような「理論」の成熟は、どんな時代的条件と理論的範疇の成立によって可能になったかを、あきらかにすることがある。つまり、「理論」の一般理論＝思想学の開拓である。

そして第三に、この思想学の開拓はたんに学問的な問題であるにとどまらず、「そこにはむしろ日本における変革思想の構築という現代的要請が基底によこたえられている」のだ。この点こそ、松下が生涯にわたって追求しつづけたことである。

このような課題にこたえるために、松下は「価値観念・嚮導《きょうどう》観念・論理構成」という、それぞれ関係をもつ三つの概念装置を提起した。

それは、現実と理論との内的関係を理論化するための装置である。いうまでもなく、「現実は直接無媒介に理論へと反映し飜訳されるものではない。現実はその現実自体を構成している特定の歴史的主体によってはじめて理論へと抽象される」からである。とするならば、「歴史的諸主体のあいだの闘争は、同時に諸理論のあいだの闘争として展開され、そこにイデオロギー論的問題状況を露呈してくる」。つまり、「社会は理論の対象であると同時に主体である」のだ。

若き松下は、マルクスのカテゴリー論を援用しつつ次のようにいう。

「価値観念」とは、「歴史的主体の理論への上昇飛躍を可能とする価値意識の結晶核、いわばその主体のエートスの範疇的凝集観念」を指し、「嚮導観念」とは「このような価値観念を基礎にして、主体・現実の客観的形式を抽象したものであり、理論の全展開過程を論理的に制約していく範疇的観念」である。

「論理構成」とは、「この嚮導観念による理論の内的規制の論理＝方法」であり、「歴史的主体の現実への関係の方法——生活・運動の文法さらに認識の方法が、理論の展開を組織化していく方法」である。

つまり、右のような「理論の構造的把握」は、「さらに理論の形成と機能の分析へと動態化される」のであり、「理論構造の把握は同時に研究方法にも転用しうる」のである。

しかもこの「概念装置＝研究方法」は、先にみた「現代における変革思想形成の文法論としても適用されうる」、と松下は考える。このような壮大な意図のもとに書かれた『形成』は、「これまでの日本で正当な位置づけをもたなかったロックを中心としながら、市民思想の形成についての総体的な仮説をも提示することになった」のである。

## ルネサンスと宗教改革

『形成』の第一章「市民政治理論の歴史的課題」からみていくことにしよう。

市民政治理論の権力統合過程は、通常上昇型のピラミッドによって表現される。「個人↓（代表）↓議会↓（法律）↓政府」である。つまり、個人から出発して、個人の代表者による議会の構築、議会による法律の制定、政治による法律の執行、という過程である。この統合過程には、個人の自由と個人の理性という二つが前提とされている。

このような政治統合過程は、現在では資本主義諸国だけでなく社会主義諸国においても、自明の政治的公理になっている。しかしこれは、「世界最初の市民革命としての一七世紀イギリス革命を背景として歴史的にはじめて可能になったもの」であり、ロックがその最初の包括的な理論化をおこなったのであった。

いうまでもなくロックは、政治理論のみならず、近代思想革命を完成させた啓蒙哲学――それはアメリカ革命、フランス革命などの市民革命を準備した——の祖としてもしられている。

周知のごとく、ルネサンスとリフォーメイション（宗教改革）は中世思想崩壊のきっかけをつくった。しかし一八世紀の啓蒙哲学にいたるまで、近代市民思想の完成をみることはなかった。その間の過渡期を、松下は「分極的なバロック時代」という。このバロック時代は、「新しいものと古いもの」、あるいはレンブラントの絵画に象徴的に表現されているような「光と影」のあいだの、分極の時代であった。それはケプラー、デカルト、パスカル、ミルトン、ホッブズなどの思想に、さまざまなヴァリエーションをともなって、みられるものでもあった。

しかし、一七世紀後半にロックが登場することによって、理性が究極の勝利をおさめることになる。その結果、ルネサンスとリフォーメイションによって歩みをはじめた「近代」市民《ブルジョア》思想は、ロックによって古典的な完成をみることになった。

以下、このような思想的背景のもとに、ロックの市民政治理論がどのように形成されたか、絶対主義国家を中心にその政治過程を検討する。ただし議論がすこし煩瑣になるので、省略して、六〇頁から読んで下さってもかまわない。

まず松下は、絶対主義国家によって克服される封建社会について検討することからはじめる。封建社会は、Ⅰ共同体を基礎とし、Ⅱ身分的支配関係によって構成されている。この社会関係は天上に投影され、逆に神学的な秩序の下降形態として理論化される。

つまり、Ⅰ普遍主義 Universalismus こそ共同体の「存在形式の模写」であり、そこでは神が最高の普遍である。そして、Ⅱ人的封関係を中軸とする階層主義的身分秩序 Hierarchie も、「最高の普遍としての神のロゴスの段階的下降・流出」とみなされる。

トマス・アクィナスが理論化した、永久法、自然法、人定法、神定法という階層的な法秩序こそ、右の封建社会の構造的特性をあらわすものであった。

したがって中世の君主は、封建法である「王国の法」を前提に、神の法を背景として統治しなければならなかった。その意味で、恣意的たりえなかったのである。それを制度化したのが「ローマ法王による破門、あるいは君主の戴冠式宣誓や封建貴族の君主にたいする抵抗権の留保であった」。

しかし、農業生産力の上昇と前期的商業資本の進出は、「封建制の危機」をうむことになる。そこでは共同体の崩壊からくる「《個人》の析出」と、封建制度の一元化・統一化による「絶対主義《国家》の成立」がみられるようになる。つまり、「国家対個人の対立が絶対主義時代に歴史的に形成されるのである。

ルネサンスとリフォーメイションは、それぞれのやり方で中世の神学的宇宙論体系を解体し、近代への理論的な条件を準備していくことになる。

まずルネサンスから。二人の代表的人物、レオナルド・ダ・ヴィンチとマキァヴェリは、それぞれ現世的人間像と現世的国家像をつくりだした。しかしそれらは、中世神学と対立したものの、けしてそれを完全に否定するものではなかった。

たとえばマキァヴェリの場合、「㈠政治的状況思考、㈡国家理性の観念の形成」をみてはいたものの、国家は「古代ローマの政治的徳性 virtù を組織化していく統治者 principe の統治機構を意味するものでしかなかった」。

もちろんここでは、「権力・国家の自律性」がみられるが、それと個人の自由との関係が問われることはなかった。ましてやその後歴史的に明らかになる、君主制対共和制という考え方をみることはできない。しかしながら、「伝統的な封建規制からの国家の解放――国家理性の提起は、近代絶対主義国家の権力運動へと結合されてゆく。ここにマキァヴェリズムないし権謀術数の観念がうみだされる。マキァヴェリの国家はまさに、「中世」キリスト教ならびに「中世」立憲主義からの国家の解放となって「近代」をはらんでいく」のである。

これにたいして、近代的な意味での「権力対自由」という状況を最初に提示したのは、リフォーメイションであった。免罪符の販売や法王庁の堕落への批判をきっかけに誕生した古プロテスタンティズムは、ルネサンスが商業資本の興隆を背景にもっていたのとは異なり、独立小生産者としての農民や職人のイデオロギーとなっていく。

したがって、古プロテスタンティズムというイデオロギーのもとに行われた農民戦争は、宗教戦争でもあった。そしてそれが、絶対主義化しつつあった君主間の戦争となっていったのである。

同時に、キリスト者の《自由》の教義は、独立自営化する《個人》の内面に定着する。また農民戦争という大衆蜂起が封建制度への抵抗であるとすれば、それは法王庁や封建貴族と対決する絶対君主の権力論理と適合するものでもあった。「ここに国家対個人、権力対自由という近代的対立が、思想内在的にも準備されることになった」。

とはいえ、リフォーメイションによって世俗国家の位置づけがなされることはなかった。プロテスタンティズムにおいても、国家はキリスト教国家であるべきであった。ただ、プロテスタンティズムが「信仰のみによる義」sola fide を提起したことは、教会秩序の媒介によることなく、「神による《個人》の直接的救済を保障」するものであった。それは、封建制度とそれによって支えられていた普遍教会理念の崩壊を意味する。

その結果、教会を媒介とする永久法→自然法→人定法という、「神と人間との階層的連続性の崩壊は、恩寵の世界と自然の世界との分断をもたらし、教会と国家、教権と俗権との二元的分離を完成する」。教会が国家と分断され、内面世界へと還元されてゆき、組織も偶像も否定されたあとに誕生するのは、万人司祭主義と聖書主義である。

しかし、「神への服従こそ真の自由」という古プロテスタンティズムの自由は、意志奴隷論へとつながり、原罪説へとむかう。聖界と俗界は対立しているにもかかわらず、それらは構造的等質性をもつようになる。万人司祭主義は万人臣民主義となってくる。「それゆえ聖界におけるキリスト者の《自由》は、絶対主義国家権力の歴史的形成とあいまって、俗界における《権力》への《個人》の絶対的服従へと傾斜する」。

こうしてプロテスタンティズム教会は、現実には国家教会として組織されることになる。もちろんそこには、ルターの「監獄国家」観とカルヴィンの「神政国家」観の対立があったが、そしてとりわけカルヴィニズムは共和主義への可能性をもっていたのだが、結局は国家教会へとむかったのであった。

同様な動きはカトリシズム内部においてもみられた。ジェズイッティズムとジャンセニズムである。前者は「国家宗教化し、絶対主義国家の思想警察」となり、後者はパスカルの場合にみられるように、カトリシズムを「内面化」することになる。

その結果、「この中世的普遍教会にかわる絶対主義的国家教会の成立の国際的承認が「領地を異にすれば宗教を異にす」の原則であった。ここに「国際的寛容」（フイギス）が成立し、キリスト教的普遍世界の観念は現実に崩壊した」のである。

とはいえ、プロテスタンティズムが、共同体から個人を解放するイデオロギーであったことは確認しておく必要があろう。また私的所有の広がりが、個人の内面的な自由を絶対主義国家にたいする市民的な《自由》へと転化させたことも重要である。

このように考えるなら、「プロテスタンティズムにおいてはじめて個人の内面的自由と絶対主義国家の権力との緊張が尖鋭に提起され、市民政治理論の《自由》という価値観念、《個人》という嚮導観念の成立の第一歩がふみだされ」たといえるだろう。もっともそれは、古プロテスタンティズムの意図した結果ではなかった。ルネサンスが「古代」の復興によって近代に向かおうとしたように、リフォーメイションも「中世」に徹することが「近代」の芽をはらんだにすぎない。それゆえ一七世紀以降、オランダ、イギリス、アメリカを中心に、古プロテスタンティズムは「近代」に対応すべく、近代プロテスタンティズムへと構造転換しなければならなかったのである。

このようなリフォーメイションの動きにたいして、没落しつつある封建貴族層は、中世立憲主義のもとに悪君への抵抗権を神への義務として復活させる。それが一五七二年八月二四日のサン・バルテルミーの虐殺へといたらせるモナルコマキ（暴君放伐論者）の論理であった。「中世立憲主義とは中世自然法観念とむすびついた封建的基本法に制度化されている貴族の封建的特権（封貴的自由）擁護理論であった」。

君主と封建貴族の対抗関係から、「統治契約」の観念が生じる。「封契約を実体的基礎として、君主と封建貴族との統治関係はローマ法的委任理論と旧約的契約思想によって契約的性格をもつものとして説明されていた」。つまり、帝権 *imperium* は人民の委任によるという考え方である。これが中世になって神と君主との契約という観念とむすびつき、「君主と人民団体 *populus*（――実質的には貴族団体）との統治関係を契約的性格をもつものとして説明させることになった」。

その典型を、イギリス貴族がジョン王に貴族の特権と封建基本法の尊重を約束させた、一二一五年のマグナ・カルタにみることができる。とはいえ、絶対主義君主はそれらを破壊していく。それにたいして抵抗権観念はリフォーメイションの動きと結合することによって、ついに「サン・バルテルミーの夜」にゆきつく。が、宗教戦争の形をとった対立は、抵抗権観念そのものを中核とするものではなかった。モナルコマキの理論は、宗教的な要請であるよりも、絶対主義形成期の政治状況の産物だったのである。

このような宗教戦争の形をとった絶対主義権力をめぐる対立は、一方、絶対主義権力自体を正統化する理論をうむことになる。それがジャン・ボダンによる「主権」観念の形成であった。「秩序ある国家」をめざし、国家内の宗教的対立を併存させ、国家の主権的権力を確立する――そのために国家の宗教的無関心が要請された。

したがってボダンは、「その国家理論を宗教的前提からではなくアリストテレス的な家族の自然性から基礎づけ、ローマ法的概念操作によって主権を位置づけた」のである。この主権の内容は「立法権、宣戦講和権、官吏任命権、最高裁判権、恩赦権、忠誠服従要求権、貨幣鋳造・度量衡選定権、課税権」であった。

注目すべきは、ボダンが「立法」という観念を定式化していることだ。それまでは「神法・自然法」が権力以前に存在していた。それをボダンは、「立法」観念によって法律と権力の関係を逆転させた。「この意味でボダンの理論は中世政治思想からの決定的劃期をなしている」のである。とはいえ、ボダンは封建基本法と身分議会を容認していた。したがって、ボダンの『国家論』などの著作は一世紀にもわたって大きな影響をあたえたものの、真の意味での主権観念の成立は、ホッブズをまたなければならない。

一方モナルコマキのほうも、絶対主義権力に抵抗する過程で、またプロテスタンティズムの「内面性の絶対的自由」原理とむすぶことによって、「特権としての抵抗から人民一般の自然権としての抵抗へと抵抗権観念自体を転化せしめ」、「近代的な政治的自由への展望を可能にした」。

要約するならば、「ボダン的「主権」観念とモナルコマキ的「抵抗権」観念の対立は、絶対主義時代における権力対自由の対立を政治的に拡大・先鋭化したにとどま」り、「そこには、《権力》と《自由》の両契機を同時的に内包した近代「国家」観念は構築されえなかった」。

ボダンの考え方に対して、絶対主義の側から構築されたのが君主神権論である。つまり「君主は神にのみ責任をもつ」という考えだ。この考えは一方では中世の普遍教会理念から、他方では中世立憲主義から、絶対主義国家を解放した。もちろん君主神権論は、それを伝統的な神学のなかで試みたのであったが、それにもかかわらず、「近代主権国家の弁証として劃期的内容をもつもの」であった。

すでにみたように、絶対主義国家は、リフォーメイションによるカトリシズム分断のうえに、教会を国民的に再編することで、ヨーロッパ各地において「国家教会」を成立させていた。その意味で「宗教は国家理性のもとに屈服してしまった」のである。

それは国家教会が「君主神権論を説くことによって絶対主義国家の思想警察として機能する」ことでもあった。

こうした状況のなかから、当時もっとも進んでいたオランダにおいてグロティウスが登場する。彼は、初期資本主義の発展による商品交換関係と国民経済の統一的再生産過程を原型として、「自然法」観念の再構成をはかったのだ。彼によれば自然法とは「正しき理性の命令」であった。それは「古代ストア・中世スコラの自然法思想を継承するものである」。

しかしグロティウスは、古代ローマ法の二分法、つまり市民法と万民法（これに対応する自然法）と、中世スコラの三分法すなわち永久法、自然法、人定法（そしてこれをつらぬく啓示法）との双方を否定し、あらたに自然法 *jus naturale* と実定法 *jus volontalium* という二分法を提起した。そして「意志法たる実定法を理性法たる自然法に価値的に従属せしめた」のである。その結果自然法は、「神の実定法（啓示法）*jus divinum* にも、人間の実定法（人定法）*jus humanum* ——これはさらに市民法 *jus civile* と万民法 *jus gentium* にわかれる——にも優越する理性法として位置づけられることになった」。

この自然法は、「カルヴィニズムによる中世スコラ自然法——神学的宇宙論の破産によって遂行された世界認識の合理化を背景に、カルヴィニズム自体の世俗化によってもたらされたものである」。それがアルミニアニズムであり、「古プロテスタンティズム（正統カルヴィニズム）はここに転換をとげ、その理性化自然化への第一歩がふみだされた」。つまり「これまでルネサンス対リフォーメイションというかたちで対立していたヒューマニズム的合理主義とプロテスタンティズム的個人主義の結合がはじまり、グロティウスはその「最初の人」となるのである」。

さて、このグロティウスの自然法の特質を、松下は以下の三つにまとめる。第一、それは神法に従属する「相対的」自然法ではなく、それ自体として自立しうる「絶対的」自然法である。第二、数学的理性を原型とする自然法である。第三、近代市民法原理につらぬかれた自然法である。

それが市民法原理であり、社会の正統性原理であるのであれば、当然、資本主義の法原理でなければならない。「グロティウスによる「自然法の近代的転換」とはこの意味で資本主義的社会関係の成熟によるその自覚化にほかならなかった」。

とすれば、国家の成立根拠も市民法原理である契約にあることになる。「国家は自由人の理性的同意 *consensus* によって成立する契約的結合体である」。ボダンの主権観念を認めつつも、グロティウスは国家機構と国家そのものを区別する。つまり、「権力対自由という絶対主義時代に尖鋭化された政治的対立は、《自由》な《個人》の結合体（社会）としての国家という観念の成立によって、統一的に理論化されうる」にいたる。

その結果グロティウスの契約理論は、「Ⅰ絶対主義的な国家機構観念から、市民的な国家団体観念への転回をもたら」し、「Ⅱこの国家団体観念を基軸としてそれに国家機構観念を従属せしめることによって、権力対自由という政治的対立を克服する論理的前提を確保することになった」のである。

しかしながらグロティウスの場合には、Ⅰについては国家形成を契約原理によって説明したものの、それは伝統的共同体間の契約によるものであったし、Ⅱについても具体的叙述においては、伝統的な統治者と人民団体という対立に再帰してしまっていた。

このようにみてくるならば、グロティウスの自然法は、彼と対立した正統的カルヴィニズムのアルトジウスと同様に共同体のそれであって、個人や国家のそれではなかった。

しかし自然法の独自の領域を確立せんとする試みには決定的意義があった。トレルチのいうように、グロティウスによって「世界史における自然法と契約理論は最初にその重要性を提示された」のであった。その意味で彼は近代自然法学の祖であり、彼以降政治理論は「神」から解放されて「自然」を前提とすることになったのである。

## ホッブズ、ロック、ルソーの社会契約論の展開

そしてホッブズが登場する。彼の場合、個人はすべての伝統から解放された自然状態に、つまり絶対的自由をもつものであると考える。彼の論理は、「万人にたいする万人の闘争」→自然法・社会契約→国家＝「リヴァイアサン」の成立、というものであった。「このような社会契約論を媒介とした国家対個人の統一的把握による権力対自由の緊張の解決は、ホッブズの位置を近代国家観念の形成者として決定的」なものにしている。

したがって、「ホッブズにおいては国家は権力機構ではなく、むしろ契約による自由な個人の結合一般」ということになる。「この結合としての国家が主権的存在となる。特定の君主の主権ではなく、個人を単位とし、個人理性を媒介として構築された人工理性としての抽象国家が主権的存在であった。全政治理論の出発点は《自由》な《個人》であり、その帰結は《権力》としての《国家》である」。

その結果ホッブズは、アルトジウスやグロティウスをこえ、「最初に自然的範疇としての《個人》を提起することができた」のであった。すなわち個人が自由の主体となったのである。ここに「市民政治理論の嚮導観念としての《個人》が確立する」。

ただしホッブズの個人自由は、アナーキーなものであり、主権国家は当然それを圧殺することになる。この矛盾を「市民社会」という観念によって解決したのがロックであった。つまり、グロティウスが礎石をきずき、ホッブズが尖鋭化した自然法・契約理論の最終的解決を、ロックは国家を「市民社会と市民社会の公的政府へと分化する」ことではかったのである。「ロックはここで市民政治理論の古典的形成者となった」。

この社会と政府の区別は、すでにプーフェンドルフによっておこなわれていた。しかし彼以降、トマジウス、ヴォルフによって展開されるドイツ自然法学は、その「論理的革命性」にもかかわらず、「政治的には理性的絶対主義国家の秩序原理として機能していた」。

したがって自然法自体、絶対主義的自然法と市民革命的自然法（それはさらに立憲主義型自然法と人民主権型自然法にわかれる）にわける必要が生じてくる。

「ロックはいわば人民主権型自然法を論理的前提としながらも政治的帰結としては立憲主義型自然法を指向していたといえる」。つまり彼は、プーフェンドルフをふまえつつも、イギリス革命の経験を生かし、「個人の自然権（生命・自由・財産）をいかに公的に保障するかという視角から社会契約論をくみたてていった」のである。

「こうしてロックは、価値観念たる《自由》を基礎とし、嚮導観念たる《個人》を前提に、個人相互間の契約による《国家》を構成し、ついで自由を保障する法律制定のための議会の制度化、政府による法律執行という連関における《権力》の機構化をおこない、そこに市民政治理論の古典的模型が完成する。」

これまで松下は、ロックにいたるまでの市民政治理論がどのような課題のもとに形成されたかを明らかにしてきた。つづいて松下は、ホッブズ、ロックそしてルソーにおける社会契約論の展開過程の検討をおこなう。なぜならそれは、「市民政治理論の問題性の定型化」をしめすものだからだ。

すでにみたように、国家対個人という問題を明確な型で提起し、それに解決策をあたえ、近代的国家像を最初に描いたのが、ホッブズであった。彼の基本観念は「《個人》の主体的権利としての「自然権」観念」であった。ここで近代自然法理論は第二の転換をおこなったのである。

個人の自然権から出発したホッブズは、「自然理性（自然法）→社会契約を媒介として、リヴァイアサン「国家」を構築する」。それは「万人にたいする万人の闘争」を止揚するものであった。しかし、ここに新たな逆説が生じることは、すでにみたとおりである。

ところでこのリヴァイアサンは、ホッブズによれば「個人の原子論的機械論的体系」である。これは国家を生物として捉えるホッブズの考えと、一見矛盾しているようにみえる。が当時においては、生物こそが機械なのであって（例えばハーヴェイの血液循環論）、機械にたいする有機体という思考が成立するのは、一九世紀のドイツ・ロマン派においてであった。

この人工国家という観念は、「自然状態」を設定することによって、可能になる。「自然」が政治思考の前提となったのだ。自己保存を求める自然的人間こそが基本なのである。「ホッブズ以後、ロック、ルソーにみられるように、人間的自然から出発するという国家の自然理論、したがって機械（人工）理論がはじめて形成され」たのである。

その結果、ホッブズの社会契約論においては、国家とは人工的な人民結合体となる。ここに至ってルネサンス以降の絶対君主による統治機構としての国家は、はじめて人民の抽象的結合体となった。このようなホッブズの国家は、個人の原子論的機械論的結合であり、「主権者によって制定される実定法による外的統一となっている。代表的主権者なくしては国家的統一自体が存在しえな い」のである。その意味でホッブズの「主権者」は、ロックの「議会」、ルソーの「一般意志」へと継承されるにもかかわらず、人民の結合そのものを意味するものではなかった。

とするならば、ホッブズのいう「国家とは自己保存のために構築される個人理性＝自然法の実定化であり、言葉のただしい意味において「法治国家」であった。通常理解されているようにホッブズの国家は暴力の体系ではなく、法律の体系であった。主権国家の全能性とは実定法制定権（立法権）の全能性であったわけである。しかもこの実定法は自然法の実定化以外の何ものでもありえない。ホッブズの国家とは、それゆえ、自然法としての個人理性に基礎をおいていることを確認しなければならない」。

つづけて松下はロックをとりあげる。

ロックは自然権の体系として〈社会〉society という観念をつくりだした。それによって社会契約後も、自然状態における自然権は保障される。ロックの場合、「市民社会」こそが人民結合体なのだ。とすれば国家は、市民社会に基礎をもつ政府機構 government にすぎなくなる。

このようにみると、ロックの国家はホッブズのそれとまったくことなるようだが、じつはロックの理論構成は『リヴァイアサン』とほとんど同じなのである。ただ、個人→社会契約→国家という概念装置にちがいはないのだが、その内容においてことなっているのだ。それは「国家への自然権の放棄ではなく、国家内部における自然権の自律」という点である。ここから国家への抵抗と革命権への展望が開かれる。

つまり国家対個人という観点からすれば、Ⅰ絶対主義国家対自然的個人、Ⅱ自然的個人対市民国家の二つが考えられる。Ⅰでは「絶対主義国家からの個人の切断——自然状態」が、Ⅱでは「個人による市民国家の構成——社会契約」ということになる。ついで、Ⅲとして「市民国家が個人にたいして権力を乱用するならばふたたび国家は革命によって破壊されて自然状態に復帰する——革命権」が設定される。

「このような三重の国家対個人の連関において、国家は、個人の自然権の保障のための機構＝「政府」を設立した人民の結合体＝「市民社会」として存在するのである。こうして政府＝権力機構（手続的権力）は、社会契約によって成立する市民社会＝所有の体系（実体的権力）からの信託にすぎないものとして位置づけられている。」

ホッブズでは、国家の個人に対する位置つまり政治正統論のみであったのにたいして、ロックはそれを「社会」観念によって解決しつつ、「政府」機構を設けることで政治機構論をつくった。ロックは市民「社会」理論をつくることによって、同時に市民「政府」理論の形成者になったのである。「こうして社会契約という人民主権的展望を出発点としながら、市民法＝生命・自由・財産の維持を目的とする政府の樹立をめざして、その帰結においては立憲主義的機構を構築していった」。

つぎにルソーを検討する。

右にみたようなロックの理論は、ヴォルテールなどによって、ニュートンの自然科学とともにフランスに輸入された。そしてフランス革命前夜にいたって、社会契約論は人民主権理論として復活する。それが、人民全体の一般意志 volonté générale を国家とみるルソーの理論であった。

一般意志はルソーによれば、「受動的には国家とよばれ、能動的には主権者とよばれる」ものである。人民が一般意志として国家になるのだ。この考えの根底にあるのは、ルソーの有名な「自然に帰れ」という観念である。

つまり「自然状態」を設定することによって、一方では堕落した文明の到達点としての絶対主義に抗すべくつとめ、他方では一般意志の形成へ資する、というわけだ。この自然の二重性は、さらに文明的理性対自然的理性が、自然的理性対社会的理性（一般意志）に転化する必然性をふくむものであった。

このようなルソーの自然・理性の観念の二重性は、啓蒙思想の継承と克服という観点からうまれたものであった。啓蒙主義は歴史・文明の直線的進歩をとなえるのにたいして、ルソーはそれを人間の堕落ととらえた。そしてルソーは自然への回帰をうったえる。その結果、「アンシャン・レジームとの決定的対決の視座を構築することができた。それゆえルソーは、合理的理性の直接的展開、自然状態から社会状態への直接的移行をのべた啓蒙の祖ロックに対立する」。

この意味でルソーは、ホッブズ以来の社会契約論の忠実な継承者であるとともに、啓蒙絶対主義と市民立憲主義に対抗する人民主権主義論者でもあった。そして教育の可能性をとおして「神のような人々」の共同体＝古代政治共同体への憧れをも示したのである。「しかしながらルソーの人民主権型＝小生産者型コースは、商業資本・特権マニュファクチュア批判を可能としながらも、素朴な農民社会讃美へと逆転せしめられてゆくことによって資本主義への展望を欠除してゆくとともに、人民主権は「カシの木の下」の原始デモクラシー――古代共和国へと後退してゆくであろう」と松下は書く。

ルソーにとっては、人民の一般意志だけが客観的規範なのである。国家も一般意志であり、それが法なのだ。とすればルソーにおいては、「人民主権はつねに現実的でなければならないという永久革命的性格をも」つことになる。

この意味でルソーの理論は、「根底的変革の理論」であった。そしてそれは、ホッブズの「全能の国家主権」に近いものであった。

以上ホッブズ、ロック、ルソーの考え方をみてきた。その社会契約論の問題性は、「自然状態を理論的に設定することによって、純化し、自然状態における《個人》から《国家》を導出していった点にある」。このように「社会契約論は、政治状況を個人と国家の関係に還元してしまった。そこには個人と国家しか存在しない」。つまり、社会契約論は、個人と国家を直接むすびつけたのだ。そうすると、ここに大きな矛盾が生じてくる。なぜなら国家は、自由で平等な個人を前提とする、絶対的かつ統一性をもった主権国家でなければならないからである。松下は「これは経済的基礎における社会的生産と個人的所有との資本主義的矛盾を反映する国家対個人という市民政治理論自体の矛盾であった」という。

## 2　ロック研究――『市民政府論』を中心に

### ロックの市民政治理論のエッセンス

前節では、中世以降市民政治理論がどのように起動してきたか、ロックの「市民社会」という観念がいかなる文脈から形成されるにいたったか、をあきらかにした。つづいて、社会契約論の展開過程をホッブズ、ロック、ルソーにおいて探ることによって、ロックの市民政治理論の特徴と位置を明確化した。

『形成』では以下、

第二章　市民政治理論の理論的前提
第三章　「自然」――政治正統論の成立
第四章　「議会」――政治機構論の成立

とつづく。若き松下は、これらの章において、研究成果を細部にわたって叙述している。それは簡単に要約をゆるすものではないし、細部の分析こそが重要と考えられる。

ところで松下は、一九八五年秋に「岩波市民セミナー」で連続講義をおこない、それを二年後の一九八七年に『ロック『市民政府論』を読む』(以下『読む』と略記)としてまとめ、岩波書店から出版した(なお二〇一四年には、新しいあとがき「〈官治・集権〉の日本とロック」を付した岩波現代文庫版が刊行されている)。いうまでもなく、『市民政府論』はロックの市民政治理論のエッセンスがもられている主著である。

『読む』は『形成』のほぼ四半世紀後にまとめられたものだが、その間の松下のさまざまな体験をとおして、ロック理論の核心がわかりやすく解説されている。また叙述も『形成』の内容に見合うようになされている。

というわけで、『読む』の記述にそってロック理論の形成を考えることにしよう。ただ、『形成』第五章「市民政治理論の歴史的展開」は、ロック以後の問題を考察する重要論稿なので、のちにあらためてたちもどる。

『市民政府論』(*Two Treatieses of Government*, 1960. 鵜飼信成訳、岩波文庫、一九六八年)は、原書タイトルにある二論文のうちの後篇を翻訳したものである。内容は副題の「市民政府の真の起源、範囲および目的について」である。なお前篇はロバート・フィルマー『家父長権論』(*Patriarcha*)の批判である。本書を『市民政府論』と訳したのは、松下の『形成』が最初であり、それが定着して、岩波文庫のタイトルにもなったのだ。

ロックはすでにみたように、自由で独立した理性ある〈個人〉という「人間型」を核にして、〈理論における近代〉を形成した啓蒙哲学の祖であった。アメリカの独立宣言をはじめ今日の世界各国の憲法が、資本主義・社会主義の体制いかんをとわず、ロックの考えた政治統合のモデル（図1）を基本にしてつくられている。これは『形成』の冒頭でのべられた市民政治理論の上昇モデルである。君主（長）が、議会によって選出された内閣によって代られる場合には議会内閣制になり、市民によって選挙で直接選ばれるときには大統領制となる。なお日本の場合には、松下の言葉では〈国会内閣制〉になるが、これについては第八章で詳述する。また長が、社会と議会の〈信託〉を損ねた場合には、市民は彼（彼女）を改廃し、新たな政府をつくる権利つまり〈革命権〉を有する。

図1　政治統合のロック・モデル

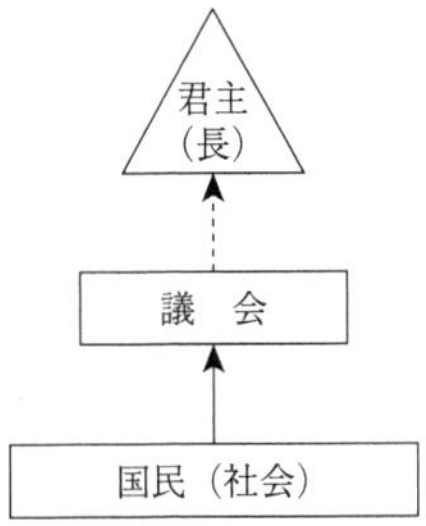


このモデルは、古代地中海世界の都市共和政治、中世ヨーロッパの身分議会政治（立憲主義）の伝統のうえに、イギリス革命での多様な経験をふまえて、ロックの『市民政府論』によって完成されたものであった。そして『市民政府論』の最後の五分の一は、革命権についての叙述である。

イギリス革命は、どの革命もそうであるように、長期にわたる複合的な政治過程であった。そのイギリス革命の全体を、松下はつぎのように概括する。

第一革命　一六四〇年〈長期議会〉上層ジェントリ主導　＝議会主権
第二革命　一六四九年〈共和国〉下層ジェントリ＋独立小生産者主導　＝人民主権
（一六五三年　クロムウェル護国卿）
第三革命　一六六〇年〈復古〉上層ジェントリ主導　＝議会主権
第四革命　一六八八年〈名誉革命〉上層ジェントリ主導　＝議会主権

ここでロックの略歴をみておこう。一六三二年、ロックは羊毛工業地帯のサマセットの町にうまれた。祖父は富裕な織元で、家系は下層ジェントリのピューリタンであった。父はイギリス革命が勃発すると、革命軍のポパム大佐のもとに大尉としてくわわった。息子のジョンはポパムの後援によって、ウェストミンスター・スクールに、やがてオックスフォードのクライスト・チャーチに入学する（一六五二年）。研鑽をつみ、ギリシャ語のチューターや修辞学のリーダー、さらに六四年には道徳哲学センサーとなった。「しかしここで注目すべきはロックは革命派によってウェストミンスターにはいり、彼の修学時代は革命期全般にわたっていたにもかかわらず、この時代にロックは革命への情熱をうしなっていたことである」（『形成』）。

というわけで、当時二八歳であったロックは、第二革命の動乱を終息させた〈復古〉を歓迎した。なぜなら復古といっても、それは「議会主権」型のそれであったから。その後ロックは、のちにシャフツベリ伯としてホイッグの指導者になるアシュリと知りあい、その主治医兼家庭教師となる。

そこでさまざまな政治訓練をうけ、ホイッグ系の理論家として成長していく。

ここで留意しておくべきことは、ロックと自然科学との関係である。オックスフォード時代から医学をとおして、経験科学の重要性を痛感していた彼は、ボイルの弟子かつ友人となり実験に協力した。その後ロックは、医学で博士号をとるべくつとめた。アシュリとの出会いも医学をとおしてである。六八年にはロックはロイヤル・ソサェティの会員になった。六九年には「瀕死のシャフツベリの手術にあたってはロックみずから執刀した」（『形成』）。こうした自然科学的思考は、ロックの思考全体をつらぬくものであった。

七二年、七五―七九年、フランスにわたり、大陸の哲学を学び、産業を研究する。シャフツベリのホイッグ運動の進展や失脚にともない、ロックもオックスフォードで監視されることになる。八三年にはオランダへの亡命をよぎなくされた。オランダ亡命中に『人間知性論』を完成する。

結局、以前に執筆されていた『政府二論』、『人間知性論』、『寛容にかんする手紙』というロックの主著は、名誉革命直後の一六八九年にそろって刊行された（刊行年については議論があり、『形成』で詳しくのべられているが、ここでは省略）。「これらの主著は、第一革命から名誉革命までつづく、イギリス革命の全問題性についての理論総括」（『読む』）であった。

名誉革命は、第二革命の〈自然〉をかかげる人民主権の否定のうえに、第一革命と第三革命（復古）の「伝統」をかかげる〈議会主義〉の勝利であった。「だが同時に、政府の基盤を第二革命の人民主権推進層にもひろげる〈寛容〉を実質的に制度化します。名誉革命はこうして、当時の時点でイギリス革命の最終解決となったのでした。イギリス革命の思想総括というロックの位置は、この名誉革命の構造特性に対応しています」。

産業革命以前のロックの時代は、「初期」産業革命によるマニュファクチュア展開の段階にすぎなかった。また民主化にかんしても、第二革命のエネルギーは沈静し、議会が君主勢力を抑えて勝利したとはいえ、選挙権の拡大は一九世紀までまたなければならない。

しかしロックは、「工業化・民主化の〈初期〉段階にもかかわらず、この工業化・民主化の将来を予示するとともに、共同体の崩壊のはじまりが可能にした、「社会契約」型の原子的機械的思考方法を構成しながら、自由・平等・独立の理性ある〈個人〉を定型化して、《理論における近代》をかたちづくりました」。

先述のロックの三つの主著とのかかわりでいえば、つぎのようにまとめられる。

まず彼は、ロイヤル・ソサェティに象徴される自然科学的思考を『人間知性論』で方法論化することによって、中世の存在論から近代の認識論への転換をおこなった。そして当時の工業化の論理として原子的機械的思考方法を樹立する。

つぎに民主化にかんしては、『市民政府論』において世界最初の市民革命であるイギリス革命の体験から、市民↓政府（議会＋長）というロック・モデルを形成し、それが世界中の憲法の原型となった。

第三に、個人の内面の自由について、『人間知性論』の個人理性の自立と、『市民政府論』の「政府の価値中性とに対応して」、『寛容にかんする手紙』で理論定型化される。

このようにみてくると、ふつうロックは名誉革命の思想家とよばれるのだが、その理論構成はあきらかに名誉革命のそれとはちがっている。「名誉革命自体の正統理論は、「政変」か「空位」かの対立はあるにせよ、ホイッグ、トーリーをふくめて、〈キング・イン・パーラメント〉（議会の国王、議会のなかの君主）をめざす、伝統的な特権層の議会主権型の〈中世立憲理論〉だったのです。だが、ロックはこの名誉革命を「革命権」の発動という、社会契約→人民主権型の〈近代立憲理論〉で理論化していたのです」。

ここですこし観点を移してみよう。前節でみたように、ロックの政治正統論である社会契約論は、基本的に人民主権型理論である。しかしその政治機構論としては議会主権型（君主＋伝統社会）の理論である。これは矛盾ではないか？　それにたいして松下はつぎのように答える。

名誉革命の時代は、第二革命にみられたような人民主権をもとめる政治条件はすでになくなっていた。また当時の人々（農民＋職人）の政治訓練は未熟で、社会の底辺層まで政治訓練をもった政治主体がうまれるには、二〇世紀後半の都市型社会の成立をまたなければならなかった。つまり人民主権が日常的に展開するためには、人民の文化水準がたかまって、教養と余暇をもった市民が政治的に成熟していく必要がある。当時のレヴェラーズの活動も、革命軍内外でのごく少数のそれにとどまっているのが実情だった。

名誉革命は、広義のジェントリ（本来のジェントリ＝田紳）とマニュファクチャラーらの都市上層が、同化しておこしたものであった。

したがってこうした内容をもつ『市民政府論』が日本で翻訳出版されることは、第二次大戦後に至るまでなかった。それは「誰にもわかりやすい「忠・孝」批判の書」だったからだ。くわえて戦前にはドイツ流の国家学型理論しか認められていなかった。明治政府の伊藤博文や井上毅《こわし》がそれを計画的に導入し、それ以外の英米系、仏系は排除されていたのである。

『市民政府論』はいつ書かれたか。かつては名誉革命後と考えられていた。しかし現在では、名誉革命前の「王位排除法」闘争のころだと考えられるようになった。

一六六六年にロックはアシュリ（のちのシャフツベリ）に出会った。三四歳のことである。翌年、アシュリの主治医兼家庭教師として、その邸に住みこむ。シャフツベリは、七二―七三年に大法官、七九年には枢密院議長にもなった。ロックは彼のもとで政治の実務を学び、通商植民委員主事といった公職にもつく。

その間ロックは、いずれも草稿ではあるが、『寛容論』（一六六七年）、『利子論』（一六六八年）、『医術について』（一六六九年）、『人間知性論』（草稿(A)、(B)、一六七一年、(C)は一六八五年）をまとめている。

右にみたように、「王位排除法」闘争激化の最中、ロックは『市民政府論』（『政府二論』第二部）にとりかかっていたが、一六八〇年にフィルマーが『家父長権論』を出版するにおよんで、これへの批判（『政府二論』第一部）を書くことになる。

当時のイギリスは、フランスとの重商主義政策で対立していた。が、フランスで育った後期スチュアート朝の兄弟君主は、いずれも親フランス政策をとった。これはカトリックの導入という意味からも、イギリスの危機としてうけとめられる。ロックが『市民政府論』にとりかかったときには、すでに「ドーバーの密約」（チャールズ二世がカトリック導入の意図でルイ一四世と一六七〇年に結んだ）は暴露されていたし、八五年にジェームズ二世となる王の弟ヨーク公はカトリックとしてしられていた。

こうした事態のもとで、後期スチュアート朝をめぐるホイッグの「積極的抵抗」とトーリーの「受動的抵抗」が対立する。イギリスの二大政党システムの淵源といわれるものだ。この対立は宗教的対立ともふかく関係している。トーリーは国家教会の強化を指向するアングリカニズムの「高教派」であり、他方ホイッグは非国教徒に対する寛容をしめすアングリカニズムの「広教派」であった。

ところで松下によれば、この宗教対立は「国民経済の組織方法をめぐる対立」からきているという。つまり「ホイッグの広教政策は、非国教徒の国外流出防止というイギリス国民経済の論理をふまえた経済ナショナリズムだった」というわけだ。

このような状況下でおこなわれたのが、シャフツベリらの七九年からの「王位排除法」闘争だった。すなわち、ヨーク公を王位からしりぞけ、チャールズ二世の庶子モンマス公の擁立を試みようというものである。

これにたいして、トーリー側は、八〇年にフィルマーの『家父長権論』を出版する。ロックは急拠これにたいする反論を書いたのだった（もっとも松下によれば、フィルマーにたいする批判は、ロックによるのみではなかったという）。しかし公刊はできずに、本人の亡命となる。この意味でロックは、「イギリス最後の暴君放伐論者（モナルコマキ）」であったともいえる。

## 『市民政府論』をめぐる三つの争点

『市民政府論』をみてみよう（鵜飼訳による）。第一章「序説」はフィルマー批判（第一部）の要約である。第二章「自然状態について」、第三章「戦争状態について」、第四章「奴隷について」、第五章「所有権について」、第六章「父権について」は、自然状態にかかわる考察である。第七章「政治社会、すなわち市民社会について」、第八章「政治社会の発生について」、第九章「政治社会と政府の目的について」は、市民社会の展開の考察である。以上の第二〜九章はロックの〈政府正統論〉と考えることができる。

つぎの第一〇章「国家の形態について」、第一一章「立法権の範囲について」、第一二章「国家の立法、執行および連合の権力について」、第一三章「国家の諸権力の従属関係について」、第一四章「大権について」は、〈政府機構論〉である。なお松下は、右の〝国家〟（コモンウェルスの訳語）は〝公共社会〟あるいは〝共和国〟のほうがいいという。

第一五章「父権的、政治的および専制的権力についての総括的考察」はタイトルどおり、第一章から第一四章までの議論の総括である。

最後の四つの章（第一六〜第一九章）は、革命権を中心として〈政府変動論〉となる。つまり、第一六章「征服について」、第一七章「簒奪について」、第一八章「専制について」、第一九章「政府の解体について」である。

このようにみてくるならば、『市民政府論』がいかに堅固に構成されているかがわかる。

ところで、『市民政府論』については、三つの解釈上の争点がある、と松下はいう。

第一は、「「古来の法」観念を中心とする名誉革命の理論構造と、「自然法」観念にもとづくロックの理論構造とが異なっているという問題」である。

第二は、「『市民政府論』と『人間知性論』の方法論は同一なのか否かという問題」。

第三は、「熟年のロックは名誉革命の闘士だとしても、若きロックは保守的だったのかという問題」である。というのは、戦後ラヴレース・コレクションの公開によって、ロックの若い時代があきらかになってきた（なかでも『自然法論』と『政府二小論』が重要とされる）が、そこで「若きロックの保守性」という問題が浮上してきたのだ。

第一と第二の問題は『形成』の主題であった。したがって松下はそれぞれの問題についてくわしく『形成』でのべているのだが、ここではごく簡単にみることにしたい。

第一の問題から。イギリスの政治は、当時から今日にいたるまで、中世形態の外装をまとっている。それは君主の存在、身分制を反映する二院制の議会、そして成文憲法をもたず中世型の慣習法・個別法の集積であること、などから明らかであろう。

しかしその外装のもと、イギリスは一七世紀には「初期」資本主義の先進国になり、一九世紀には産業革命によって世界の工場となったのである。

たとえば、フランスの場合、中世身分議会から近代国民会議への飛躍ははっきりしている。一七八九年のフランス革命では、身分議会が一六一四年以来はじめて召集され、その第三部会が独立して「国民議会」を名のった。シェイエスの「第三階級とは何ぞや。それは国民である」というテーゼだ。

一方イギリスでは中世身分議会の外装のまま、実質的に近代国民議会に移行する。それは、イギリス革命の長期議会による第一革命からはじまった。もっともこの長期議会にしても、コークの憲法理論や『権利請願』は、「古来の法」の擁護者である中世身分議会の形をとってあらわれるのだ。つまり中世立憲政治を復活させようと努力した結果、近代立憲政治を準備することになったのである。

すでにみたように、名誉革命は「議会主権型のキング・イン・パーラメントの〈復活〉」であった。が、「実質は第一革命によって議会主権型のキング・イン・パーラメントに再編された、議会による革命」だったのである。これに対して晩年のベンサムがラジカルな批判（一院制による共和政治の提唱）を展開したが、実現を見ることはなかった。

一方、ロックが依拠した自然法理論は、前節でみたように、長い伝統をもっていたが、第二革命では人民主権論と結びつくことになる。そこでは「君主処刑によって、伝統価値としてのキング・イン・パーラメントが崩壊して、制度の溶解が」はじまる。レヴェラーズの「人民協定」が象徴的であるが、ピューリタニズムもこの「脱伝統」を加速したという。ロックが批判したフィルマーでさえ、『家父長権論』の副題「人民の非自然的自由にたいする君主の自然的権力の擁護」にみられるように、「自然法」とか「自然権」を問題にしていたのだ。

ここにホッブズが登場し、個人対国家の緊張にたいする解決策として、個人理性にもとづく「自然状態→社会契約→社会状態（国家状態）」という理論装置を案出する。リヴァイアサンつまり国家の誕生である（前節参照）。

ロックはこのホッブズの理論装置を用いながら（が、ホッブズに言及することはなかった）、「古来の法」と「議会」を復活させて、「⑴政府正統論・⑵政府機構論・⑶政府変動論を構築し、《市民政府》理論の古典的形成者」になった。つまり、「議会主権型キング・イン・パーラメントを、〈自然状態〉から出発する《市民政府》に安定着陸」させたのである。

つぎに第二のロック問題を検討しよう。

松下は『形成』のもとになる論文を、まだ学生であった一九五一年に書いた。そのなかで『市民政府論』と『人間知性論』は「統一的に理解すべきだ」と主張した。その予測は、一六六〇年頃、ロックが二八歳のときに書き始めた『自然法論』が、戦後ラヴレース・コレクションで公開されたことによって、いわば実証されることになった。つまりライデンによる一九五四年の『自然法論』の刊行によって、「若きロックの『自然法論』にはすでに『人間知性論』の原型ができていた」ことがあきらかにされ、松下説が認められたのである。これ以降、『市民政府論』（自然法観念による合理論）と『人間知性論』（自然科学的方法による経験論）が矛盾するという批判はみられなくなった。

ロックがロイヤル・ソサエティの一員であったことはすでにみたが、彼は自然科学の展開を認識論として追究した。つまりデカルトの存在論による精神と物質の分離にたいして、感覚による経験をとおして《主観と客観》という認識レベルの対応へと転化させたのだ。前節でみたように、ロック以前のデカルトやホッブズは認識論にいたっておらず、いまだバロックの形而上学であったといえる。

ヨーロッパのなかでもとりわけイギリスでは、「初期」資本主義の成立を背景として、伝統的な共同体の崩壊がはじまっていた。「この状況構造を最初に認識論として整理したのがロック」だった。政治理論だけでなく、「理論思考全体における〈近代〉の原型をかたちづく」ったのである。さらにその理論の起点として、「伝統共同体の崩壊の原因となり結果となる工業化・民主化の出発をみすえ」ていたのであった。

そうした複雑な関係を松下はつぎのようにまとめている。「この伝統共同体の崩壊が、(1)個人析出と国家形成の緊張、さらに、(2)精神対物質の対立の成立となります。(1)はホッブズによる政治レベル、(2)はデカルトによる存在レベルの近代アンチノミーとなるのですが、このようなバロック型の矛盾を最初に解決するのが、ロックだったのです。(1)は個人による社会契約となって〈民主化〉の論理→『市民政府論』へとつながり、(2)については経験による自然認識の出発という〈工業化〉の論理→『人間知性論』となっていきます」。「『市民政府論』と『人間知性論』とは、歴史のこの時点ではじめて形成された理性→経験←自然の構造連関のなかで統一されていたといえます」。

つづいて第三のロック問題をみよう。

この問題はすでにみたように、ラヴレース・コレクションの主要な草稿『政府二小論』と『自然法論』が公開されたことによって、若きロックが保守的だったのではないかという疑念が浮上したところから生じた。

とすれば、右の二著の詳しい分析がなされなければならない（松下はそれをおこなっている）が、本稿でそれをたどる余裕はない。したがってここでは、松下の結論「若きロックに、成熟期ロックの基本的な問題設定だけは、すでにできあがっていた」を紹介するにとどめたい。ただ、『市民政府論』における「問題解決」にまで成熟するためには、どのような飛躍が必要であったか、松下の整理をみておくことにしよう。

(1) 自由・平等・独立の理性ある個人という《市民型人間型》観念の成熟。
(2) 生命・自由・財産という固有権（プロパティ）の設定による《市民社会》観念の成立。
(3) 政府の価値中性化にともなう《寛容》の定位。
(4) 政府の《可謬性・可変性》の背景にある、その基礎としての市民合意ないし革命の提起。

### 自然状態における個人について

さて、それでは『市民政府論』の出発点になる「自然状態における個人」についてみることにしよう。

この場合の個人とは、自由・平等・独立した存在である。自然状態の法は「自然法」であり、そこにおける個人は「自然の自由」をもつ。そして自由、財産という「固有権」を守るために「自然権力」をもっている。「ロックはこの〈自然〉という《価値観念》を中軸とする政治理論の再編をめざしているのです。それゆえ、この価値観念は《規範概念》でもあります。この価値・規範観念としての〈自然〉は、『市民政府論』全体をつらぬく主旋律となるわけです」。のみならず、ロックは自然を経験しうる存在の基本形態と考え、自然状態を実在とみなした。

したがって自然状態は、まずアメリカの森として実在するものであった。第二に当時の絶対君主支配もそうであった。第一の自然状態は、自由・平等・独立の個人が自然法のもとに共存する「価値・規範概念」であり、《市民社会》構造をもつ。それは同時に、絶対君主支配の堕落した闘争状態としての第二の自然状態にたいする「批判基準」でもある。

ここでロックの考え方がはっきりみえてくる。つまり、「自然状態は、自然状態↓社会契約↓社会状態という理論手続のなかで社会状態を導出する、(1)「理論装置」であるだけでなく、(2)「価値・規範概念」ないし「批判基準」として、当時のイギリスをふくむ絶対君主を批判するための「政治装置」だったのです」。

すでにみたように、ホッブズは自然状態を設定することで「自然状態↓社会契約↓社会状態」という理論装置を考え、そこからリヴァイアサンを導出した。ロックもこの理論装置を援用したことはすでにのべたが、バロック型のホッブズの場合、自然状態とは人間がたがいに狼であるような闘争状態だった。それに比して啓蒙哲学の祖たるロックでは、それは自然法が支配する、理性主体としての個人の平和状態である。くわえてその個人はそれぞれ「内面」をもつ存在であるので、たがいの寛容が求められ、また各自の勤勉によって財産をもつものであった。

つまりロックは、「自然法と個人理性とを価値連関において循環させているのです。でなければ自然状態は平和状態たりえません」。しかしホッブズは、古代・中世型の自然法を破壊して、それを個人理性に還元してしまっている。「ロックは、このため、ホッブズの個人理性をふまえ、この主観理性にあたらしく客観理性↓自然法を対置し、個人理性↓主観理性による客観理性↓自然法の認識を設定していきました。これが『自然法論』で若きロックが模索していた主題でした。若き日から、《客観理性》としての自然法という発想をいだいていたわけです」。

そのためにロックが援用したのが、国教会正統派のフッカーの自然法理論であった。最後のスコラ理論派といわれる彼の自然法は、いうまでもなく中世型である。「これが自然状態→社会契約→社会状態というホッブズ型の理論緊張の「毒消し」としてつかわれた」、と松下はいう。つまりロックは、「自己の理論の弁護のためにのみ、フッカーの文脈を誤用するというハナレワザをおこなった」のであった。

ロックは〈理論における近代〉をたやすく形成したわけではない。ルネサンスと宗教改革にはじまる長い伝統政治理論の崩壊過程の結果、「初期」資本主義の先進国イギリスにおける政治革命の動乱をとおしてつくられたものであった。

ところで、さきにホッブズの『リヴァイアサン』の論点についてみたが、なぜ一七世紀のイギリスでこの緊張が生じたのだろうか。松下はつぎのようにいう。「バラ戦争による封建貴族の早期の没落もありますが、イギリスは中世ヨーロッパの辺境として封建重圧も希薄なので、「初期」産業革命による「初期」資本主義の展開において広汎な裾野をもちえたこと、また島国であるため軍事的安全性もあって絶対君主の軍事機構が弱くてすんだこと、という二点が今日のところ考えられます」。

ロックの自然状態に話をもどそう。そこでは自由・平等・独立な理性主体としての〈個人〉だけでなく、生命・自由・財産という固有権の主体としての〈個人〉が考えられていた。「この〈個人〉がまずヨコに結合して「社会」をつくり、つぎにこの社会の道具としての「政府」を副次的につくる。これが社会・政府の分離によるロックの解決法であった。

このさい、政府に〈信託〉されるのは「自然権力」（固有権を守るための）だけである。生命・自由・財産という固有権は、いかなる政府のもとにあっても、個人はそれを「自然権」として保持する。「この意味では、社会↓政府の原型は、自然状態での自然権↓自然権力の関係にあったのです」。ロックによるこの「社会」の設定こそ決定的だった。つまり「社会」を設定することで、「政府」を社会に従属させたのだ。それによってロックは、人民対政府、自由対権力という政治緊張と、個人対国家という論理緊張を、《社会対政府》という〈制度関係〉に転換したのである。

ここに『市民政府論』は完成をみることになる。つまり政府は社会の道具であるというところから、政府の(1)「正統論」が形成されると同時に、その(2)「機構論」への手がかりもえることができた。さらに社会にとって好ましくない政府は、革命権によってくつがえされるという(3)「変動論」も論理的にでてくる、というわけだ。

こうして「ロックは、社会と政府を区別することによって、政府の構築・運営・解体の《実務》への展望をきりひら」いた。つまり個人対国家とか人民対政府、自由対権力という近代アンチノミーは、《実務》として解決できるようになったのだ。「ロックは抽象としての〈統治〉ではなく、政府をめぐる《実務》を明示しました」と松下はいう。

## 政府機構をどうつくるか

つぎに政府機構論の問題にうつろう。

名誉革命によって、議会主権型のキング・イン・パーラメントの政府が誕生した。内閣は萌芽的なものでしかなく、君主から自立していなかった。しかし庶民院が議会の中心になって予算・決算、軍隊の管理をおこなうようになり、裁判官も独立した。

こうした状況のなかでのロックの課題は、社会契約の論理をもちいて「伝統機構としての「身分議会」を理論的に近代機構としての「国民議会」に整序しなおすところに」あった。

まず政府機構の中枢に、「公共社会（commonwealth）に、形体、生命、統一を与える魂」である立法府として議会をおく。その構成は「一人の世襲の人物」、「世襲貴族の集会」、「人民によって、臨時に、選ばれた代表者の集合」である。ここでいう人民とは、ジェントリ層であるが、すでに身分閉鎖性はすくなくなり、上層ジェントリのなかから君主が創出される状況になっていた。「貴族と人民は、ジェントリをめぐって、実質的に同一階層へと接近して」いたのである。議会は庶民院と貴族院との分裂にはならず、庶民院主導下のホイッグとトーリーの党派対立となった。

したがって政府機構における対立は、君主と議会のそれということになる。イギリス革命はこの基本争点をめぐって、第一～第四（名誉革命）革命のそれぞれであらそわれたのであった。

ロックはこの争点について、つぎのような解決策をつくった。つまり、「権限分立（立法権・執行権・連合権）と、機構分立（議会・君主）とにわけ、主権の中核の立法権を議会・君主に分有させ、また君主の執行権・連合権を議会に従属させる」という考えだ。それは、人民主権型の〈社会契約〉を正統原理とする、議会主権型のキング・イン・パーラメントである。

ここにおける君主の権限は、執行権・連合権（外交権）、そして立法権である。そのほかに緊急権としての〈大権〉がある。それに比して議会がもつのは立法権だけであり、君主の方が強いようにみえる。しかし実質的には、議会主権型キング・イン・パーラメントの君主にすぎなくなっていたのだ。

つまり君主権は、㈠「社会」に従属する「政府」の権限にしかすぎない。㈡政府の中枢が「魂」としての立法府である以上、実権は君主よりも議会にある。㈢「復古」の場合の名誉革命においても、「君主はいわばヤトワレ君主となっていた」のである。当時からイギリスでは、「君主をかかえる議会共和政治」になっていたというわけだ。

ここでロックの政府内の機構分立の考え方を整理すると、つぎのようになる。立法権、執行権・連合権、大権の分立は「権限分立」であり、権限分立は議会と君主との「機構分立」によってになわれる。また君主と議会との機構分立は、支配層における君主とジェントリの「身分分立」を背景としている。身分分立が古代ギリシャ・ローマ・中世へとひきつがれ、「混合政体」というかたちで機構分立をうむ。それが整序されて「権限分立」になる。換言すれば、ロックの権力分立論は歴史の産物だということだ。

またロックは中世以来の「ユリスディクチオ（法治権）→執行権はもちろん、かつては君主専権とみられたグベルナクルム（統治権）＋連合権をも、例外の〈大権〉はのぞき議会のコントロールのもとにおこうとした」のであった。「この意味で、ロックの政府機構論は、伝統機構についての〈議会〉型再編として成立した」ものであり、それゆえに実効性をもったのであった。

立法権をロックは、政治社会の「魂」とよんだ。「社会の本質と統一（essence and union）は、一個の意志（one will）をもつところにある」。この意志が立法なのである。そしてどんな支配権も法によって支配されるべきだとのべる。つまり、ロックの政府正統論だ。

その場合重要なのが、「意志形成手続としての多数決」である。ロックは、「ワン・ウィル」の主体を抽象観念としての「議会」の多数決においた。ここからロックの政府機構論がうまれる。くわえてロックは、政府の可謬性、可変性を政府変動論として設定する。政府の可謬性をチェックするために、彼は政治を社会全体に分散させる。社会レベル、議会レベル、君主レベルの三段階である。この各レベルで権力を重層化させて、各レベルで責任を明確にしようというわけだ。

だから松下はつぎのようにいうのである。

「通常、権力分立論は政府内部の「権限分立」「機構分立」というタテの分立にとどまるのですが、ロックは〈重層化〉という社会・議会・君主というヨコの三層分立も考えていたのです。この結果、伝統社会の《身分分立》は、市民社会のヨコ重層化というかたちで克服されました。」

## 市民社会とは何か

つぎに市民社会の問題をみよう。

ロックの自然状態は、経験可能な実在であるとともに、価値規範であり価値基準であった。そしてそれは、とりもなおさず「市民社会」であったのだ。

自然状態は平和状態であることはすでにみたが、それは闘争状態におちいる可能性をたえずはらんでいる。それをふせぐために、社会契約によって社会をつくり、信託によって政府をつくるのである。

ホッブズは「万人の万人にたいする闘争」といったが、ロックはホッブズのこの競争型闘争状態を競争型平和状態におきかえた。とはいえ、「自然状態の構造原理としての個人間の競争」という考え方にかんしては、それを継承している。そしてそれは市民社会の構造原理でもあったのだ。

ロックは、「初期」資本主義段階における独立小生産者のイメージをもとにして、「個人の競争を自然状態に描き出した」と、松下はいう。カント（ロックから出発した最後の啓蒙哲学者）も、その競争を人間の「社交的非社交性」とよんで認めている。

この競争を基盤に自然法が成立する。ホッブズもいうように、自然法とはたがいにオオカミである個人が、俺は食われたくないのでお前を食わない、という相互ルールである。とすればこれは、マタイ伝にみられる「されば凡て人に為《せ》られんと思うことは人にも亦その如くせよ」という黄金律と同じである。カントの「定言命令」もここに由来している。

こうした競争のなかから「市民社会」型《公共》が成立する。つまり、社会をつくるためには、かつてそうであったような神とか君主、あるいは国家という超越原理の媒介は必要がなくなるということだ。個人どうしの同意のみによって社会あるいは公共が成立する。〈社会契約〉による「市民社会」（シビル・ソサェティ）の成立である。さらに「政治社会」（ポリティカル・ソサェティ）も同様である。

ここで『市民政府論』第七～九章の「政治社会」についてみておこう。松下は、ロックの「市民社会」の用法は三つある、という。

第一は、〈世俗社会〉という意味で、宗教社会との対比でもちいられる。

第二は、市民を想定してその構造特質に注目する用法で、三つに分類できる。

二―(1)　君主とか国家、また政府にたいしての〈自立社会〉の意味。

二―(2)　「市民の原子的機械的集合ないし競争という構造原理に着目した用法」

二―(3)　「経済社会ないし生産社会という意味」

第三は、「ブルジョア社会」の意味。

第三の意味は、「初期」資本主義段階のロックにおいてはあまり問題にならないので、第一と第二の意味が重要である。


このようにしてロックは、市民社会という〈近代〉観念を成熟させた。「この《市民社会》観念の系譜では、スミス、ファーガソン、カントはロックの息子たちであり、ミル、コント、マルクスはロックの孫にすぎません」。

注目すべきは、ロックは国家という観念をもちいていないことである。ステートはあまりつかわれず、ソサエティとガヴァメントが、社会と政府の二層論としてもちいられる。シビル・ソサエティという言葉を成熟させることでロックは、ステートにかわる理論展望をひらいたのだ。そこでは個人もシビル・ソサエティをつくる公人としての市民になる。「〈公〉としての〈私〉がヨコに連合して、社会という〈公〉をあらたにつくっているのです」。とすれば、社会はコモンウェルス（ラテン語のレス・プブリカ、英語のリパブリック）＝公共社会でもある。

ところでロックは、社会の成立と政府の成立を区別している。「社会の成立手続が〈社会契約〉、政府の成立手続が〈信託〉です」。ここで注意をようするのは、近代の「社会契約」と中世の「統治契約」のちがいである。中世立憲理論に起源をもつ「統治契約」は、人民（貴族）と君主との二分法にもとづく。君主が統治契約に違反したときには、貴族は君主にたいして抵抗できるのだ。

ホッブズの場合には、社会契約は同時に統治契約であった。それにたいして社会の成立としての社会契約と政府の成立である統治契約を区別したのがプーフェンドルフである。ロックはこのプーフェンドルフの考えを援用して、つぎのように理論をくみたてた。

つまり、社会契約によってまず市民社会をつくる。つぎに中世の統治契約と同様の《信託》をあてはめて政府成立の根拠とする。権限・財源の授権である。その場合、中世立憲理論の「抵抗権」も継承され、もし政府が信託に違反するなら「革命権」を発動することができる。

このようにロックは、自然状態から社会契約によって「市民社会」への出発をこころみたのであった。

## 自由・宗教・革命の関係

さて、ロックによれば、個人が社会・政府をつくる目的は、「生命・自由・財産」という〈プロパティ〉をまもるためであった。松下はプロパティを《固有権》と訳してはどうかと提言する。というのは、日本語ではプロパティは財産とか所有権と記されるので、「生命・自由・財産」の総称としての特別用法として固有権とすることで、一般用法と区別したいというわけだ。

とするとロックのいう固有権は、「個人を個人たらしむる基本権」ということになる。それは

「自然権」でもある。「つまり、固有権とは、今日的用語でいえば、憲法の基本権となります。生命・自由は、「自由権」、一定の財産は今日では社会保障の請求権をふくめ、シビル・ミニマムの共公整備としての「社会権」を意味するとすれば、プロパティは今日も生きている思想」ということになる。日本国憲法の「生命・自由・幸福の追求」である。

すでにみたように、社会の信託によって政府にわたされるのは手続権権力としての自然権力のみであって、固有権は自然権であるのでわたされない。

ところで個人の財産はどこからくるかといえば、個人の〈労働〉であった。これは古代・中世の考え（神への祈りとしての労働、共同体身分を前提とする占有権）からすれば画期的なものだ。これがロックの「労働財産説」である。それは独立小生産者層の固有権であった。そして彼は、この独立小生産者層を市民社会の中核においたのである。したがってロックの「財産」とは、「初期」資本主義段階においてはじめて成立した〈近代〉観念だったといえよう。

またロックは「貨幣」を導入することで、財産を拡大する手段とした。勤勉を倫理として、貨幣を手段にすることによる財産の無限の拡大――ウェーバーやトーニーのいう「プロテスタンティズムの倫理」である。こうして「ジェントリないしマニュファクチャラー、またひろくブルジョアジーの拡大された財産を擁護する理論ができあがった」。

生命・自由・財産つまり固有権の主体という個人のイメージは、けしてロックの願望に由来するものではなかった。イギリス革命とりわけ名誉革命において、議会制定法によって「イギリス人の自由」として制度化されたものであった。それをロックが「男性つまり〈マン〉の普遍権利として理論化した」のだ。ここに「〈理論における近代〉をささえる「人間型」としての《市民》の成立をみる」、と松下はいう。

こうした考えはあきらかに、当時のキリスト教のそれとはことなっていた。自身敬虔なクリスチャンであったロックは、キリスト教の中核観念である原罪すらみとめず、宗教を心のあり方という人間の内面に還元した。「神と人間の関係は神中心から人間中心へと変ってしまっていた」のだ。「キリストないし啓示は、理性の「補完」にすぎなくなって」いる。その意味でロックは、ソッツィーニ派と批判されたり、理神論あるいは無神論の祖といわれたのであった。くわえてロックによれば、理性をつかえるのは財産をもち教養と余暇のあるジェントリ層にかぎられた。だからピューリタン系の宗教的な熱狂にも批判的であった。換言すれば、「ロックの宗教はブルジョア化したジェントリ層のゆとりのなかでの、理性的敬虔という性格」をもっていたといえる。

したがってロックの人間型は、「世俗化された日常の人間」であり、「日常の〈市民倫理〉をもつジェントリ」であった。ロックが教育において、「日常の行動様式の定型化としての躾ないし習慣」を強調したのは当然のことだった。

ここでロックのいう自由を考えてみよう。それは第一に「市民社会における〈私〉の基本権」であった。第二は「〈公〉の形成に参加する市民自由」つまり「社会・政府の形成」である。第一のレベルでは個人理性による個人自治が、第二のレベルでは法律による市民政治が強調される。ちなみに個人理性とは、「行動原理としての快適・労苦を計算する能力」（『人間知性論』）であった。

こうしてイギリス市民は、のちに紳士の文化といわれるものを形成しはじめた。それはつぎの世紀のヴォルテールが、いみじくもイギリスのジェントリ層に「市民」という人間型を見た（『哲学書簡』）ことと一致している。

普遍性をもつ個人自由という観念がロック理論の基本であり、それは固有権としての「生命・自由・財産」であった。松下はここであらためて、「財産」と「内面」の自由という観点からの整理をこころみる。

個人自由という観念がどのように成立したかは、すでに前節でみているので省略する。ただ古代地中海世界における「共同体」自由、ヨーロッパ中世の「身分」自由に比してはじめて、ヨーロッパ〈近代〉の「個人」自由という観念が画期的なものであることがわかる。つまり近代の個人自由の基体である「財産」は、共同体や身分の崩壊によって生じるものだからだ。「初期」資本主義の生産力上昇は共同体や身分を崩壊させた。そこから排他的所有権としての財産が、個人自由の基礎として成立している。

個人の「内面」ということにかんしては、宗教改革が共同体・身分を基盤にしたキリスト教から、個人の信仰にもとづくそれに舵をきった。しかし意志自由論が成立するためには、ルターやカルヴィンなどの古プロテスタンティズムから、新プロテスタンティズムへの転換が必要であった。一七世紀になるとオランダが、「ルネサンス型の〈エラスムス・ムード〉もあって、新プロテスタンティズムの培養基とな」った。ここでは宗教的寛容が日常倫理として定着していくので、ロックがそうであったように、イギリスのピューリタンの亡命地になる。

もちろん「財産」と「内面」を基盤とする個人自由の観念が成立するにあたっては、「初期」資本主義の発展と、それによる「初期」産業革命・技術革新が必要であった。家屋の構造の変化、印刷技術の発展、夫婦単位による「家族」の成立、等々である。

こうした個人自由は、政治的レベルにおいては、日常的には寛容の問題として、緊急時には抵抗の問題として、考えられる。イギリス革命の復古にしても、それは議会主権型キング・イン・パーラメントだけでなく、国教会の復古であった。そこではピューリタニズム急進派は、非国教徒として排除される。そこからホイッグとトーリーの対立もうまれた。おまけにカトリック導入という問題もあった。つまり、宗教問題は政治問題であったのだ。

それにたいしてロックは、「内面」の自由つまり信教の自由の確立によって、「寛容」による「政治と宗教の分離、政府の価値中性化」をはかった。ただ、このロックの解決策が、宗教を個人の内面に還元し、政府はこの内面に干渉できないという考え方、つまり「社会・政府二層論の、宗教における貫徹」であったことは、明確にしておく必要がある。

ロックはこの解決策を基盤にして具体的な寛容政策を提出した。その結果、つぎの三点を追求したのだ、と松下はいう。(1)国民社会の統一、(2)国民基盤の拡大、(3)国民経済の成熟。(3)を補足するなら、当時非国教徒の国外流出はおびただしかったので、寛容政策によってそれをくいとめようとした、ということだ。

さて、最後に革命権の問題を検討しよう。

ロックの革命権理論は、中世立憲理論の抵抗権観念を近代型の革命権に再編したものであった。つまり、固有権が侵害された場合には、個人は政府に信託してあった自然権力を回復して、革命権を発動する、ということだ。「ロックは、社会・政府の二層論にたって、革命権を「人民主権」型の個人の権利とした」のである。

抵抗権と革命権のちがいを整理すると、「⑴主体は、貴族であるか、人民であるか、⑵根拠は、抵抗権では身分の特権、革命権の場合には個人の基本権、それから⑶形態については、抵抗権は過去の基本法への回帰、革命権は未来にむけての政府構築の主権発動としての新政府構築です」。

しかしロックの革命権理論は、けして革命権の日常的発動をもくろむ人民主権論そのものではない。あくまでも議会主権論なのである。ただそれは、人民主権「型」の論理であることはまちがいないのだ。

ロックは革命権を導入することによって、近代憲法理論をつくりだした。ロック自身はイギリス議会の歴史にそくして、成文憲法観念を展開することはなかったが、アメリカ革命の憲法制定以来、その基本思想は今日にいたるまで、世界中にひろがっている。

# 第三章　大衆社会論争から構造改革論へ

## 1　市民政治理論の現代的展開

### ロックからベンサムへ

本節では『形成』の第五章「市民政治理論の歴史的展開」の内容を、『読む』第六章「政治理論の〈現代〉へ」を参照しながら、みておくことにしたい。

ロックの理論は、「時代の精神」になったといわれるほど、『市民政府論』刊行後の一〇〇年間にひろく受容されるようになった。

しかしロックの社会契約論にかんしては、ヒュームをはじめ、ファーガソン、スミス、グラックストンなどによって批判された。

一方、ロックの政治理論は、ニュートンなどの自然科学理論とともにヨーロッパ大陸へ輸出され、啓蒙思想を形成することになる。それはいうまでもなく、フランス革命を準備するものであった。

しかし市民革命を経験していないフランスでは、ルソーが登場するまで、それは貴族やブルジョワジーのサロンにおける愛玩物にすぎなかった。

ルソーの出現は事態を一変させる。その結果、ロック理論による啓蒙哲学者とルソーの対立は、「立憲主義型と人民主権型、ジロンダンとモンタニヤールの対立となって政治的に爆発」した。

フランス革命で注目すべきことは、革命家たちのホイッグ体制批判であった。一八世紀には親イギリス派が多かったが、革命の進行にともない、ルソー、シェイエスらのホイッグ批判がたかまる。そしてこれに呼応するかのように、イギリスにおいて、ベンサムとゴッドウィンがホイッグ批判を展開する。それにたいして、近代保守主義思考の形成者であるバークが擁護の論陣をはった。つまり、フランス革命が社会契約論のもつ革命的性格をあきらかにしたのにたいし、バークの保守主義的思考が「社会契約論への対抗イデオロギーとして」形成されたのであった。

松下はそれをつぎのように表現する。「自然状態 *status naturalis* から社会状態 *status socialis* が合理的に構成されるのではなくして、むしろ歴史的な発展の結果として社会状態こそが人間にとって自然状態であるという思想がこれである。理論の範疇機構が根底から、ここに、逆転する。革命的作為ではなくして、伝統的発展がその視角を規定している。歴史の主体は「理性」ではなくして「伝統」である」。

フランス革命が勃発すると、イギリスでも革命団体が生じた。ペインやゴッドウィンも急進民主主義運動をすすめたが、ゴッドウィンの場合には「無政府主義」にまでつきすすんだ。しかし彼らの運動が、産業革命の進行によって没落をよぎなくされた独立小生産者のそれである以上、永続する理由はなかった。

それでは、市民政治理論は、どのように継承されていったのだろうか。松下はつぎのようにいう。それは、「アダム・スミスの古典経済学へと深化されるとともに、所有の法的保護を強烈に要求するベンサム主義において資本家階級の正統理論へと完成するであろう」と。「アダム・スミスの経済学において、政治的には急進化をみないまでも、すでにホイッグ体制（地主寡頭制的重商主義）への経済学的挑戦が準備されていたのであるが、J・ベンサムを中心に、その学派のパウロたるJ・ミルによって組織された哲学的急進主義 Philosophic Radicalism によって、ホイッグ体制批判の政治理論が提起されてゆくのである。こうしてこのベンサムにおいて、国家対個人――原子論的機械論的市民社会理論の「究極の開花」をみることになる」。

ベンサムの「最大多数の最大幸福」という観念こそ、自然権にもとづく「市民社会」観念の「感覚論的表現」だということができるだろう。ロックの自然状態における個人は、「一世紀をへて、ここに産業資本家として登場し、「功利」の観念を基礎に、ホイッグ体制に対抗して、原子論的機械論的「市民社会」の観念を再構成」したのであった。

ベンサムにおいて自然法・自然権思想は、バークの場合よりもっと決定的に崩れた。とはいえ、自然法・自然権思想が提起した個人の合理性と実体性は、ベンサムのいう「功利」の観念そのものであった。とすれば彼のいう「社会」も、功利を原則とする個人の擬制的総和にほかならず、それは社会ノミナリズムである。社会は「実定法によってのみ規制される擬制的名称にすぎない。それゆえベンサムの社会ノミナリズムは、個人間の紐帯を実定法にのみ基礎づけんとすることによってホッブズに接近するのであるが、《個人》が功利の主体的計算者である点において、ホッブズの「狼」とは明確に区別される」。「ここからベンサムは、経済においては個人間の自然的調和をアダム・スミスから継承しながらも、政治においては人為的調和すなわち実定法による規制を主張し、自然法思想を打破していった」。

ベンサムの理論は伝統的ホイッグ体制からの脱伝統化の理論であり、その意味で革命的であった。と同時に、自然権思想も否定され、ここにイギリス産業資本における新しい市民体制がきずかれる。それが功利の観念にもとづく「法典化」codification、つまり市民的法体系の構築であった。が、最初はトーリーとして出発したベンサムは、啓蒙専制主義の立場をとっていたので、彼の法律改革も人民の自由の拡大を意図するものではなかった。

しかし一八一五年以後になると、ベンサムは急進主義的立場をとるようになり、デモクラシーを改革の政治的な条件として認めることになった。その結果、実定法的改革の主体も人民となった。こうして「最大多数の最大幸福」という原子論的機械論的社会理論は、啓蒙専制主義からはなれ、普通平等選挙制にもとづく共和主義的一院制議会の構想へとむかう。つまり、秘密投票によって普通平等選挙で選出された人民代表が、毎年招集される一院制議会を構成するというわけだ。

松下はいう。「ベンサムにおいて、ついでJ・ミルにおいて、啓蒙哲学の遺産たる「普遍的人間」を前提とし、ロックの君主と貴族院を排除した典型的な市民政治機構論を発見することになる。ここでは「等質」的市民社会が理論上のみならず政治的にも支配し、名誉革命以来の「混合」政体論は崩壊する。こうしてベンサム派急進主義は一八三二年の選挙法改正におけるイデオロギッシュな推進力となる」。

## 「市民社会」から「大衆社会」へ

ロックによってつくられた市民政治理論は、こうしてベンサムによって、最高の形態にまでたかめられた。この新しい市民政治理論がつぎに直面しなければならなかったのが、制度化の問題と労働者階級の擡頭という問題であった。制度化の問題とは、普遍的な個人という原理も、現実には各国における歴史的な不均等発展のなかで、国民的体制として実現される以外に方法はないということだ。とすれば機械論的な合理主義思考も、有機体モデルの歴史主義と接合していくことになるだろう。

労働者階級の擡頭という問題は、普遍的個人の自由といっても実質的にはブルジョア階級の自由を意味しているにすぎないことから生じるものだ。つまり、個人の階級性の露呈と、自由から疎外されたプロレタリア階級をどうすれば普遍的個人の自由へと回復できるか、という問題である。ここから社会主義運動が生じてくる。

それはR・オーエン、サン・シモンなどの空想的社会主義によってはじまった。それがイギリスではJ・S・ミル、フランスではプルードン、ドイツではシュタインに継承される。そしてマルクスの『共産党宣言』によって完成された。

ここで注目すべきは、社会主義思想が、市民政治理論の「国家対個人」の対立という考え方を継承していることである。つまり、「国家対個人」の中間に階級という媒介項をいれることによって、かつての絶対主義〈国家〉対〈市民〉〈個人〉から、ブルジョア〈国家〉対プロレタリア〈個人〉としたのであった。ロックによって定式化された、国家と対立する個人（市民社会）という市民政治理論の問題設定が、社会主義理論にもあきらかに残存しているのだ。

かくしてマルクスは、ブルジョア国家をプロレタリア階級が止揚することによって、個人の自由な結合である市民社会を共産主義社会として出現させる、としたのであった。「階級と階級対立とをもった旧ブルジョア社会にかわって各人の自由な発展がすべての人の自由な発展となるような人間関係があらわれる」（『共産党宣言』）。社会主義 Socialism こそ、社会・主義 society-ism の正統的な後継者だったのだ。

しかし、資本主義が独占段階に移行すると、事態は大きくかわってくる。自由な個人の市民社会という観念は崩壊せざるをえなくなった。それは㈠構成主体と㈡構成形態の二点の変化からくずれはじめる。

㈠の構成主体については、かつての「教養と財産」をもったブルジョアから、プロレタリア化した大量の人間への変化、である。そこでは「個人」の内容がかわってくる。

㈡の構成形態の変化は、「Ⅰ圧倒的人口のプロレタリア化、Ⅱテクノロジーの発達、Ⅲ普通平等選挙権の成立」、となってあらわれてくる。

これが「市民社会」から「大衆社会」への転換である。

ところで、ロックが市民政治理論の古典的形成者であることはすでに確認したが、その現代的意味はどこにあるのだろうか。松下は『読む』の第六章「政治理論の〈現代〉へ」で、つぎのようにいう。「ロックは、当時の「初期」産業革命（＝工業化）、イギリス革命（＝民主化）を背景に、いわゆる〈近代〉の座標軸たる《工業化・民主化》の論理を理論として構想した」と。

それでは工業化・民主化の近代へ、ロックの時代からどのように変化したのか。それは、「経済構造」では農業社会から工業社会へ、「社会形態」では農村型社会から都市型社会へ、「政治過程」では身分社会から大衆社会へ、という大転換であった。

この大転換を一九世紀のヨーロッパにおいて最初にイメージ化したのが、イギリスのウォーラスであった。彼は二〇世紀にはいって『グレート・ソサェティ（巨大社会）』（一九一四年）で、今日の問題状況を予見している。ドイツのマンハイムがこれをうけて「マス・ソサェティ（大衆社会）」という言葉をつくる。このように大衆社会という観念はヨーロッパの産物であった。のちにヨーロッパの学者が多数アメリカに亡命し、くわえてアメリカで大衆社会状況が典型的に展開したこともあって、大衆社会論はアメリカ産の理論だという俗説が誕生することになったのだ。

二〇世紀への移行前後、この都市型社会への大転換を予感し理論化した先駆者として、松下はつぎのような人物をあげている（『現代政治＊発想と回想』）。

［イギリス］　ウォーラス　ラスキ
［フランス］　デュルケム　デュギー
［ドイツ］　ウェーバー　ヤスパース
［アメリカ］　ジェームズ　リップマン

また先にあげたマンハイムとオストロゴルスキーも、各国をまわりながら大転換の意味をさぐった人物として、右のリストに加えるべきだとしている。

## 2　大衆社会論争

### 大衆社会とは何か

一九五六年一一月刊の『思想』（第三八九号）「小特集・大衆社会」に松下は、「大衆国家の成立とその問題性」を発表した。

この論稿（『現代政治の条件』中央公論社、一九五九年所収。のちに、ちくま学芸文庫『戦後政治の歴史と思想』一九九四年に再録）は、前章でみた市民政治理論の〈現代〉的転換についての助手時代の論文「集団観念の形成と市民政治理論の構造転換」(1)『法学志林』一九五六年三月、(2)同、一九五七年一一月）の、第二章序文を独立させたものであった。

松下はいう。「一九五〇年代は、私自身についていえば、(1)大衆社会への移行への予感をもち、ついでロックにはじまる(2)市民政治理論の普遍伝統をふまえ、「自由」あるいは「民主政治」といった社会理論ないし政治学の基本概念について、その《現代》型再編をめざす模索をはじめる時代でした」（『現代政治＊発想と回想』）。

そして、なぜこの論稿が注目され、大衆社会論争の引き金になったかの理由として、「〔Ⅰ〕「労働者階級の形態変化」、ないし「社会主義の二〇世紀転換」をとりあげるとともに、〔Ⅱ〕当時の米ソ冷戦をめぐる資本主義・社会主義の体制対立とは別次元で、〈工業化・民主化〉という文明軸を設定したことにあった」という（同右）。

それにしても、一九五六年という時点で、右の〔I〕〔II〕の論点がどれほど〝挑発的〟な発言であったか、今日から理解することは容易でない。

当時は、敗戦から一〇年しかたっていない時期で、マルクス主義が良くも悪くも、圧倒的な影響力をもっていた。とりわけ社会科学の分野では、マルクス主義の教説とことなった見解を表明することは、反革命あるいは修正主義の徒として命とりになることを覚悟しなければならなかった。マルクス主義の教条主義に批判的な意見をもつ人でも、それを態度にあらわすことはほとんどなかっただろう。

私は一九六三年から『思想』の編集部員になったが、六〇年代初頭でもそうした雰囲気はつづいていた。また東京大学の経済学部では、教師の大半がマルクス主義経済学者で、いわゆる近代経済学者はほんの少数しかいない状態だった。いまではまったく想像できないことだと思う。

このような状況のなかで松下は、右の論稿において、「I．労働者階級を中核とする人口量のプロレタリア化、II．テクノロジーの社会化にともなう大量生産・大量伝達の飛躍的な発達、ついで、III．これらI・IIを基礎とした伝統的社会層別の平準化 leveling による政治的平等化を前提として、社会形態の変化が必然化され、ここに「社会」は機械化された大衆社会として位置づけられてきた」と書いたのだった。

そして、「このような〈大衆〉的問題状況の成立によって、一方においては市民的個人性を原理とする自由の理念も大衆的福祉国家における自由へと構造転換する。他方、社会主義自体も一九世紀におけるような古典的形態から構造転換していく。〈階級〉が〈大衆〉的状況に適応することによって、社会主義は「分裂」する」とした。

それはロックのいうような市民社会の観念を崩壊させるものであった。つまり「独占資本主義の成立は、市民社会の観念を、その構成主体と構成形態の二点から崩壊せしめてい」ったのである（前節参照）。

ところで、人口量の圧倒的多数のプロレタリア化は〈大衆〉の形成の前提ではあったが、それだけで完成するわけではない。「〈大衆〉の完成は、資本主義社会における基本的階級としての労働者階級の政治主体化を動因として、体制によって強行される労働者階級の体制内部への受動化による体制への編成化の亢進によって、政治的に実現される」のである。

労働者階級の主体化は、労働組合の結成という形で実現するが、独占段階では未熟練労働者層の組織化もみられるようになる。くわえて、普通平等選挙権によって、その主体化は保障されることになった。

こうした傾向は、国家を「福祉国家」へとむかわせる。ヨーロッパ各国における社会政策の実施は、国家への幻想を拡大する。それは国家を「社会主義」の主体として位置づけることでもあった。それが、これまで理論的に未分化であった社会主義を、一つは国家に、他方は労働者階級自体にと、分裂させる。

これまで国家と対立していた社会主義は、「国家によって実現されうる社会主義に転化する。すなわち社会主義は修正されなければならない」。ここに「レーニンのいわゆる「近代社会主義」、その後の「社会民主主義」が成立する。これに対決しつつあらたにサンジカリズム、スパルタクシズム、ボリシェヴィズムなどが登場する」。
「体制の論理」の内部において、労働者階級は国家のなかの大衆として定着する。こうして「大衆デモクラシー」的状況が実現をみた。それは、独占段階における全体戦争によって、「大衆ナショナリズム」にもなりうるものだ。その結果は、プロレタリア・インターナショナリズムの破産へとつながった。

政治過程の変質については、「国家官僚機構の擡頭と政党の機構化を背景とする人民投票的大衆議会の成立として特徴づけることができる」。しかし、大衆は普通平等選挙権をもつデモクラシーの主体である一方、操作対象として客体化される存在でもある。そこに、大衆がデモクラシーの矛盾である理由が存在する。それが尖鋭な形をとってあらわれるのがファシズムである。「ファシズムは専制主義一般とは異なり、社会形態の変化が必然的に創出した〈大衆〉を操作すること――〈大衆〉の心理的動員――過激化（Radicalisierung）を政治的前提としている」。

このようにみてくると、大衆の問題とは、社会の形態変化を背景とする「体制の論理の貫徹」という、二〇世紀に特有な政治状況から説明されなければならない問題であることがわかる。こうした「体制による〈階級〉の〈大衆化〉」については、すでにみたように社会民主主義の成立が深くかかわっている。つまり「その客観的条件は体制＝大衆国家の内部に存在しているのである」。したがって「〈大衆〉化状況が歴史的必然性をもつかぎりにおいて、また「社会民主主義」も必然的であったのである」。

ルカーチはこの社会民主主義の問題性を見事にとらえた。「労働者の事実的意識は社会民主主義的意識にすぎない。ここでは、労働者階級は自己の階級に適合的な「階級意識」をもつという存在と意識の予定調和は崩壊している」。

そして最後に松下は〈大衆〉状況の克服についてふれる。第一に「大衆的に保持されている市民的自由の実質的確保」が必要である。「市民的自由は、形式的自由として排斥されることなくむしろ変革という階級の論理の内部に結合しさらに再構成されなければならない」。

第二に「この市民的自由のコロラリーとして、市民的自由の初等学校としての自主的集団の形成である」。なぜなら「この自主的集団は個人を政治的に訓練していくとともに、体制の論理への抵抗殻として機能する」からである。

### 五年以上続いた論争

以上みてきた松下の論稿が、当時の論壇にどれほどの衝撃を与えたか、今では想像もつかないが、こののち、五年間以上も論争が継続したことを考えるなら、その衝撃の大きさの一端をうかがいしることができるだろう。以下、論争の経過を概観することにしたい。

まず、「大衆国家の成立とその問題性」（以下「成立」と略記）発表以後の、松下の活躍ぶりをみておこう。当時松下は、『岩波講座　現代思想』などへの寄稿もおこなっているが、ここでは大衆社会論に直接的にかかわる論稿に限定して検討する。

「成立」発表の翌一九五七年三月に、松下は二本の論稿を発表した。一つは「マルクス主義理論の二〇世紀的転換」(『中央公論』三月号、のちに『現代政治の条件』に収録)であり、二つめは「巨大社会における集団理論」(『日本政治学会年報一九五七』、岩波書店)である。

前者は、一九五六年のスターリン批判をうけて、コミュニズム理論がどのように展開してきたかを論じている。それは「成立」で論じられた「社会主義の二〇世紀転換」を、さらに詳述したものであった。

後者は、ラスキなどの多元的政治理論をとりあげ、巨大社会における労働組合などの集団の問題をとりあげている。それは「市民政治理論の普遍的な転換の特殊イギリス的展開」を検討するためであった。結論的に松下はつぎのように書いた。「多元的政治理論はこうして崩壊した。しかしながら大衆的「主権国家」ないし大衆的「巨大社会」における市民的自由の再構成という多元的政治理論の問題提起とそれへの倫理的衝迫は、その解答の失敗にもかかわらず、充分に理解されなければならない」。

つづけて五月には『思想』(第三九五号)の「歴史」特集に「史的唯物論と大衆社会」(のちに『現代政治の条件』に収録)を発表した。本稿で松下はまず、「経済構造＝社会形態＝政治体制という三重構造の特殊二〇世紀的展開として、独占資本主義＝大衆社会＝大衆国家を構想」することからはじめる。そして史的唯物論の成立にあたってマルクスが洞察したのは、「資本主義経済の展開にともなう、A．生産の社会化と、B．人口のプロレタリア化」であった。つまり自然史過程として近代産業の展開過程をとらえていたのだ。ドイツ古典哲学から出発したマルクスは、まず疎外の問題をあつかう。フォイエルバッハを克服したマルクスは、つぎにヨーロッパ啓蒙哲学の普遍的人間という理念を、プロレタリアートを主体として経済的必然性に至るまで追求する。つまり「史的唯物論はまさに人間主義《ヒユーマニズム》の継承であると同時に、その内容におけるブルジョア性と実現方法における啓蒙性にたいする克服として成立」したのであった。

そして経済的土台の観念を検討し、マルクスは倫理的に問題を提起したがゆえに、史的唯物論を可能にし、さらに倫理学を経済学として可能にした、と松下はいう。つづけて産業の問題をとりあげ、大衆社会の特性を論じる。「大衆社会こそ近代産業が形成した原子論的機械論的社会なのである」。「マルクスの理論的視角においてこそ、大衆社会の実証主義的記述あるいは病理学的分析とは異なった、より構造的な理論化が可能となるであろう」。

そのうえで松下は、大衆社会の疎外を論じる。「かくして、資本主義的疎外と大衆社会的疎外の二重の克服が政治の課題となり、大衆社会状況は資本主義克服の闘争においても社会主義建設にあたっても、政治の現代的前提となった」。とするならば、大衆社会状況以前に思考したレーニン的考えをこえて、新たな一歩を踏みださなければならない。

私は「はじめに」で、学生時代に松下の本を読んで圧倒されたと書いたが、この論稿こそがその中心にあった、と今にして思う。そういえば松下自身、『現代政治の条件』後記で、この論稿について次のように書いている。「これは大衆社会化の起動因としての独占段階における生産の社会化の歴史的意味をあきらかにしようとしたものである。しかも私は大衆社会論を展開するにあたって、どうしても「わがマルクス」を書かねばならなかった。いわば生産の社会化を中核に、私がえがきつづけてきた「わがマルクス」をのべたものである。したがって一見読者はマルクス解釈に不必要なスペースをとられていることに気づかれようが、それには私なりの理由があったのである」。

この月には、はやくも論争が熱をおびてきたのであろう、『東京大学新聞』が松下と上田耕一郎の対談「マルクス主義は変るか――大衆社会論をめぐって」を掲載している（五月二二日）。八月には「日本における大衆社会の意義」を『中央公論』に発表（のちに『現代政治の条件』に収録）。また一二月には『理想』の特集「大衆社会の諸問題」に、「現代政治における自由の条件」（のちに『現代政治の条件』に収録）を発表。このように見てくると、松下はまさに大衆社会論争の主役であったことがよくわかる。しかしそれは不幸なことに、誤解された主役であったというしかない。『中公』の論文では、その間の事情がつまびらかに語られている。つまり、この論争が松下の意図とはことなって、「大衆社会論対マルクス主義」という形におきかえてなされた、ということだ。すでにみた上田耕一郎や芝田進午（「大衆社会論への疑問」『中央公論』一九五七年六月号）はマルクス主義の立場を擁護し、大衆社会論を否定する。また林健太郎は同じく『中央公論』六月号に「過去からの解放」を書き、松下の提起が「マルクスの予見しえなかった二〇世紀の社会の形態学的・政治学的乃至社会心理学的究明の上に大きな功績を果した」と認めてはいるものの、その論文の副題「マルクス主義と近代政治学の対立の克服」がいみじくも示すように、マルクス主義対大衆社会論という構図はかわっていない。

しかし、これまでみてきたように、松下の問題提起は、この対立の構図とは無縁のものだ。松下自身「私はこのようなマルクス主義対大衆社会論という対置法にたいして賛成することはできない」と右の論稿でいっている。なぜなら、「大衆社会論とマルクス主義とは次元を異にする問題であり」、「さまざまな主義間の対立と、それぞれの主義から提起されてくる大衆社会論相互間の対立こそが論ぜられるべき」だからだ。つまり「マルクス主義対大衆社会論という問題設定自体が、まさに大衆社会状況にたいする日本マルクス主義者の理論化のたちおくれを示しているのである」。その結果、大衆社会論にたいして、マルクス主義の「断固たる」反攻が求められることになった。とすれば、求められるべきは「マルクス主義からする大衆社会状況の理論化と、その他の立場による大衆社会状況の理論化と」の対置である。

このあと松下は芝田進午の批判にたいして、個々の論点にそくして反批判を展開する。その反批判はすでにみた松下理論の再確認であるので、ここでくり返すことはしない。ただ正直にいえば、芝田の誤読や誤解にもとづく批判がかなり多いので、松下が相当いらだっていることがみてとれる。くわえて論争自体が「往々、スターリン批判やハンガリア事件にからませられることによって、反動攻勢の一環としてとらえられたり、あるいは神武景気のもとでの「大衆」化の亢進を背景とする一時的現象にすぎないと指摘され」たりする状況下で、松下の味わった苦渋は推察するにかたくない。

芝田への反批判のうえに、松下は当時の日本の思想状況において、大衆社会論がどのような意味をもつかを問う。

第一は、「一般的なうけとられ方にみられるように、日本マルクス主義の硬化の側面から、考えることができる。しかし大衆社会論が提起する視角は、日本マルクス主義の硬化を左翼天皇制とか、スターリン崇拝に還元するのではなく、現代社会の分析への有効性という点からである」。

第二は、「「大衆社会論」は戦後日本で支配的となっていた封建対近代という近代一段階論への批判となっている。川島武宜氏やあるいは大塚久雄氏の画期的業績にみられる「市民社会」論は、また、まさにこの近代一段階論を前提とするものであった。しかし大衆社会論は市民社会から大衆社会へ、市民リベラリズムから大衆デモクラシーへというかたちで近代・現代二段階論を提起しているのである」。

このように噛んでふくめるように松下が書いた理由は、いうまでもなく日本共産党もまた、日本社会の半封建的性格を主として分析対象にしてきたという事実である。

ところで『理想』の特集号に寄稿した「現代政治における自由の条件」は、もともと日本政治学会で松下が報告したものである。学会レベルでも大衆社会論がさかんに論じられていたことがわかる。これは大衆社会状況での人間の自由を問う論稿であるが、ファシズムの問題とともに抵抗権の問題をとりあげている。ここでの問題提起は、翌一九五八年一一月に発表する「忘れられた抵抗権」(『中央公論』)にひきつがれることになる。

ここで注目しておかなければならないのは、松下は大衆社会論争において、批判への反論だけをおこなっていたのではない、ということだ。右の抵抗権の問題にしても、つぎに引用する集団と政党とのむすびつきという問題（その前提としての官僚統制と大衆操作の問題がある）にしても、論争の次元をはるかにこえて、松下の新しい課題がたえず提起されていたのである。その意味を理解するためにも、「現代政治における自由の条件」の最後の一節をみることにしよう。

しかし集団への個人自由の組織化による大衆デモクラシー状況の克服はまた同時に資本主義体制自体の変革（内容的自由の確立）と結合されなければならない。そしてこれは、究極的には、「集団」とは異なった政治次元で機能する「政党」の課題となることを最後に強調しなければならない。しかも現在この「集団」と「政党」のむすびつきこそが組織問題上の槓杆《こうかん》的問題性を提案する。こうして他方、社会主義体制内部においても、社会主義計画経済が官僚統制であったり、大衆啓蒙が大衆馴化であってはならない場合、ここでのべたような観点は重要となってくる。社会主義は「階級」を解放しうるとしても、現段階での激しい国際緊張を背景に、同時に高度の機械産業社会として成立するかぎり、これが技術的にもたらす官僚統制と大衆操作の可能性を、いかにそしてたえず政治的に克服するかが、ここでの「集団」と「政党」との連関において、独自の問題領域をなしてくるからである。

## 「社会民主主義の危機」

一九五八年に入ると、松下は「社会民主主義の危機」を『中央公論』二月号に発表した（後に『現代政治の条件』に収録）。この論稿は論争においても重要な意味をもつので（といっても、マルクス主義者たちはこの論稿に触れるのを避けているようにみえるが）、すこし詳しく検討する。

この論稿はつぎのように書きはじめられる。「一九五七年十月のソヴェト革命四〇周年紀念祝典における『モスクワ宣言』は、社会民主主義政党との「協力」を提起するにいたった」。一方、アメリカ共産党第一六回大会（一九五七年二月）は「社会民主主義にかんする決議」を行い、それまでの共産主義者たちの社会民主主義にたいする態度を自己批判した。

このような共産主義者の変化がみられる状況のなかで、社会民主主義はどのような問題点に遭遇しているのか、「社会民主主義の古典的国であるイギリスを中心に、社会民主主義の危機を検討し、そこに、現代革命運動への視点をきずくことをかんがえて」みようとしたのがこの論稿であった。

そこでまず、社会民主主義とは何であったのかを、歴史的にあきらかにすることからはじめる。結論的にいうと、「社会民主主義は資本主義の独占段階がもたらした大衆社会状況の成立と、これに対応する労働者階級の存在形態の変化に、社会主義が適応したものである」。

ベルンシュタインは、イギリスへの亡命から帰国後、一八九九年に『社会主義の前提と社会民主主義の課題』を出版し、マルクス主義の「修正」を宣言した。松下はベルンシュタインの問題提起を、つぎの四点に要約する。
(1) 資本主義の適応能力の強大性
(2) 窮乏化法則の否定
(3) 中間階級の増大
(4) 議会主義と社会政策による社会主義への漸次的接近
これにたいして、カウツキーが批判を展開し、のちにレーニンはその批判の仕方を問題としつつもその内容を認めた。つまり、「ベルンシュタインの問題提起は、一見、カウツキーのマルクス主義の正統派解釈学によって克服されたかのようにみえた」。

松下のこの論稿が発表された当時、大学生になりたての私が漠然といだいていた、ベルンシュタイン＝修正主義者＝裏切り者、それに比してのレーニンの科学的正しさ、というイメージはまさにこれであった。とすれば、松下の論稿がマルクス主義者のあいだでどれほどの憎悪の念をもって迎えられたか、想像にかたくない。

それはともかく、問題はそう簡単ではなかった。松下は、レーニンの『帝国主義論』の視角は、「社会民主主義論」「社会ファシズム論」を導出し、一九三〇年代までの政治過程の分析では的確な指針を提示したという。しかし、独占段階にいたって顕在化した大衆社会状況にたいしては有効な処方をみいだすことができなかった。「こうして現在、独占段階の問題性を包括的に提起したレーニンをふまえながらも、さらにレーニンをこえて、独占段階＝大衆社会状況をあらたに理論化し、これを革命戦略のあたらしい展望へときりかえてゆかなくてはならなくなっているのではなかろうか」。

そして冒頭にのべたような、共産主義による革命運動の画期的転換をむかえるにいたった。とはいえ、それは社会民主主義の勝利を意味するものではなかった。なぜなら社会民主主義そのものが大衆社会状況に適応した結果、ブルジョア議会主義へと転化し、社会主義を放棄してしまっていたからだ。それにたいしてすでにみたように、サンジカリズム、スパルタクシズム、ボリシェヴィズムが革命を追求することになる。だが革命は、現実的には大衆社会状況以前のロシアと中国などにおいて生じた。

つづいて松下は、社会民主主義運動の「自然的中心」といわれる、イギリス労働党の第二次大戦後の歴史をとおして、その問題性を検討する。労働党内閣は社会保障制度を整備し、イギリス銀行、炭鉱、運輸、電気、ガスなどの国有化を実施した。その結果、資本主義的福祉国家が誕生する。「そこには一九世紀の資本主義国家たる特権的夜警国家から構造転換した、二〇世紀の資本主義国家たる大衆的福祉国家が成熟していたのである。」

しかしここで、社会民主主義固有の問題が生じてくる。それは、イギリス社会主義の理論家として有名なコールの『これが社会主義か』にみられるように、福祉国家の実現によって、労働党の指導者のみならず大衆自身が社会主義をみすててしまうのではないか、という問題だ。しかもこうした問題は、イギリスだけではなく、ヨーロッパ各国の社会民主主義に共通にみられた。

また大衆社会状況は、「機械的巨大社会化という側面から民主主義を空洞化外見化し、社会民主主義の議会主義方式自体に危機をもたらし」た。クロスマンも『新フェビアン論集』で、労働党政府がつくった福祉国家は、ある種の経営者社会であると書いた。「ここに、はしなくも、イギリス福祉国家は厖大な官僚機構（経営機構）をともなった国家独占資本主義にすぎないことが暴露されている」。

ここで福祉国家がかかえる問題を列挙するなら、第一に右にみたような「官僚的国家統制の進行」であり、第二にそれは大衆操作の問題として「プチ・ブル化した受動的マス」の成立であり、第三に労働党自身の組織の硬直化であり、第四に労働組合内部の少数支配化、である。

とするならば、社会民主主義が直面している危機は、つぎの二つになる。

㈠社会保障による社会主義運動の外見的後退

㈡議会デモクラシー自体の内部矛盾

　このような危機を克服するために、松下はあらためて社会主義の歴史をふりかえる。社会主義の第一世代は、オーエン、プルードン、そしてマルクスであった。「彼らは資本主義の矛盾を的確にとらえ、そこから労働者階級の解放を理論化していった。ついで資本主義の独占段階への移行とあいまって、労働者階級の進出によって労働運動が組織化され、社会主義が大衆化されたそのとき、第一の世代の古典的な社会主義は変容をこうむり、社会民主主義をうみだすにいたった」。「いわば独占段階の大衆社会状況に適応した社会主義が、社会民主主義であり、この大衆社会状況を「堕落」（買収）の条件として拒否したのがボリシェヴィズムその他であった」。

　第二世代は、このような社会主義の「分裂」をめぐる、ベルンシュタイン、カウツキー、ソレル、ローザ・ルクセンブルグ、ウェッブ、レーニンらである。

　しかし、「反ファシズム闘争以後、社会主義圏の拡大、植民地独立、民主主義勢力の強化という条件の変化によって」、社会主義は第三の世代へとうけつがれる。これが現在の状況であり、さらに技術革命や平和の確保といった課題をみすえながら、「大衆社会状況を、変革の論理の前提として再構成しなければならない」のだ。

　そして、「新しい条件のもとにおける社会主義への新しい展望が必要とされ」る現在、もっとも重要なのは民主主義の位置づけである。つまり、社会主義の第三の世代であるわれわれにとっての課題は、「独占資本主義的経済構造、大衆社会状況、議会政治的条件のもとに、「民主主義」をいかに再構成するかにあ」る。「なぜなら、社会主義は民主主義に寄生するのではなく、逆に民主主義こそが社会主義によって完成するものだからである」。

そして最後に、松下は日本の社会主義運動にふれ、そこにかけているのは大衆のラッパとなる日本の「思想」だという。この「思想」の未成熟は、社会主義が既成科学の翻訳として受け入れられたことと、戦前では運動自体が少数者によるものであったことに由来している。「しかし、日本の大衆はいまや存在する。そして大衆が、みずからの組織をうみだし、強化する過程で、「思想」をそだて、かつ「思想」が大衆をとらえたとき、初めて、大衆は魂をもつものとして登場するであろう」。

一九五八年一一月に、松下は「忘れられた抵抗権」を『中央公論』に発表する（のちに『現代政治の条件』に収録）。本論稿の成立前後の状況について、翌五九年五月の日付のある『現代政治の条件』後記に、松下はつぎのように書いた。二〇一〇年代の今日とも共通する問題だと思うので少し長くなるが、そのまま引用したい。

警職法改正案が突如上程されたのは一九五三年一〇月八日であったが、この論文の校正を終えたのは一〇月三日であった。一般の私たちは上程の日までこの警職法改正を知らなかったのである。しかし勤務評定の強行、安保条約の改訂、あるいは警察力行使の強化など、ひしひしと皮膚のうえでふたたび「暗い谷間」へとむかいつつあるのではないかと感じとることができた。このような背景で本論文がまとめられたのである。しかしひとたび警職法改正案が上程されるや、国民的な反対運動が急速にもりあがっていった。かつ共闘会議という今後の統一戦線の「組織の原型」をも定型化しえた。そうしてこの反対闘争は警職法改正を一応は撤回せしめるとともに岸内閣自体をゆるがすことができた。しかも当時閣議で検討されたように、「中間層」がはじめて広汎に政治的に急進化しはじめ、そこで総評を中心に共闘がくまれていたのである。このことは日本の政治運動史上、劃期的な成果であったといえよう。

本論稿は、ドゴール憲法の人民投票からはじめられている。反ファシズム・レジスタンスの勝利からうまれた第四共和制は、人民投票によって葬りさられた。人民投票というデモクラシーによって、絶大な権力をもったドゴールの第五共和制が誕生したのだ。それは大衆デモクラシーがファシズムに転化しかねないという、大衆社会状況を典型的にしめす事件であった。

松下はここから現代社会における抵抗権の意義について検討をはじめるのだが、それはすでにみたように、ロック市民政治理論の基本観念の一つであった。したがってここでくりかえしのべることはしない。ただ今日の視点からみて重要と思われる文章を引用することにしよう。

人民の自由は、つねに政府の権力にたいする抵抗という条件を確保しえてのみ、はじめて有効性をもちうるのである。抵抗権観念は、人民の全体意志へと個人を解消することなく、つねに全体意志を表示する政府にたいする個人の判断・評価を留保せしめうる。この個人意志の究極性の提起が、いわゆるリベラリズムであり、全体意志の無謬性の提起がデモクラシーであるが、以上にのべたような意味で、デモクラシーの自己中毒の可能性にたいする保障としても抵抗権が位置づけられるであろう。

一九五九年は、松下の最初の著書『市民政治理論の形成』が刊行された年であるが、その三カ月後には二冊目の著書『現代政治の条件』が出版された。そこには本節でみた大衆社会論関係の論稿が収録されている。思えば、その後六〇年間にわたってつづく松下の活発な著作活動が、この時点からはじめられたのであった。

また注目すべきは、この年から大衆社会を日本の場で検証する作業がはじまっていることだ。それは、「大衆天皇制論」（『中央公論』）であり、「戦後世代の生活と思想」（『思想』）などである。

## 上田耕一郎との論争

大衆社会論争にかんしては、ようやく終息のきざしがみえはじめた。松下は論争を総括する意味をこめて、一九六〇年九月、『思想』（第四三六号）の「小特集・大衆社会論の再検討」に論稿を発表する。小特集の内容はつぎのとおり。

松下圭一　　大衆社会論の今日的位置
上田耕一郎　大衆社会論と危機の問題
清水幾太郎　大衆社会論の勝利——安保改定阻止闘争の中で

松下はこの論稿（のちに『現代政治の条件・増補版』中央公論社、一九七六年に「社会科学の今日的状況」と改題して収録）においてつぎのように書いた。「私の大衆社会論は、おおくの大衆社会論が指摘するような欧米における二〇世紀的問題状況の露呈ないし支配形態の変化を、独占段階における社会形態の変化によってうまれたものと位置づけることによって、逆に変革運動の現代的条件を理論化せんとするものであった」。

そしてあらためて、社会形態の変化についてのカテゴリーの形成について書いている。

初期資本主義――初期産業革命――絶対国家
産業資本主義――第一次産業革命――市民国家
独占資本主義――第二次産業革命――大衆国家

そして、このような抽象的な段階論が、じつはつぎのような現実的課題をになっているとのべる。第一に、「スターリン主義的権威主義に呪縛されていた当時の日本マルクス主義にみられる現状分析の不毛性についての批判である」。

第二に、「天皇制からデモクラシーへという戦後啓蒙主義にみられた近代主義的発想にたいする批判があった。すなわちファシズムですらデモクラシーというタテマエをもって登場しうるという現代デモクラシーのはらんでいる矛盾を鋭くえぐりださないかぎり、戦後政治過程への有効な視角形成が不可能」だということだ。つまり、敗戦直後の近代一段階論にかえて、近代・現代二段階論の提起である。

そのうえで、具体的にⅠ人口のプロレタリア化、Ⅱテクノロジーの発達、Ⅲ選挙権の拡大、を検討し、マス状況をあきらかにする。しかしその一方で農村を中心にムラ状況が残存していて、マス状況とムラ状況の二重構造（それは、経済、政治、思想の二重構造でもある）がみてとれる。とすればマス状況とムラ状況とにたいする二正面作戦が、体制変革の過程で必要となってくる。

したがって、「今日、革新陣営は、経済構造・社会形態・政治過程の戦後的変化を分析することによって、体制変革の戦略的展望をこそ樹立しなければならない。この課題は、具体的には、独占資本による「構造政策」に対決すべき「構造改革」への展望と結合している」。しかも「現在のところ組合依存という革新組織の体質からみて、「自治体改革」が「構造改革」の日本的形態における重要な戦略論的環である」ことを認識する必要がある。

こうして松下の大衆社会論は、みずからの総括のうえに、構造改革と自治体改革という大きな課題へと展開していくのである。

本節の最後に、『思想』小特集に松下と並んで登場する上田耕一郎の批判について検討しておこう。

はやくも一九五七年五月に、上田が松下と『東京大学新聞』で対談していることは、すでにみたとおりである。それに先立って上田は『アカハタ』（一九五七年五月一〇日号）の「論壇時評」で「大衆社会論対マルクス主義」という文章を発表していた。つまり、松下の意図とはことなるこの対立の構図は、マルクス主義の側によってつくられたのだった。となれば当然のこととして、上田の立論はマルクス主義を擁護しつつ大衆社会論を批判するという形をとることになる。以下、『上田耕一郎著作集』第一巻（新日本出版社、二〇一二年）に収録された二つの論稿をみることにしよう。まず、一九五八年五月に刊行された講座『現代マルクス主義』第Ⅰ巻『マルクス主義と現代』（大月書店）所収の「「大衆社会」理論とマルクス主義」という論稿から。

本稿の冒頭で上田は、以下の三点を検討すると書く。第一は大衆社会理論が日本のマルクス主義にたいしてどのような意義をもったか、第二は大衆社会理論はどのような欠陥をもつか、第三に日本にあらわれている大衆化現象をいかにとらえるべきか、である。

「「大衆化現象」と極左冒険主義――「大衆社会」理論から学ぶもの」と題された第一節を、上田はつぎのようにはじめた。「日本の政治学界に数年にわたって紹介され討論されていた欧米流の「大衆社会」理論を、松下圭一氏が独特のマルクス主義的方法をもって再構成し、マルクス主義理論の二〇世紀的転換の必要という彫りあげた問題意識によって「大衆国家の成立とその問題性」を『思想』一九五六年一一月号に発表して約一年余、日本の政治理論・社会理論の領域は、この問題提起によって文字どおり席捲されたといってもいいすぎではないほどの観を呈した」。

つまり上田は、(1)大衆社会論争が松下の『思想』論稿に端を発したものであること、(2)その理論は欧米理論の輸入であること、(3)松下がそれを再編成したこと、(4)その方法は独特の（傍点、大塚）マルクス主義的方法であること、また(5)それは「マルクス主義理論の二〇世紀的転換の必要という（松下の――大塚注）彫りあげた（傍点――大塚）問題意識」によるものであること、をのべたのだった。ここからわかるのは、(1)の事実関係についての記述は問題ないが、(2)(3)については、いわゆる大衆社会論の議論にかかわるものであって、松下の場合にはかならずしも妥当するものではない、ということだ。また⑷⑸については、上田の松下理論に対する評価が表わされているが、その評価はまことに微妙なニュアンスを含んでいる。

換言すれば、上田はいわゆる大衆社会論と松下理論を適宜使いわけて、批判（場合によっては評価）の対象にしている、ということだ。もっともこの論争においては、立場を異にする多くの論者が、意図的か否かはべつにして、上田と同様であったことは認めねばならないが。そしてその結果、論争は相互批判による理論の展開をみることができなかった、といえるだろう。

しかし、上田はマルクス主義の立場から、松下の「マルクス主義的方法」を評価し批判しているので、その点を中心に検討することにしよう。

上田は、大衆社会理論のマルクス主義批判を二つに分けてとらえる。㈠方法論上の批判と、㈡事実認識上の批判、である。㈠については論稿の第二節で論じられているので、すこし先でみることにして、㈡の内容からみる。

二〇世紀にはいって、資本主義社会はテクノロジーの発展にともなって大衆社会と大衆国家とを成立させた。それは以下の三点の大衆化現象を生んだ。⑴テクノロジーの発達による生産の社会化、⑵社会の大衆化、⑶政治の大衆化、である。

上田は、これら大衆社会論の「批判の衝撃が日本のマルクス主義の解毒剤ないしは覚醒剤として役だったことは率直に認められねばなるまい」という。そしてこの批判に触発されて、芝田進午・田沼肇・黒川俊雄・竹内良知・松成義衛などが、日本社会のあらたな分析にとりくもうとしている、とのべる。

さらに㈡の事実上の批判は、一九五一―五三年の日本共産党の極左冒険主義の検討と反省に資するものだ、ともいう。上田によれば、それは以下の四点に集約できる。

(1)「高度に発達した独占資本主義の政治的・社会的諸条件」

(2)「いわゆる「中間層」にたいする対策の問題」

(3)「大衆の気分を的確に把握するという問題」

(4)「民主主義の問題」

つまり、右の四点に関しては、大衆社会論からマルクス主義が学べるところがある、というわけだ。

つぎに第二節「「大衆社会」的モデル構成の問題点――「大衆社会」理論の方法論の検討」をみよう。上田はまず、大衆社会論のなかで「独自の理論的モデルを構築するための方法論的展開に力をそそいできた」三つの例をあげる。第一が「マルクス主義の、大衆化状況にみあった段階的発展をめざした政治学者松下圭一氏の一連の労作」である。第二が社会学者高橋徹・城戸浩太郎・綿貫譲治の「集団と組織の機械化」（『岩波講座　現代思想』第八巻）であり、第三が日高六郎ら社会学者たちの「大衆社会」（講座『社会学』第七巻、東京大学出版会）である。

上田はこのうち松下と、第二の社会学者三人の論稿をとりあげて論じる。まず「モデル構成の歴史的基礎」の問題から。上田によれば、大衆社会という「ウェーバー的理念型」の基礎となった社会的原型は、「主としてナチズム治下のドイツと、一九二〇年代のおよびとくに最近のアメリカである」。これらの例は「帝国主義の病理現象がもっとも極端に露呈された」ものであり、「これらの病理現象を治療するためではなく説明するための仮説の一つとしては」、大衆社会理論が「かなり有効な理論的枠組をもっていることには疑問の余地がないであろう」。

しかし、「この枠組の限界と有効性にたいして与えた世界史的検証が、どれほど意識的に受けとめられ理論化されているか」が問われなければならない、と上田はいう。とすれば、一九三〇年代のヨーロッパでは、ナチス独裁の勝利とともにフランス、スペインにおける人民戦線の勝利をあげなければならない。

しかし松下の「マルクス主義理論の二〇世紀的転換」以外には、「これらの第二次世界大戦を中心とする世界史的な政治的・社会的事実の理論化への志向、いいかえれば現代史の決定的動因としての「革命の論理」あるいは「下からの民主主義の論理」を理論化しようとする十分な努力がみられないうらみがある」。

つまり、大衆社会理論はドイツとアメリカという「特殊な社会の観察によって鋳造されているだけでなく」、その二つの例についても「支配階級の論理と被支配階級の論理との起伏にみちた闘争の歴史を捨象することによって成立している」のにすぎない。すなわちそこには「階級の論理」が欠落している、と上田は主張するのだ。

松下理論については、「第一に、大衆化状況の成立を「特殊独占段階」における「社会形態」として把握することによって、「大衆社会」理論をレーニンの帝国主義論と結びつけて経済的土台のうえに据え、第二に、「経済構造・社会形態・政治体制の三重構造」の設定による「社会形態」という分野の導入によって史的唯物論と近代社会学や近代社会心理学との接合を可能とする道を開き、第三に、政治における「状況の論理」・「可能性の論理」の土台からの独立性を説いて史的唯物論と近代政治学の接合を試みた、まことに野心的な独特の「大衆社会」理論である」と上田はいう。

　しかし、つづけて上田はつぎのようにいう。「松下氏もまた「体制の論理」と「階級の論理」の対抗を一貫させることなく、それを結合させ、融合させてしまう」。「つまり松下氏のもっとも主要な論点は、二〇世紀社会にあっては「階級の論理」もまた不可避的に「体制の論理」によって浸透・貫徹され、主体的なはずの階級も「体制による大衆化」によって受動化されるという主張である。したがって氏がときに主張する労働者階級の「主体化」や「階級の論理と体制の論理との対抗」が、どこからどう生まれてくるのかかならずしも明らかでなく、それを準備する理論の必然性は、氏の体系の内部には欠けているとみざるをえない」。

　上田によれば、松下理論におけるこのような階級の論理の脱落は、一九世紀の市民社会のあつかい方にその根源がある。すなわち「バラ色に規定された「市民社会の観念」のなかからは、労働者階級は「体制外存在」として」はじきだされる。「一九世紀においては体制から疎外され、二〇世紀にあってはこんどは体制に包摂されて、結局、どこにも独自の自己表現をもてないみじめな社会的存在に、労働者階級は矮小化《わいしょう》されている」。とするならば、「資本主義社会をブルジョアジーとプロレタリアートの二大階級の対立する階級社会と規定したマルクス主義と、松下氏の「市民社会」「大衆社会」という観念とは、本質的にはまったく共通点がない」と上田は結論づけた。

　これまでロック研究から始めて、松下の大衆社会理論を詳しくたどってきた私にすれば、上田の松下理論批判はまったくの的はずれであると認めないわけにはいかない。いわゆる大衆社会論の論者の中には、上田の批判がそれなりに的中している場合があることは認めるとしても、そもそも大衆社会論対マルクス主義という構図を描かなければならなかった上田には、最初から松下理論を理解する素地がなかったというべきかもしれない。

　話を戻して、上田の大衆社会論批判のつぎの論点にうつる。それは「帝国主義理論の欠如」である。「とくに帝国主義の不均等発展の絶対的法則がまったく理解されていない」というのだ。「「帝国主義」は「独占資本主義」よりももっと包括的な概念」なのであって、大衆社会理論が「帝国主義」概念を「使いたがらないのは」、レーニンのいう「帝国主義は、㈠独占資本主義であり、㈡寄生的な、または腐敗しはじめている資本主義であり、㈢死滅しはじめている資本主義である」の㈡と㈢を認めたくないからだという。「この寄生と死滅を認めることは、じぶんの理論（ほんの一例をあげれば松下氏などの使う「福祉国家」という概念をみよ）を裏切ることになるからであろう」。

　不均等発展の法則の無理解という点では、松下の「福祉国家」理論もそこから生まれた謬論である、と上田はいう。しかもそれは「先進帝国主義列強における歴史の一時期における事実を、一面化した論断であり、客観的には「帝国主義」の美化理論としての役割さえ果たしかねない」。「松下氏の「福祉国家」論は、この意味でやはり歴史の周期が一まわりおくれた理論となっているということができよう」。

　ここにいたっては、上田に反論する気持すらおきない。というのは批判の大半が、すでに松下理論を詳しくみた結果からあきらかなように、上田の松下理論にたいする無理解ないしは誤解にもとづくものだからである。

## 松下と上田の理論的射程の差

つぎに一九六〇年一〇月の『思想』小特集に、松下の論稿と並んで収載されている上田の「大衆社会論と危機の問題」をみることにしよう。

上田は冒頭で安保闘争にふれ、それはすべての政治組織のみならずすべての政治理論の検証と総括の場になった、という。したがって大衆社会論も今こそ問われるべきであり、「それを問うことは、日本の大衆社会論が特殊的に日本マルクス主義批判という問題意識をもっていただけに、安保闘争という歴史的現実による日本マルクス主義の総括にとっても、必要なことであろう」という。

そのうえで、大衆社会論の問題意識と関心が「戦後日本の民主主義にたいする特定の危機意識にあった」とする。それは大衆社会のモデル構成の原型が、ナチズムのドイツとアメリカにあったことと呼応して、民主主義の空洞化とファシズムの危機の「二重化」の事態が進行しているのではないかという危機感であるという。それを松下は「大衆デモクラシーという形態をとったファシズム成立の危機」(『現代政治の条件』後記)と表現したが、上田はそこには二つの意味がある、という。

第一に、欧米の大衆社会論とちがって、「日本の一部の大衆社会論」に「大衆デモクラシーに対する反ファシズムの立場からの主体的な批判的視角を与える一つの契機となった」。

第二に、「ファシズムの危機を、まず民主主義にたいする独占の公然露骨な直接的攻撃と破壊、い﹅わ﹅ば﹅外﹅部﹅か﹅ら﹅の攻撃によるものではなく、まず現代民主主義の空洞化と自己疎外、い﹅わ﹅ば﹅内﹅部﹅か﹅ら﹅の攻撃による危機として把握する点において、マルクス主義のファシズム論にたいする批判的視角を与えた」。

つまり、日本の大衆社会論は、欧米流の大衆社会論とマルクス主義の双方を批判する「独特の政治理論」であるというのだ。そしてこのような政治理論を成立させた客観的状況は、一九五五年以降の日本における「二つのタイプの民主主義の危機であった」とする。

一つは、「常態」における民主主義の危機である。このアメリカ型大衆社会状況をもたらした第一の理由は、「アメリカ帝国主義との従属的同盟のもとにおける日本独占資本主義の異常にいちじるしい不均等発展だった」。その意味で大衆社会論は「独占資本主義の上昇期における民主主義の消費的安定化と内部侵蝕を主張する理論として、五五年以前に支配的だった日本マルクス主義の硬化した窮乏化論と植民地・従属国論という教条主義にたいする、尖鋭なアンチ・テーゼ」であった。

第二の理由は、当時における「国際的危機の若干の緩和」と「国内の政治情勢の一時的な均衡状態」であった。というわけで大衆社会論は、「独占資本主義の安定期における独占の支配の近代化を主張する理論として、やはり五五年以前のマルクス主義の封建理論と極左冒険主義にたいする尖鋭なアンチ・テーゼとして登場した」。

その結果は、常態における民主主義の危機意識から生ずる大衆社会論は、経済的好況と政治的安定傾向という二つの事情から、「不可避的に福祉国家のトーンとならざるをえなかった」と上田はいう。

二つ目に「危機における民主主義の破壊」がある。例えば松下はファシズムを、大衆デモクラシーと大衆ナショナリズムとが「体制によって編成された極限状況として」とらえたが、「その図式は、外部的な「常態→危機」の歴史的波動にそくした、「福祉国家→全体国家」という独占の支配の論理の連続的対応となっている」。それは「福祉国家の内部からファシズムが生まれる内的機構を十分に説明」できないだけでなく、福祉国家と全体国家の質的な区別、「換言すればブルジョア独裁の二つの形態である民主共和国形態とファシズム形態の重要な区別を捨象して、大衆社会という社会形態の共通性だけで接合させ」ていると批判する。

こうした理論的傾向が、その数々の功績にもかかわらず、大衆社会論をして、「日和見主義的役割を果たさせた理由である」と上田はいう。また安保闘争の現実からは、「近代政治学者のきわめて活発な政治的活動にたいする評価とは対照的に、大衆社会論そのものは日本の現実の全体的な分析視角を提供する理論としては、ほとんど失格に近い、かなり致命的な欠陥があったことが一般に認められたようである」とものべる。

そして「「資本主義的経済構造と大衆社会的社会形態という二重の《鉄鎖》を社会主義へむけて突破すべく、《自由》の現代的条件を理論化した」（『現代政治の条件』はしがき）松下圭一氏の理論もまた例外ではない」と上田はいう。そしてつぎのように批判する。

松下理論をマルクス主義から区別させ、氏の社会主義思想にもかかわらずマルクス主義の大衆社会化としてしまう独自の問題設定の核心は、第一に史的唯物論において土台と上部構造からまったく独立した「社会形態」という領域を原理的に設定し、しかも第二に、この社会形態という領域にあっては、資本主義であろうと社会主義であろうと大衆化状況が「技術必然性」を

> もって貫徹するとした点にある。（中略）その不可避な結果として、社会全体の対抗関係は稀薄化して、大衆社会は体制の論理と階級の論理の新たな対抗関係の発展の前提としてではなく、体制の論理の階級の論理にたいする圧倒関係の発展の前提としてはたらくことになった。

さらに上田は、この論稿の三年後の一九六三年に「近代理論のマルクス主義批判」（『著作集』第一巻所収）を発表し、論争をふりかえって、つぎのように書いた。「大衆社会論そのものは、その教条主義的な理論構成（とくに欧米流の大衆社会論を日本の現実に無批判的に適用しようとしたものには機械的性格が強かった）のゆえに、歴史的な安保闘争によって自己崩壊をとげ、提起者たる松下氏においてさえ、氏の日本的現実の分析方法として採用された「マス状況という状況」という便利な反対概念の一項としての地位に後退したし、日本の社会科学の一種の常識としての理論的位置に定着したようにみえる」。

以上、上田の松下理論批判をできるだけ丁寧にたどってきた。上田は他の大衆社会論者と比して、松下をそれなりに評価する。しかし最終的には、正統的なマルクス主義の立場から、松下理論を批判するのであった。ここで思い起こしたいのは、本章第一節でみた「市民政治理論の現代的展開」である。松下はそこでロックの一七世紀から現代にいたるまで、マルクス、レーニンをもふくめて社会理論の展開を検討したのであった。その結果、大衆社会論の提起に行きついたのである。一方上田はマルクスを中心に、レーニンの段階までふくめて現代社会の分析をおこない、そこから松下理論を批判した。

ここであきらかなのは、松下と上田がよって立つ理論的射程の差である。そこから上田は、大衆社会論対マルクス主義という構図を描き、その範囲内で正統的理論の擁護という立場から松下理論を批判した。一方松下にすれば、そもそもマルクス主義の批判のために大衆社会論を提起したのではなかった。より本質的な人間の自由、つまり疎外からの解放の条件を現代社会の状況にそくして探求したのだ、といえるだろう。したがってすでにみたように、大衆社会論争の過程のうちに、その具体的方策をさらにさぐっていたのであった。

最後に一九六九年八月に書かれた『現代政治の条件』増補版後記から、松下の文章を引用して終わることにしたい。

いうまでもないが、大衆社会理論によって《現代》の理論化をめぐるすべての作業の手がかりをもったのではない。しかし何よりも当時のスターリン主義的マルクス主義理論との緊張を転回軸として論争という形態をとったがゆえに、近代対現代の社会科学的問題点を戦後日本ではじめて整理することができた。その後、《現代》の特殊構造を問うことが、政治的党派性のいずれを問わず、当然の理論的スタート・ラインを形成しうるようになったことに、この大衆社会論争の日本における意味をおいてよいのではあるまいか。いわば大衆社会論争は、高度成長が顕在化するとともに民主主義が自立化して、日本における《現代》が成熟する六〇年代の論点を、その前夜において予示するものであったといえよう。（中略）当時の私にとっても、大衆社会という言葉が問題なのではなく、《現代》の理論化が問題だったのである。

## 3　構造改革論に向かって

### 江田三郎との出会い

すでにみたように（一二〇頁）、一九五九年から松下は、「欧米をモデルとした大衆社会理論の日本への実証的な適用」（『現代政治の条件』増補版後記）として、天皇制、青年問題からはじめて余暇、娯楽、マスコミ、婦人問題、地域・職場組織、政党などについての数多くの論稿を発表するようになる。それらはのちに、『現代日本の政治的構成』（東京大学出版会、一九六二年）と『戦後民主主義の展望』（日本評論社、一九六五年）にまとめられて出版された。

ごく大ざっぱにとらえるならば、前者では、マス状況とムラ状況という二重構造を、理論的に設定した。後者では、民主化・工業化の進行にともなう保守・革新のニュー・ライトとニュー・レフトの分析をおこなっている。それはとりもなおさず、大衆社会論を新たにみなおす作業でもあった。いずれも興味深いテーマであるが、ここでくわしく立ち入る余裕がない。ただどうしてもみておかなければならないのは、安保直後の政治状況の分析である。この問題については必要におうじて立ち戻ることにするが、それに先立って私たちはまず、松下と構造改革論との関係を検討しておくことにしよう。

それは政治家・江田三郎との出会いからはじまった。松下はつぎのように書いている（『自治体改革＊歴史と対話』法政大学出版局、二〇一〇年）。

私の江田さんとの出会いは、一九五六年一一月号の『思想』で拙稿「大衆国家の形成とその問題性」が、二〇世紀での〈階級闘争〉の変容を提起して、日本におけるいわゆる「マルクス主義」崩壊の発端となる《大衆社会論争》をひきおこしたため、この論争をめぐって社会党本部に呼ばれて話をしたのを機会としています。

本部書記のなかに社会党の再編を考え、「江田三羽烏」と言われた森永栄悦、貴島正道、加藤宣幸さんがいて、「戦後民主主義」の通俗議論とは異なる、《マス・デモクラシー》という二〇世紀の新しい問題性を私の問題提起からかぎとり、その後私との交流となっていきました。そのなかには、「護憲連合」の事務局をになっていた久保田忠夫さんもいました。

当時松下は二六、七歳の若者だった。貴島正道はその著作『構造改革派――その過去と未来』（現代の理論社、一九七九年）のなかで、当時をふりかえってつぎのように書いている。「佐藤昇との出会いと前後して松下圭一との出会いがあった。（中略）新語や新術語がポンポン出てくる松下の論文は難解だったが、後から考えれば大衆社会論はすなわち戦後民主主義の一面の鋭い指摘だった。（中略）要するに佐藤のいうブルジョア民主主義の矛盾を、労働者の政治的、社会的進出にもかかわらず、むしろそれを前提としてブルジョア支配が貫徹される側面からとらえたもので、従来マルクス主義によっては、十分解明されなかった問題提起であった」。

つづけてつぎのように書いた。

「まあ松下の話もいっぺんは聞こう」と虎の門、霞会館の一室でヒヤリングを受けたのが最初の出会い。大学の教授にしては（正式にはまだ助教授）、まだ学生気分の抜けきらないおぼっちゃんだったのにびっくりした。話の方も難解だったが、書物よりは分りやすく大筋は理解ができた。松下は自らの政治学の検証のためか、それ以来、政治の現場にいる私たちと積極的に交際し、夜のつき合いも欠かさなかった。

貴島が「佐藤昇との出会いと前後して」と書いていることを説明しておこう。佐藤昇は一九五七年八月の『思想』（第三九八号）の「小特集・マルクス主義と「現代」」に、巻頭論文として「現段階における民主主義」という論稿を書いたのだった。当時『イズベスチヤ』の東京特派員であった佐藤の論稿は、「江田三羽烏」の森永、貴島、加藤に大きな衝撃をあたえた。佐藤の論稿を彼らにみせたのは、当時まだ社会主義協会に籍をおいていた若き初岡昌一郎だった。初岡は私の大学の先輩で私も知っていたが、佐藤の論稿に感動した彼が、彼らにそれを回したのだった。

この論稿には、貴島によれば、「労農派理論には欠けていたか、放棄されていたブルジョア民主主義の弁証法、民主主義をめぐる階級闘争の論理が見事に画かれていた。この一つの論文が、のちに私たちを構革論者に変身させる一つの契機になったことは間違いない」（前掲書）。

こうして佐藤、松下に会った三羽烏の諸氏はつぎに研究会をつくることになる。メンバーは佐藤、松下を中心に、田口富久治、増島宏、北川隆吉、中林賢二郎、上田耕一郎らと三羽烏の面々で事務連絡係として初岡がいた。月一回の会合が一年ほど続いたが、社会党・共産党のメンバーが一緒に研究会をもっていたことは、今からみれば大きな驚きである。

## 一九六〇年前後の政治状況

さてここで、一九六〇年前後の政治状況を簡単にみておこう。

当時、旧革新系はその基本的コンセプトとして「階級闘争」を使っていた。一方旧保守系では「治安問題」という形で階級闘争に反応していた。「一九五〇年代のオールド・ライト岸内閣が福祉問題に関心をもったのも、一九六〇年代からの革新自治体が提起した「市民福祉」とは発想も文脈も異なる、この治安問題という旧視角からです」（『自治体改革＊歴史と対話』）。それはビスマルクが一九世紀末に、ヨーロッパで最初に福祉問題にとりくんだのと同様の、治安対策型福祉政策であった。

六〇年の安保改正反対運動によって岸内閣は退陣し、ニュー・ライトの池田内閣が成立する。「この池田内閣は、社会党の「護憲」（民主化）による〈構造改革〉をくみこみながら、官僚主導での「経済成長」（工業化）という、自民党リベラル派、つまりニュー・ライトの〈構造政策〉を構築します。自民党はここから、労働者階級をくみこむ「所得倍増政策」という鮮明な経済図式をかたちづくったのです」（同右）。その結果、個別争点における保革の衝突はつづくものの、「護憲（社会党）による経済成長（自民党）」＝《民主化＋工業化》という中進国型のマクロ図式にかんしては、保革の実質的な合意が成立することになる。

革新系でも「階級闘争」をかかげるオールド・レフトと、体制の相違をこえた「一般民主主義」ないしは《構造改革》をかかげるニュー・レフトとの分化がはじまった。ヨーロッパでは一九五六年のソ連共産党のスターリン批判があった。しかしすでにそれ以前に、イタリアではソ連共産党からの自立をめぐって、階級闘争と冷戦の論理を超える、一般民主主義をふまえた「構造改革」が共産党によって提起されていた。

このような状況のなかで、江田の構造改革論との出会いが生まれたのであったが、貴島の証言によれば、それはつぎのようなことだった。つまり「……私たちの構革論の売り込みに江田があっさり乗っかったということだ。機構改革論議を通じて、加藤をはじめ私たちと接触の機会が多くなり、江田の頭の中に構革論がしだいにしみ込んでいくのはごく自然だった。また江田にはそれを受け入れる素地が十分にあった。江田の社会主義は科学的法則というよりは、信念とロマンとヒューマニズムを基盤とする社会主義だったように思う。（中略）それになによりも江田は構革論者の精神ともいえる「変革者の自己革新」（マルクス）という自己の思想と運動の革新性をつねに追求していく体質を、天性そなえていたからだ」（前掲書）。

一九五九年の暮れから一九六〇年の初めにかけて、三羽烏のうち主として加藤・森永が何回も江田と会って、構造改革論を説明した。江田は「あっさりと構造改革論に乗った」（塩田潮『江田三郎——早すぎた改革者』文藝春秋、一九九四年）ともいわれる。

それは、貴島もいうように、江田の側で構改論を受けいれる準備がすでに整っていたということだろう。江田自身、次のように書いている（『日本の社会主義』日本評論社、一九六七年）。

わたくしはもとより学者でもなければ理論家でもなく、社会主義理論の体系を叙述するのはわたくしの任ではない。ただわたくしは、運動に生涯を打ちこんできた一人の社会主義者として、また国民に向って日本の変革をよびかけてきた政治家として、革新運動をよみがえらせるための自分なりの手がかりを公けにする責任をたえず感じてきた。安保、三池の二つの闘争の教訓をつうじて「構造改革」の考えかたを社会党内で提唱し、また社会主義のビジョンをとなえたのは、いずれもそうした気持からだった。

社会党が構革論を党の方針として最初に認知したのは、一九六〇年一〇月一三日の第一九回臨時党大会においてである。それは浅沼委員長暗殺の翌日のことであった。委員長代行になった江田は構造改革の三つの柱「生活向上」「反独占」「中立」をかかげ、それらが「現在の資本主義経済のわく内で実施されうる変革」であることを主張した（原彬久『戦後史のなかの日本社会党――その理想主義とは何であったか』中公新書、二〇〇〇年）。

追悼と抗議の熱気のなかで、江田は構造改革論がもりこまれた大会方針を提起したのであったが、集まった人々は追悼と抗議にばかり気をとられ、大会方針は満場一致で可決されたのであった。しかしこれ以降、構革論は党内における紛争の最大の火種となっていく。

そうとは夢にも思わぬ江田は、翌六一年一月一日の『社会新報』に「構造改革のたたかい」を、『月刊総評』の二月号には「構造的改革と労働運動」を発表する。

当時、革新運動にたずさわっている人々にとって構革論は、「一方では伝統的マルクス主義のきずなから自らを解放し、他方では伝統的改良主義をも克服する「打ち出の小槌」のように思えた」(貴島、前掲書)のだった。

一九六〇年暮れか六一年一月頃(六一年一～二月という説もある)、第一回中央党学校が小金井の浴恩館で三泊四日間にわたって開かれた。貴島によれば、長洲一二、佐藤昇、松下圭一、森田桐郎、三浦つとむなどが講師をつとめ、長洲は「国家独占資本主義と構造改革」、佐藤は「構造改革とは何か」、松下は「自治体改革」について語った(同右)。

この勉強会で最前列に座って熱心に講演に耳をかたむけ、ノートをとっていたのが江田であり、佐藤と江田はそのとき初めて会ったのだった。

一九六一年の三月には、A5判で四〇〇頁をこえる大部の単行本『構造改革の理論』が社会党機関紙局から出版された。党内外の多彩な執筆者が論陣をはった。佐藤昇、松下圭一、石堂清倫、向坂逸郎、小山泰蔵といった諸氏が党外から、高沢寅男、広沢賢一、久保田忠雄、竹内猛、勝間田清一、江田三郎、成田知巳、太田薫それに三羽烏の面々(貴島は解題をうけもった)が参加し、そのほか社会党の機関紙にのった論文や決定も収載された。

貴島の解題によれば、当時右の単行本以外に、一般の雑誌に五〇以上の論稿が発表され、とりわけ『経済評論』と『月間労働運動』は、構革論に好意的な論稿を掲載した。また三一書房と合同出版社が、構革論の書物を数多く出版した。

「かくて構革論の花が咲いた」。「構革論争は量の上でも内容からいっても社会党戦後史上みぞうのものとなった。（中略）党内が思想と、試行と、そして党の革新の熱気に包まれた時代だった。そしてそのことが社会党の理論水準を高め、党内外の知的エネルギーを触発し動員したこと、それ自体に価値があった。（中略）社会党は、日本では共産党ではなく社会党が構革論を採用したことによって、革新運動における知的・道徳的ヘゲモニーを一時、たしかに確立したのだ」。貴島は前掲書で、当時の熱気をこのように書いたのだった。

松下は当時をふりかえってつぎのように書いている（『自治体改革＊歴史と対話』）。

江田三郎さんは、たしかに「江田ムード氏」と呼ばれたように、一九六〇年代以降、私の造語である「新憲法感覚」、今日でいう市民感覚をともなう、日本におけるマス・デモクラシー状況の成立に対応できた、日本最初の政治家でした。しかし、党外からの幅広い支持を得れば得るほど、新しい政治状況であるマス・デモクラシーの成立を理解できない、戦前体質をもつ党内のオールド・レフト系の諸派閥、とくに一九世紀後進国ドイツのマルクス主義正統派カウツキーをモデルにもつ、時代錯誤のこれまた社会党理論正統派を自称した「社会主義協会」からは批判されつづけるという位置に立たされて、江田さんは孤立していきます。

また松下は、つぎのようにも語っている（同右）。

一九六〇年前後、イタリアと同じくいまだ中進国である日本のこの護憲型構造改革論は、社会党内に江田派というかたちで政治拠点をもつかのようにみえました。だが、江田派は議員もいるものの、他の党内派閥と異なり実質は議員派閥ではなく、前述の江田三羽烏を中核とするわずかの社会党本部書記を中心に、地方活動家を加えた、ゆるやかな、少数のつながりにとどまっていました。それほど、この「構造改革」という発想は、当時タテマエとしての「階級闘争」をかかげる、圧倒的多くのオールド・レフトとは異質でした。

## 派閥抗争の激化と江田三郎の敗北

松下のいっていることを、党の現実の動きのなかに探ってみよう。第一九回臨時党大会で構革論がはじめて党の方針と認められたことはすでにみたが、それははやくもその一年三カ月後の第二一回党大会（一九六二年一月）で、路線・政策としては事実上の敗退にいたることになる。人事的にみれば、江田が反構革派の佐々木更三に大差をつけて、書記長に選出され、河上委員長・江田書記長体制ができたのだが、構革派を支持する成田知巳が運動方針案で「戦略としての構造改革」をつよく主張したのにもかかわらず、構革論そのものは「戦術」へと格下げされてしまったのだ。

佐々木が構革論について「水に写った月のようなもの」つまり「手にすくおうとしますと何もつかむ事が出来ない」と評したのも、この大会であったといわれる（原彬久『戦後史のなかの日本社会党』、前掲）。江田と佐々木はもともと同じ鈴木派に所属していた。そして戦前はともに農民運動家としてしられていた。しかし戦後の中央政界では、一九四七年以来衆議院議員であった佐々木のほうが先輩格であった（江田は一九五〇年から参議院議員、六三年から衆議院議員）。

とはいえ政治家としての江田の清新なイメージは、一九六〇年一一月の日本初の三党首テレビ討論会などをとおして大衆に浸透していった。その大衆は「労働者階級」の枠をこえた、松下のいう大衆社会状況下の大衆であった。白髪の知的風貌と社会党政治家らしからぬおだやかな語り口は、「江田ブーム」をまきおこした。

こうした両者の対抗心は構革論の評価をめぐって拡大し、派閥抗争も激化した。そうした状況下で、一九六二年七月二七日、江田は突如として「江田ビジョン」を発表する。「アメリカの高い生活水準」、「ソ連の徹底した社会保障」、「イギリスの議会制民主主義」、「日本の平和憲法」の四つをかかげた江田ビジョンは、一般大衆には新鮮な印象をあたえるものだった。「マスコミや一般国民の評判は上々であった。江田の力によって、もしかすると、社会党が政権を担い得る政党に脱皮するのではないか、という期待が集まった」（塩田、前掲書）。

しかし党内での反応はまったく逆で、社会主義協会と佐々木派は猛反発した。「江田ビジョン」は発表から四カ月後の第二二回党大会（六二年一一月）で葬り去られることになる。江田は書記長を辞任、書記長後任には成田が選出された。成田のかつぎだしにあたっては、江田の意向をくんだ貴島の依頼で、佐藤昇と松下が説得活動を行ったという（塩田、前掲書）。江田自身は成田書記長の補佐役として、みずからかってでて組織局長になった。

こののち江田は二つの大きな仕事をおこなっている。一つは「総合計画研究協会」の設立（一九六三年）であり、もう一つは党本部となる「社会文化会館」の建設（一九六四年）であった。前者では『ジャパン・タイムズ』の記者だった山本満が責任者（常務理事）となり、松下や国民経済研究協会の竹中一雄らが会員になった。のちに田中角栄の秘書となる早坂茂三も、『東京タイムズ』をやめたのちに、ここで事務所勤めをしたことがあるという（塩田、前掲書）。後者の建設にあたって、党員や労組からだけではなく、社会党に親近感をもつ財界人からも寄付を集めたために、江田は「独占資本の手先」に堕したと批判された、と松下はいう（『自治体改革＊歴史と対話』）。

一九六三年一一月二一日におこなわれた総選挙で、江田は衆議院議員に当選する。二位の自民党新人候補・橋本龍太郎に大差をつける、約八万七千票を集めた。

一九六五年三月、病気療養中の河上委員長が辞意を表明し、五月六日の第二五回臨時党大会で佐々木が無投票で委員長に選出された。その後江田は、六七年に行われる東京都知事選に出馬するように、佐々木から要請をうけたが、ことわった。結局、紆余曲折のすえ、ぎりぎりのところで美濃部亮吉が出馬を受諾し、革新都政の実現をみることになる。

佐々木は六七年八月の辞任まで、二年数カ月間委員長をつとめた。その後継者である勝間田清一は、六八年七月、参議院選挙の敗北の責任をとって辞任。その後任人事は、何と成田委員長・江田書記長で決まった（六八年一〇月）のであった。「逆児人事《さかご》」としてしられる。それは、佐々木を中心とする左派勢力が、「江田・成田構革コンビ」から成田を引きはなして、委員長にすえた結果であった（原、前掲書）。

かつて構革路線を支持した成田は、次第に左派勢力に吸引されていった。その結果は、七〇年一一月第三四回党大会での委員長ポストをめぐっての江田との決戦になる。しかし江田は敗北した。以後、七七年一月に飛鳥田一雄委員長が登場するまで、七年間も成田は石橋政嗣書記長とのタッグをくみつづけたのであった。

党内の権力闘争にやぶれた江田は、失意のうちに党を去る。ここでそれ以降の江田の歩みをたどることはしない。ただ「その後も江田の手に構造改革論の旗がつねにあったことは間違いない」（原、前掲書）。

一九七七年四月に刊行された、江田の著作『新しい政治をめざして――私の信条と心情』（日本評論社）には、随所に江田の無念の気持をみてとることができる。二つだけあげてみよう。

浅沼委員長が右翼の暴力に倒され、私が委員長代行として総選挙に臨むことになった段階で「護憲・民主・中立」をさらに発展させて構造改革路線を打ち出した。

総選挙は十八議席増の成績だった。選挙後、私は構造改革路線にたって、いわゆる「社会主義の江田ビジョン」を訴えた。（中略）これが党大会で問題とされ、ついに葬り去られた。

構造改革路線は、私が提唱した当初の段階では、現在の成田委員長はもとより、いま協会派のチャンピオンとして党副委員長に選任されている高沢寅男氏も賛成であった。ところが高沢氏は方向をかえ、成田氏も構革を口にしなくなった。江田は構革右派であり、正しい路線は構革左派なのだともいわれ、それ以来、私は党内右派のリーダーという呼称をうけることになった。

かつて、私の構造改革論を、戦術ではあっても戦略としては誤っているとして葬った社会党は、社会主義理論委員会を作り、古い党の綱領をのりこえる綱領的文書として「日本における社会主義への道」をつくった。できあがったこの文書は党内において「道」とよばれ、誤りのないもの、全党員が学習を重ね、これによって理論武装すべきものとされている。この文書には構造改革論の発想も折衷的にはとり入れられているが、（中略）とても現実に適応はしないのである。これはマルクス・レーニン主義と解釈しても無理ではなく、またこの文書からプロレタリア独裁も引き出すことができ、社会主義協会派や社青同の諸君は、何かといえば「道」を引っぱり出し、これに反するものは反党分子ときめつける。

一九七〇年八月江田は、松下圭一、山本満、竹中一雄のブレーンと、共同通信の内田建三、毎日新聞の細島泉ら親しい記者五、六人と、加藤・森永ら側近をつれて、蓼科へでかけた。いつものように皆は、夜がふけるのも忘れて議論に熱中した。折をみはからって江田はいった。

「公明、民社と組もうかと考えている。社公民路線でいくのはどうか。これは社会民主主義勢力の結集なんだ」（中略）

一瞬、水を打ったように部屋が静かになった。松下と山本と竹中の学者グループの三人は、険しい表情で考え込むような態度を見せた。

誰一人、表立って反対する者はいない。だが、学者の三人が内心、賛成でないのは顔色からすぐにわかった。

図２　政策課題の歴史展開・理論特性

| 伝統政治段階（農村型社会） | 近代化［過渡］段階 | | | 《現代》市民政治段階（都市型社会） | |
|---|---|---|---|---|---|
| | Ⅰ型課題 | Ⅱ型課題 | Ⅲ型課題 | | |
| 支配の継続（原基政策） | 国家の構築（絶対国家） | 国富の拡大（経済国家） | 生活権保障（福祉国家） | 政治スタイルの転換 | 世界共通課題 |
| 貢納・徴税政策<br>＋<br>治安・軍事政策 | 国家統一政策 | 経済成長政策 | 福祉政策<br>都市政策<br>環境政策 | 分権化<br>国際化<br>文化化 | 国際人権　核危機<br>南北調整＋侵略<br>環境保全　テロ |
| 伝統政治理論 | 一元・統一型理論構成（国家統治） | 二元・対立型理論構成（階級闘争） | 多元・重層型理論構成（大衆政治） | 《分節市民政治理論》 | |

歴史的展開　→　現代的累積

←　現代的再編

これは塩田潮の『江田三郎――早すぎた改革者』（前掲）からの引用である。「松下と竹中と山本の三人は、この日を境に江田から遠ざかっていった」（同）と塩田はいうが、はたしてそうだったのだろうか。

### 構造改革論とは何だったか

さて本節の最後に、自身深くかかわった構造改革論にたいする松下の位置づけを確認することにしよう。松下は『戦後政党の発想と文脈』の序章でつぎのように書いている。

　明治初期には八五％だった農業人口が三〇％をようやくきるこの一九六〇年前後は、日本の《都市型社会》への移行のはじまりとなる時期である。一九五〇年代から政府では社会保障へのとりくみが日程にのぼるが、これは後述するが、いわば「前期」的性格をもつにとどまり、当時はまだ図２にみる官僚主導の近代化Ⅱ型課題の時期であった。日本での近代化Ⅲ型課題は、「市民活動」の登場を基本にシビル・ミニマムによる「自治体改革」をかかげる「革新自治体」を起点として、ほぼ一九七〇年前後からはじまる。

一九六〇年前後は、日本の《近代化》にむけてのⅡ型課題をめぐる理論・政策の〈新構築〉が、保守系内部からは「構造政策」、革新系内部からは「構造改革」として模索されはじめた時点であった。

つまり、一九六〇年前後の構造改革派は、「近代化Ⅱ型発想による資本主義 対 社会主義、あるいはブルジョア民主主義 対 プロレタリア民主主義というかたちをとった〈階級闘争〉の二元・対立をこえる発想を模索していた」（同）のであった。それは普遍市民政治原理としての「一般民主主義」と「護憲」をかかげることによって、社会党主流派、共産党、総評などのオールド・レフトを革新することをめざすものであった。その「少数のニュー・レフト知識人の思考スタイルの総称」（同）が構造改革論だった、と松下はいう。

同じことを『自治体改革＊歴史と対話』ではつぎのように書いている。「日本の構造改革派は実際はひろく多様な発生源ないし理論系譜をもち、しかも相互に顔もほとんど知らない、ゆるやかな少数の理論家たちの、それこそ〈一般民主主義〉をめぐる思考スタイルとしての総称でした」。「構造改革派は各人独自の新思考での模作スタイルでした。このため、構造改革派についての歴史は書けません。どこをモデルとするかによって、構造改革派についての位置づけ・意義づけが変わってしまうからです」。

ここで、松下が構革論はなやかな時代に書いた、「社会党・交錯する二底流」(『朝日ジャーナル』一九六一年一二月二四日。のちに『戦後政党の発想と文脈』に収録)という時評をみることにしたい。時評でありながら、じつに重要な構造改革論にたいする提言がなされているからである。

この時評で松下がまず指摘するのは、「江田ムード氏」と「佐々木ズウズウ氏」の対立の底流に、「社会党の組織体質の変化からひきおこされている党内革新派と党内保守派の対立」があるということだ。

それは、「戦後第二の曲り角」を社会党はどのようにのりきるか、という課題と結びついていた。つまり、岸内閣の安保条約改訂と池田内閣の構造政策にみられる戦後日本資本主義の全面的復活と、これに反対する安保、三池に象徴される革新国民運動の展開——これが第二の曲り角の特性である。社会党の構造改革論は、松下によれば、「国家独占資本主義」論を基礎にもち、安保と三池の闘争の成果と反省のなかから提起されたものだ。したがってそれは、企業組合依存からいかにして脱却し、労働運動を広範な国民運動とどのようにつなげていくか、という問題でもあった。

ここで重要なのは、社会党の「社会主義協会」派つまり、労農派マルクス主義者たちが提起した「階級闘争」論は、組合依存をさらにたかめる結果になったことである。彼らは階級闘争の原則を強調するのみで、「共闘会議」や「市民的抵抗」といった国民運動の運動論的課題についての発言はほとんど見られなかった。つまり「政治的生産性を失っていたのである」。

それに比して構造改革派が主導権をもった一九六一、六二年度の運動方針では、国民運動を党活動の基盤に位置づけていた。つまり一九六一年度運動方針では、「一九六一年のたたかい」として

「1国民運動　2住民組織と地域活動　3国民諸階層のたたかい（労働運動、農村活動、漁村活動、中小企業を守るたたかい）」があげられている。

一九六二年度方針では、「一九六二年のたたかい」として「1生活向上・民主主義のたたかい（a予算要求　b自治体改革と地域　c民主主義）　2平和・中立のたたかい　3国民各層のたたかい」があげられている。いずれにおいても、地域とか自治体が戦略性をもってとりあげられているのだ。その重要性について、松下はつぎのように書いた。

ここでみたような、党と諸階層とのあいだの運動論的中間項として、広範な「一般民主主義」エネルギーの結集という国民運動、すなわち「反独占国民連合」をふまえるようになったという、運動方針の再構成を見のがしてはならない。この事態は、社会党が「階級原理」からの演繹ではなくして、具体的な「共闘」の成果から、ようやく大衆活動にとりくみうる理論的展望をもちはじめ、社会党における思考方法の転換がはじまりつつあることを意味する。

ここで先にみた（一四〇頁）第一回中央党学校での松下の演題が「自治体改革」であったことを思いおこそう。しかし残念ながら、構造改革派のこうしたこころみは、この二年度だけにとどまった。それ以降熾烈な派閥争いのなかで、すでにみたように、構造改革派は消滅していったのである。

こうした構革派の命運をあたかも予想するかのごとくに、松下は次のように書いたのだった。

たしかに党内における理論対立は必要である。理論グループの対立は、今後、翻訳型や公式型ではない社会党独立の変革コースを明確にするための前提としてもますます必要である。けれども、構造改革論にたいする「左ヨリ」からの批判が党の組織実態や派閥工作にたいする批判を回避しているかぎり、それは、組合などにみられる「大会左派」とおなじ、心情ラジカリズムの教条左派以外の何ものでもない。しかも「左ヨリ」からの批判は「理論」的たろうとしながら、党運営を派閥長老の「寝わざ」にゆだねることになる。

そして松下は留意すべきこととして、革新陣営に広くみられる「正しい綱領（あるいは方針）」さえあれば運動は自動的に前進するという「観念主義」をあげる。その結果は、党の組織活動や運営にたいする責任意識の欠落となり、論争も綱領・戦略レベルの不毛な大論争におちいりがちになると批判する。そしてつぎのように続けた。

いまだ未成熟の構造改革論への理論批判は運動論さらに組織論の視点をふまえながらなされるべきである。それは何よりも、今日の社会党の組織体質への批判とむすびついて、具体的運動論の提起とならなければならない。構造改革論は不充分ながらも「政策転換」や「自治体改革」、さらに「予算要求」を具体的な運動論として提起したのである。

一九六一年にはすでに、松下は構革論と自治体改革の関係について論じているが、それらは同年五月の「地域民主主義の課題と展望」（『思想』第四四三号、「小特集・自治体と地域民主主義」の巻頭論文）として理論化された。その延長上に、松下自らが「私なりの構造改革論」（『戦後政党の発想と文脈』）という「憲法擁護運動の理論的展望」が、一九六二年五月、同じ『思想』（第四五五号、小特集・憲法(1)）に発表される。

一方社会党では一九六一年に『自治体改革の手びき』をつくり、六三年には党大会で「自治体改革闘争方針」を決定した。こうした流れが、六三年からほぼ八〇年までつづく、革新自治体の時代を誕生させることになる。その意味で、「日本の構造改革論の国際比較におけるその特性は、この自治体改革論にあります」（『自治体改革＊歴史と対話』）という松下の言葉は、よく納得できると思う。

# 第四章　自治体改革、シビル・ミニマム、都市政策

## 1　自治体改革と革新首長の群生

### 自治体はムラと変わらない

前章の最後でみた「地域民主主義の課題と展望」にさきだって、松下は一九五九年の日本政治学会で「労働組合の日本型政治活動」という報告をおこなった。そのなかで松下は、当時の革新陣営における労働組合依存主義を批判しつつ、つぎのように書いている（『日本政治学会年報』一九六〇年版、岩波書店。のちに『昭和後期の争点と政治』木鐸社、一九八八年所収）。

だが、今日では、これらと異なり、地域自体の組織としての地域居住組織を想定しうる。事実、警職法・安保国民運動の過程でこの地域居住組織はひろがっていった。ここには、地域活動自体の段階的発展があり、あたらしい第三段階をなしている。事実、あたらしいタイプの活

動家がこの地域居住組織に蓄積されつつある。地域に町内会・部落会がひろがり、組織労働者が有業人口の一〇%にすぎない今日、地域居住組織の強化なくしては新憲法すらも守りえない。抽象的に「大衆闘争」という言葉にもたれかかるのではなく、「大衆闘争」の組織条件を追求しなければならない。

こうした観点から松下は、戦後民主主義再編の土台として《地域》を設定することになる。そこから「地域民主主義」と「自治体改革」という言葉をつくりだし、地域・自治体理論とその政策・制度改革の構築へとむかう。これが松下の「自治体の発見」である(『現代政治＊発想と回想』)。ちなみに「自治体改革」という言葉は、当時の「構造改革」にヒントをえてつくられた(『自治体改革＊歴史と対話』)。

その前提には、現代日本社会の実情についての松下らの調査と、それにもとづく厳しい認識があった。それは、都政調査会と松下も関係していた「杉並の会」がおこなった、杉並区の調査である。一九六〇年一〇月に『大都市における地域政治の構造』(杉並区調査)(都政調査会)として刊行された。執筆者は、松下のほかに小森武、阿利莫二、高木鉦作、鳴海正泰であった。

杉並区は東京都のうちで、「原水禁」運動の発祥地としてもっとも民主的で革新的な地としてしられていた。戦前にはアナーキスト知識人の新居格が区長をつとめたこともある。「だが、この調査は、大都市における地域底辺の町内会さらに基礎自治体も、いまだ農村型社会にある日本全域のムラ政治と異ならない実態をあきらかにし、「戦後民主主義」の《表層性》を提起した」(『現代政治＊発想と回想』）のであった。松下の言葉をさらにきこう（『自治体改革＊歴史と対話』）。「当時、自民党は地域の保守中間層を中心に町内会・地区会をがっちりおさえるとともに、経済における業界団体あるいは大企業も組織していました。だが、革新運動は地域に基盤をもたないばかりか、護憲浮動票はくわわりますが、組織としては公務員、大企業を中心とする労働者上層三分の一にとどまる労働組合に依存ないし幻想をもっていただけでした」。

とするならば、現代の都市型社会における地域——それは私たち市民の生活の場である——をどう再編成するか、政策・制度と理論・運動のあり方を問わねばならない、と松下は考えたのだった。

その間の事情を鳴海正泰はつぎのようにまとめている。「そのリポートは、大都市底辺における強固な地域有力者を中心としたムラ構造の存在を指摘すると同時に、それに替る新しい都市社会の成熟とその担い手のなかに、地域民主主義の萌芽を見出している。戦後の既成革新勢力が見落してきた「都市」「市民」「自治」という概念が、はじめて自治体政策のなかに位置づけられた。市民運動がわが国ではじめて正当な評価を受けることとなったのである」（『戦後自治体改革史』日本評論社、一九八二年）。

そして一九六一年、松下は「地域民主主義の課題と展望」を発表したのだった。この論稿を松下は、つぎのように書きだしている。

「民主的な地域組織の形成による「地域民主主義」の確立、これを基礎とした「自治体共闘」さらには「自治体改革」の必要性がようやく一般的に理解されるようになってきた」。

それはすでにみた、社会党構造改革派のわずか二年間とはいえ、運動方針に自治体改革をとりいれた動向に対応している。

一方、先進的といわれる大都市の地域においても、ムラ状況は厳然と存在していた。こうした「政治的問題状況の二重構造」をどう克服するかが当面の課題であった。「すなわち「地方自治法」上は住民自治が促進されたにもかかわらず、ムラ状況の民主的脱皮なき稀薄化が進行しただけであるため、かえって実質的には町内会・部落会にたいする官僚統治の一段の下降浸透という逆説的結果がもたらされているのである」。

また、なぜ日本で自治体問題がするどく提起されなかったかについて、松下はつぎのようにのべる。「それは日本の近代思想ないし革新思想が、ムラ逃亡者として東京に集中した政治的思想的リーダーによってになわれたことにある」。「ムラにたいする対決が明治以来今日も回避されて、ムラからの逃亡に代位されてきたからである。そしてこのムラからの逃亡者が官僚となって日本の近代化を上からおしすすめながら旧中間層にささえられるムラに君臨したのである。くわうるにこの官僚を中心とした新中間層がまた戦後のマス状況の担当層となっている」。これは革新側のリーダーについても同様であった。

とすれば、「地域民主主義による自治体改革という発想は、これまでの革新政治指導にとっての新しい視角を提起する」。しかし地域民主主義の教科書はない。「というのは地域民主主義を運動として組織していく民主的居住組織は、労働組合やサークルもこれまで政治的に対決できなかった日本のムラという圧制の伝統的原型に末端から対決しうる組織として日本の土壌からようやくうまれはじめた組織形態だからである。この意味で、地域民主主義の理論は末端活動家の独創的活動経験を基礎としてはじめて構築されうるもの」にほかならない。

## 自治体改革の三原則・五課題

それから四年後の一九六五年に、松下はその間のさまざまな体験をふまえて、「自治体における革新政治指導」（飛鳥田一雄編『自治体改革の理論的展望』日本評論社所収、のちに『シビル・ミニマムの思想』東京大学出版会、一九七一年に収録）を発表した。

そこで松下は、自治体改革の三原則・五課題として、次のようにまとめている。

自治体改革の三原則

(1)　自治体における直接民主主義の実現
(2)　市民による自治体管理
(3)　中央政府の民主的改造

自治体改革の五課題

A　市民の政治的自発性の喚起
B　市民生活の保障
C　地域開発の実現
D　自治権の拡充
E　自治体機構の民主的能率化

ここで注目すべきは、五課題のB・C・Dである。

Bの「市民生活の保障」ではつぎのようにのべられる。「今日の自治体は、(イ)教育、保健、交通、水道、清掃、住宅などの生活基盤、(ロ)健康保険、老齢年金などの社会保障、(ハ)公害防止を通じて地域レベルにおける国民生活の最低限の保障を行なわなければならない」。これはいうまでもなく、シビル・ミニマムの考え方だ。

つぎにCの「地域開発の実現」をみよう。「各自治体は、それぞれの自治体の特殊な地域条件をふまえて、地域開発を計画的に誘導していく必要がある。Bの市民生活の保障あるいは市民生活水準の上昇のためにも、地域生産力の計画的拡大をはかるという積極的姿勢が、自治体の新しい今日的課題となっている。すなわち地域経済開発のみならず、物理的都市計画・農村計画をもふくんだ地域開発にとりくまなければならない」。これは都市政策の問題である。

Dの「自治権の拡充」ではつぎのようにのべられる。「しかしこれらB・Cの課題を実現するにあたっては、今日の三割自治という自治権の実態では不可能である。しかも現在の自治体政治の現実は、個々的な国の人事的・財政的介入によって自治権の空洞化をもたらしている。とくに補助金のパイプは意図的に国の統制ないし官僚による介入の増大をもたらしている。それゆえ、中央の行財政の権限ないし機構の再構成による包括的な自治体の行財政権＝自治権の拡充こそが、自治体によって主張されなければならない。すなわち自治体による国にたいする抵抗闘争によって国の行財政構造の改革がなされないかぎり、B・Cの領域における自治体の政策的イニシアティヴが発揮されないことになるであろう」。これは松下の『市民自治の憲法理論』につながる問題提起である。

つまりB・C・Dでは、このの5展開される松下の壮大な理論構想が、萌芽的に提示されているのである。その意味では、E「自治体機構の民主的能率化」も専門スタッフの育成を提起しているが、のちの自治体財務や法務の提唱につながるものであった。

### 革新自治体の群生

このような三原則・五課題の実現のために、松下は、Ⅰ自治体共闘の展開、Ⅱ革新首長・議会の実現、Ⅲ政党指導の強化をあげた。

また松下は、自治体政策立案にかかわる三公準として、a自主性、b計画性、c公平性をあげている。そしてaの「自主性」について、「革新政党は国民生活基準（ナショナル・ミニマム）を提示すべきであって、その政策的具体化は自治体の自主決定（シビル・ミニマム）による観点が必要である」と明記した。

さらに本稿中で、松下がつぎのように書いていることも記憶しておかなければならない。「今後、国会議員候補者はかならず自治体の首長ないし議員となって自治体政治を経験すること、あるいは現国会議員が自治体首長に立候補することを義務づけるべきであろう」。

ここで右の「Ⅱ革新首長・議会の実現」にかかわって当時の状況をみておくことにしよう。

一九六三年の統一自治体選挙で、横浜、京都、大阪、北九州の四つの政令指定都市と、そのほか七八の都市で革新市長が当選した。一九七三年には革新市長をもつ都市は一三一に達する。それは全市の約三分の一をしめるものであった。それ以前に京都府の蜷川知事や仙台市の島野市長などもいたが、それらはいわば「前期」革新自治体であった。

一九六三年にはじまり一九八〇年までつづくこの革新自治体の意義を、松下は「新しく《市民自治》の視角から「都市型社会」に対応し、時代錯誤で「官治・集権型」の国の機構ないし法制を「自治・分権型」に再構築しうる理論・運動、ついで政策・制度づくりの模索に、日本史にはじめて、現実政治として大きく取り組みはじめた画期」だとしている（『自治体改革＊歴史と対話』）。

事実、大部の『資料・革新自治体』（全国革新市長会／地方自治センター編、編集委員＝飛鳥田一雄、松下圭一、鳴海正泰、神原勝、大矢野修ほか、日本評論社、一九九〇年。なお『資料・革新自治体（続）』は、日本評論社、一九九八年）をみるなら、松下が「日本史にはじめて」と評した当時の熱気が、半世紀という時間をこえてひしひしとつたわってくる。また具体的な綱領と政策のじつに多様な展開が見られ、しばらくのちに流行した言葉「地方の時代」の意味がよくわかる。

しかしながら、「当時は、革新自治体といっても、自治体機構は戦前派内務官僚がつくった戦前と同型の地方自治法によって官治・集権構造をもち、戦前名望家出身知識人の首長だけが革新系でした。それで、私はそのころ革新自治体を「泥田の中の丹頂鶴」と位置づけています」（同右）。つまり、革新市長の群生は、自治体の首長選挙が直接公選制であり、当時顕在化しつつあった都市型の浮動票を集めることができたからであった。したがって「革新首長は落下傘で一人、戦前体質そのものの自治体庁舎に降りて、孤立しているという状況でした」（同右）。

一九六三年の統一自治体選挙ののち、六四年に革新市長会ができる。しかし当初は「広報連絡会」といっていた。というのは、圧倒的多数の保守系議員の反対があったからだ。正式に「革新市長会」と名のれるようになったのは、六七年の統一自治体選挙のあとのことである。松下は「広報連絡会」のときから、鳴海正泰とともに毎回出席し、市長会合のほかに広報職員の研修講師をつとめた。

## 2　シビル・ミニマム

### 美濃部都政のシビル・ミニマム計画

一九六七年一一月号の『世界』に、松下は「都市科学の可能性と方法」（のちに『シビル・ミニマムの思想』東京大学出版会、一九七一年に収録）を発表した。この論稿のなかで、松下は都市型社会の成立に対応する「政策科学としての都市科学」を提唱する。そして、経済構造・社会形態・政治過程のいずれにおいても、生活基盤、社会保障、公害についての基準である「シビル・ミニマム」の決定・保障・拡大が求められるとした。

「シビル・ミニマム」という言葉は、松下がイギリスのナショナル・ミニマムをもじってつくった（『現代政治＊発想と回想』）。それは「⑴政策主体を国から市民、ついで自治体への転換、⑵貧困問題をめぐる社会保障だけでなく、当時新しく激化してきた現代の都市問題、環境問題にも対応して社会資本、社会保健の付加にともなう市民生活条件の総合システム化、⑶自治体の地域特性・独自課題のくみいれ、という三点で、ナショナル・ミニマム論を再編したもの」（同右）であった。

ちなみに、当時私が愛読した松下の政治学教科書『現代政治学』（東京大学出版会、一九六八年）では、ナショナル・ミニマムについては言及されているが、シビル・ミニマムという言葉は使われていない。ただ、自治体改革の五課題の一つとして「住民生活の保障＝ⅰ社会保障の拡充、ⅱ社会基盤の整備」という形で実質的にとりあげられている。それは教科書という書物の性格からきたものと思われる。

ところで、「シビル・ミニマム」を一挙に有名にしたのは、美濃部都政の『東京都中期計画』であった。松下はいう。「一九六八年、『東京都中期計画』としての公式のシビル・ミニマム計画は、市民生活をめぐる基本施策領域を整理して、その政策基準と達成率を数値モデルで表すという、政策技術としても日本で画期的でした。今でいう情報公開にもなっているのですが、この中期計画を見ますと、下水道は全くおくれているとか、あるいは都市公園が少ない、諸施設類も足りないというかたちで、当時の都政実態はナイナイづくしだということが、棒グラフによって一目で誰にもはっきりわかる（一七一頁の図4参照──大塚）。それでひろく、私の造語のシビル・ミニマムという言葉が有名になった」（『自治体改革＊歴史と対話』）。

中期計画の策定にあたっては、松下とのあいだに、美濃部知事の特別秘書であった安江良介が介在していた。松下と安江は、シビル・ミニマムの策定手法などについてたびたび議論をかわした。そういうこともあって、松下は美濃部知事のブレーンだといわれていた。「だが、私自身にはブレーンであったという意識はありません。公式の都政へのかかわりは、美濃部知事就任の翌年、一九六八年にできた長谷部委員会（都政改革を目的とした「行財政臨時調査会」）の委員になったときだけです」。また中期計画についても「具体的には全くタッチしていない」（同右）という。

一方、松下のシビル・ミニマム論は、革新市長会による一九七〇年の『革新都市づくり綱領──

シビル・ミニマム策定のために』にもいかされていた。「これは革新市長会がたんなる革新政治家集団としてではなく、革新自治体の政策の基礎としてシビル・ミニマムの達成をおき、市民参加をかかげた新しい革新的な政策集団に発展したことを意味している。つまり、市民参加による自治体政策の提起である」（『資料・革新自治体』第二篇解題）。こうして「シビル・ミニマム」の考え方は、青森、山形、富山、神戸をはじめ多くの自治体に広がっていった。

さらに一九七一年の『広場と青空の東京構想』でも、松下の考えは基本をなすものであった。それは、二期目を迎える美濃部都政が、対立候補の秦野章（元警視総監、のちに法相）の『秦野ビジョン』に対抗して策定しようとしたものだった。安江の後任の菅原良長特別秘書（元仙台・島野市長の特別秘書）が、〝原稿がふえすぎて中身がまとまらない〟と松下に助けを求めにきた。「「市民参加」と「シビル・ミニマム」を中軸にコンパクトにまとめるべきという話をした記憶があります。結局は私がまとめることになる。市民参加を「広場」、シビル・ミニマムを東京のどんよりした空にたいする「青空」として、『広場と青空の東京構想』というタイトルにしました。これまでの自治体計画は、国の復興計画、ついで経済計画、国土計画の受け皿という考え方だったのですから、自治体計画の発想と構想の決定的転換をおこなっていたのです」（『自治体改革＊歴史と対話』）。

## シビル・ミニマムの思想とは

このように「シビル・ミニマム」の考え方は広く深く浸透していったのだが、松下はあらためて一九七〇年五月号の『展望』に、「シビル・ミニマムの思想」（のちに『シビル・ミニマムの思想』に収録）を発表し、理論的整理をおこなったのであった。それはつぎの四項目にまとめられている。1シビル・ミニマムの提起、2国家目標とは何か、3政治の科学化の可能性、4個人自立と国民的選択。

まず、一九六九年末の総選挙での自民党の圧勝と社会党の衰退、公明党と共産党の躍進による野党多党化傾向の拡大のなかで、自民党は六〇年代を「日本民族の歴史的勃興期」と位置づけた。これにたいして、社会、共産、公明、民主の各党は、六〇年代の歴史的位置づけを明確におこなうことができないでいた。こうした状況のなかで、松下は本稿の意図を「今日の国民生産力を国民生活構造の改革にむけて再編成するという政治展望のもとに、シビル・ミニマムの思想を提起」するとしている。

シビル・ミニマムは現代の「都市生活基準」であるが、それは二重の意味をもつ。一つは市民の権利という性格、もう一つは自治体の「政策公準」という性格である。

松下はすでにみたように（一五七頁）自治体改革の三原則・五課題をあきらかにしているが、五課題のうちの第二課題にシビル・ミニマムは対応する。つまり、「市民の生活を保障し、その基準としてシビル・ミニマムを確立すること」である。

当時の日本は高度成長の結果、「豊かな社会」になったといわれたが、その内実は消費物資とレジャーと公害の氾濫にほかならなかった。それゆえ、シビル・ミニマム、ナショナル・ミニマムの設定によって国民生活の質を高める必要がある。

そのために

A　社会保障（老齢年金、健康保険、失業保険、困窮者保護など）
B　社会資本（住宅、交通通信、電気ガス、上下水道、廃棄物処理、公園、学校など）
C　社会保健（公共衛生、食品衛生、公害規制など）

が公共的に拡充される必要がある。しかもA、B、Cのいずれについても具体的指数が設定され、それが自治体さらに中央政府による総合性をもった政策システムとして確保されねばならない。

その意味でシビル・ミニマムは、「市民的自発性を起点とした自治体の現代的再構成の政策公準であり、さらには国民経済における公的、私的な形態での社会的余剰の配分を計画的に再編成する指向をもった自治体の政策公準ということができる」。

さらに、「このような自治体の政策公準としてのシビル・ミニマムは、また何よりも現代における自然権としての生活権の思想でなければならない」。つまり、憲法二五条の「すべて国民は、健康で文化的な最低限度の生活を営む権利を有する」は、けしてたんなる「宣言規定」ではないのである。この意味でシビル・ミニマムの発想は「憲法理論の構造転換の中軸ともなりうる」のだ。

つぎに「2国家目標」について、松下はつぎのようにいう。「各政党間で一致できる最低の線は、シビル・ミニマムついでナショナル・ミニマムの充足ないし上昇であり、それ以上には国民的同意を調達しえないであろう」。戦後の歴史をふりかえるなら、日米安保問題についての保革の対立にもかかわらず、新憲法の平和と民主主義によって国民生産力を拡充していくという合意が存在し、それが第一次護憲運動の勝利につながった。「だが今日の国民的同意は、世界第三位の国民生産力を基礎に、アジアへの軍事進出ではなくシビル・ミニマムという国民生活の確保でなければならない。これが今日要請される第二次護憲運動の課題でもある。七〇年代の国民的選択の焦点をここにみなければならない」。

つづけて松下はいう。「この意味で、シビル・ミニマムの確保は国家目標というより国民目標と呼んだ方がふさわしいであろう。明治以来の伝統的な国家目標の喪失はこうしてシビル・ミニマムの充実という国民目標の設定へと置換されるべきであろう」。

「3政治の科学化の可能性」では、シビル・ミニマムの設定は、「政治の科学化の基本」であり、日本の社会科学の体質転換をうながすものであるという（のちに松下は、「科学化」「社会科学」という言葉をつかわなくなるが）。これはのちの松下の政策的思考につながる問題提起であった。またシビル・ミニマムの設定こそが、今日の都市政策の根幹であることものべる。これは次節のテーマである。

最後に「4個人自立と国民的選択」では、シビル・ミニマム、ナショナル・ミニマムの設定を、「経済計画の作成ないし政策的優先順位選択における人間的基準の優位性の提起である」とする。そして松下はつぎのように書いたのだった。

ここに社会主義の現代的可能性がある。社会主義は疎外から解放された「自由の王国」における市民的自発性の拡大を保障するのみならず、その物質的基盤である「必要の王国」における シビル・ミニマムないしナショナル・ミニマムの確立を不可欠としている。しかも成熟した工業社会では人口の八〇％以上がシビル・ミニマムを必要とする都市勤労者としてプロレタリ

図３　都市型社会の生活・政策構造

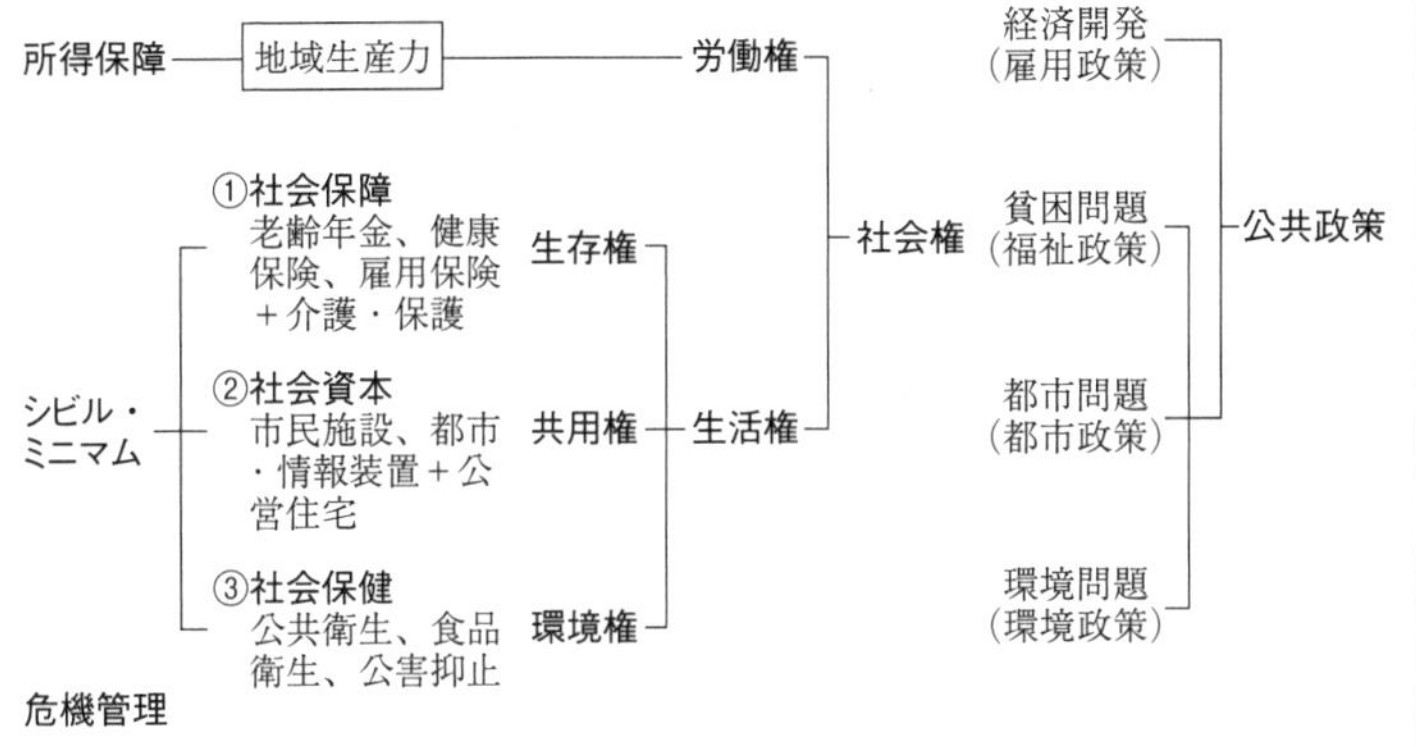


ア化した人口量となっているのである。この意味で、シビル・ミニマムの提起は社会主義思想の現代的展開の理論前提としても機能しうるはずである。

ここでいままでみてきたことを整理するために、図３をかかげる。本図と図２（一四七頁）とあわせて、なぜ一九六〇年頃から市民活動が出発したのか、松下はつぎのようにいう（『自治体改革＊歴史と対話』）。「一九六〇年前後の当時、日本社会は全体としてはまだ農村型社会だったため、(1)不可欠のシビル・ミニマムについては量・質ともにその整備はナイナイづくしだったこと、また(2)当時の日本における国の法制はムラ＋官僚統治という明治国家の構造を前提としていたため、シビル・ミニマムの公共整備という都市型社会独自の市民課題への対応ができていなかったことが、その理由です」。

また、なぜ一九六三年から八〇年頃まで「革新自治体」が群生し、八〇年代からは保守系も加わる「先駆自治体」にうけつがれていったのかについても、松下はつぎのようにいう（同右）。「つまり、都市型社会のシビル・ミニマムの公共整備には、①市民活動の起動力、②政策・制度の地域性をいかす自治体の政府としての自立が不可欠だったためです。つまり、明治国家型の官治・集権から市民政治型の自治・分権への日本の政治・行政、経済・文化の再編がカギとなっていたのです」。

さて「シビル・ミニマムの思想」発表から一〇年後の一九八〇年、松下は『地方自治研修』四月号に「続・シビル・ミニマムの思想」を書いた。この論稿はのちに『都市型社会の自治』（日本評論社、一九八七年）に収められたが、収録にあたって「シビル・ミニマムの提起」と改題している。本書ではこちらをつかう（『戦後政治の歴史と思想』ちくま学芸文庫、一九九四年でもこれがつかわれている）。

この一〇年間に、シビル・ミニマムの設定にかかわって私たちがえた体験はじつに大きなものであった。なぜなら、「シビル・ミニマムの提起によってようやく、都市型社会における市民福祉の内容を理論として明確にしうるようになった」からである。その内容についてくりかえすことはしないが、市民の生活権また自治体の政策公準としてのシビル・ミニマムは、国の政策・制度を転換する理論前提を提出したことは確認しておかなければならない。「事実、公害抑止から福祉・文化、それに都市づくりにいたるまで、先駆自治体は自治権にもとづく条例、要綱の制定によって国を先導した。この緊張のなかで、シビル・ミニマムの提起は、国→自治体→市民という下降型国家統治から市民→自治体→国という上昇型市民自治へという、政治イメージの転換を触発したのである」。

このような理論レベルだけでなく、日常の市民生活と行政実態にかかわっても、シビル・ミニマムの設定は政策形成の基本前提として大きな意味をもった。「そこでは、ことに、保守・革新共通にみられるモノトリ型の議院集票活動、職員のセクショナリズム、首長の思いつき、これらとむすびつく国の省庁ごとのバラバラの通達・補助金をめぐって、自治体の政策決定過程をくみなおす政策公準として要請されている」。

また、この間におけるシビル・ミニマムにたいする理論レベルの批判についても、松下は言及している。それは、革新理論の主流による「体制矛盾にベールをかけ幻想をふりまくだけ」という批判は論外として、つぎの三点をあげる。

第一は、それがテクノクラット型発想だという批判。だが、情報の整理と公開があるならば、シビル・ミニマムの設定は市民によって充分おしすすめることができる。

第二は、それが自治体に過大な負担をしい、財源問題を無視しているという批判。しかし、「シビル・ミニマムは、ナショナル・ミニマムとあいまって、自治体と国とのあいだの財源の配分の基準となる。財源論こそが、シビル・ミニマムを前提として再編されるべきなのである」。

第三は、それは数字を過大に評価することで数量的観点にとどまるという批判。だが、政策や計画には数量化は不可欠だし、数量化によって争点の客観化がはじまる。また市民と自治体が地域特性をいかしながら、数量化をだれでもわかるように行うことによって、ナショナル・ミニマムの改善にもつながる。

## シビル・ミニマム計画の具体化

つぎに松下は、「市民自治による市民福祉への転換」を論じる。つまり、シビル・ミニマムの設定によって、「市民福祉」を厚生省のタテ割施策による「社会福祉」から解放しようというのだ。「市民福祉は、まず基礎自治体レベルで、地域特性をいかしたシビル・ミニマムの空間システム化として出発しなければならない」。あらためて、市民自治による市民福祉という原点にたちもどる必要がある。

「市民立案」「市民行政」を前提とする市民活動こそ、「行政の補完」ではなく「行政の起点」である。とすれば、「自治体・国の政治・行政への過大評価さらには心理依存の克服が私たち市民の当面の課題」となる。そして「市民参加、職員参加による定期的な自治体計画改定には、シビル・ミニマムを政策公準とする既成施策のたえざる見直し」が必要となる。

さらに松下は、戦後急増した自治体職員の高齢化が、近い将来財政の本格危機（つまり「内からの危機」）をうみだすだろうと警告する。この警告が、一〇年もたたぬまに現実化したことは、私たちのよく知るところである。

ついで松下は、シビル・ミニマムの設定方法――直接手法と間接手法がある――を検討する。直接手法は、主要な施策項目を体系的に配列し、その項目ごとに数量化された目標値をシビル・ミニマムとして定める（図４）。そして実際に達成された数値との距離を計画的にうめていくという手法である。これは東京都が最初に開発した手法だが、主要施策の目標値と達成値が簡明にグラフ化されていて市民に理解されやすいので、神戸、旭川、山形、富山、金沢、枚方、沼津などの各

図4　東京都シビル・ミニマム計画（1970〜72年）

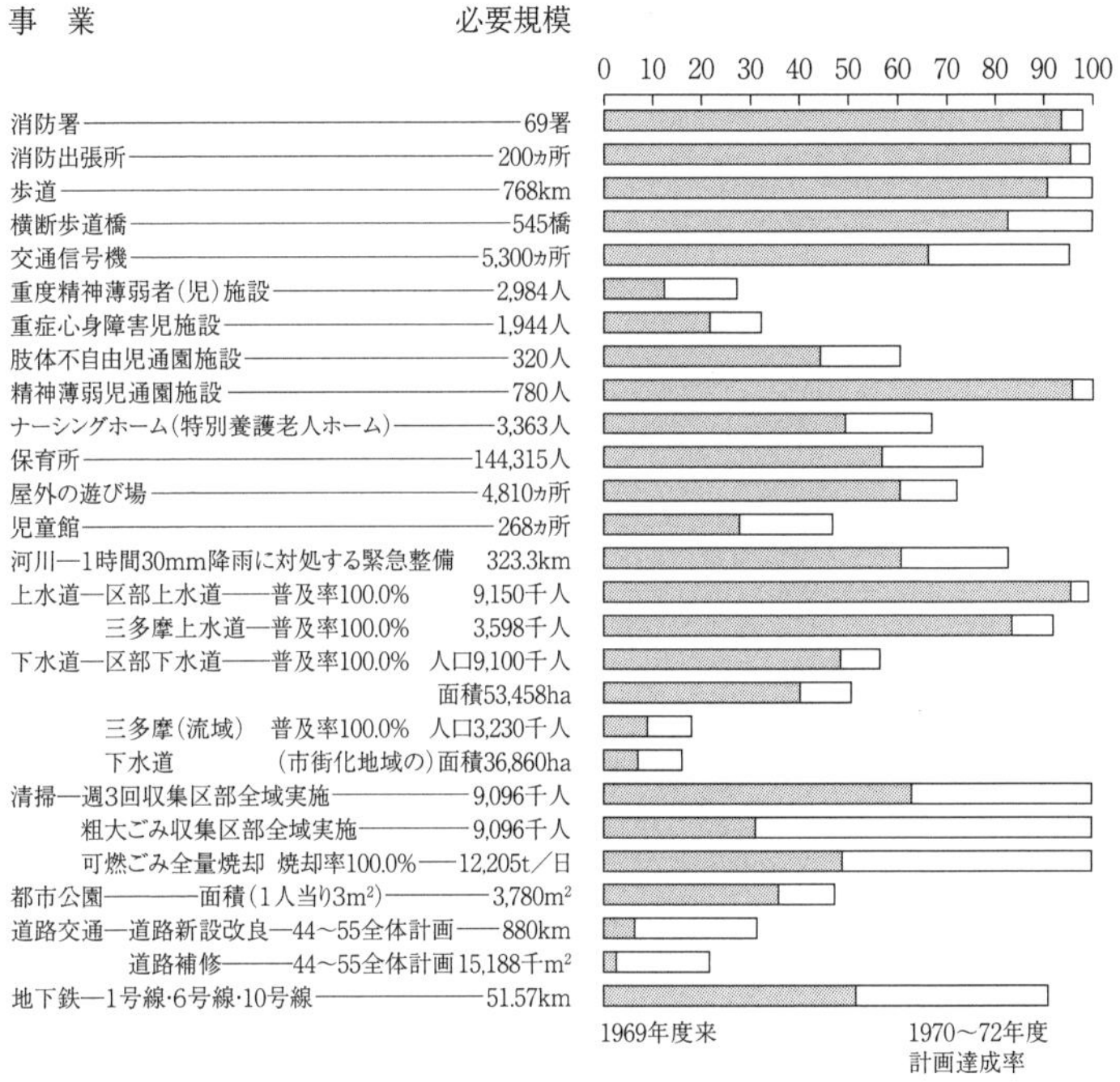

| 事業 | 必要規模 |
|---|---|
| 消防署 | 69署 |
| 消防出張所 | 200ヵ所 |
| 歩道 | 768km |
| 横断歩道橋 | 545橋 |
| 交通信号機 | 5,300ヵ所 |
| 重度精神薄弱者（児）施設 | 2,984人 |
| 重症心身障害児施設 | 1,944人 |
| 肢体不自由児通園施設 | 320人 |
| 精神薄弱児通園施設 | 780人 |
| ナーシングホーム（特別養護老人ホーム） | 3,363人 |
| 保育所 | 144,315人 |
| 屋外の遊び場 | 4,810ヵ所 |
| 児童館 | 268ヵ所 |
| 河川―1時間30mm降雨に対処する緊急整備 | 323.3km |
| 上水道―区部上水道――普及率100.0% | 9,150千人 |
| 　　　　三多摩上水道――普及率100.0% | 3,598千人 |
| 下水道―区部下水道――普及率100.0% | 人口9,100千人 |
| | 面積53,458ha |
| 　　　　三多摩（流域）　普及率100.0% | 人口3,230千人 |
| 　　　　下水道　　　　（市街化地域の） | 面積36,860ha |
| 清掃―週3回収集区部全域実施 | 9,096千人 |
| 　　　粗大ごみ収集区部全域実施 | 9,096千人 |
| 　　　可燃ごみ全量焼却　焼却率100.0% | 12,205t／日 |
| 都市公園――面積（1人当り3m²） | 3,780m² |
| 道路交通―道路新設改良―44～55全体計画 | 880km |
| 　　　　　道路補修――――44～55全体計画 | 15,188千m² |
| 地下鉄―1号線・6号線・10号線 | 51.57km |

　　　　　　　　　　　　計画達成率

市に広がった。こうした背景のもとに、都市生活環境研究会（自治大臣官房企画室）が一九七三年に、一〇万都市をモデルにして、『シビル・ミニマムの設計』を刊行している。

間接手法には、①地域生活・産業・文化指標地図方式と、②ライフ・サイクル方式がある。いずれも目標値としてシビル・ミニマムを設定しない。が、行政の実情がわかるように情報公開することで市民討論を促進し、自治体計画の客観性を増大させ、実質的にシビル・ミニマムの実現をはかる手法である。

①は武蔵野市が開発した手法で、自治体の主要施策、市民にとっての重要課題をふくめて、シビル・ミニマムの関連項目をマッピングするものである。関東では多摩、田無の両市、中野区など、関西では高槻、神戸各市などでつくられ、桐生市などでは青年会議所が自主制作し、数十市におよんだ。

②は京都市の開発によるもので、市民のライフ・サイクルに対応した個別施策をチャート化し、どのような施策体系が必要か、欠落している施策や重複している施策をあきらかにする手法である。シビル・ミニマムをめぐる施策の再整理の不可欠性が一目でわかるという。

このような手法を用いたシビル・ミニマムの策定によって、「明治以来はじめて政策情報にかんする庁内討論をおこないえたという自治体がおおい」、と松下はいう。つづけてつぎのように書く。「政策情報の整理・公開→シビル・ミニマム設定→自治体計画策定というプロセスこそが本来の自治体計画の策定手順であることを強調したい。この過程において、市民、職員、それに首長・議会にわかりやすいかたちで政策情報を整理・公開すること自体が、自治体計画策定への市民参加、職員参加の不可欠の前提である。それゆえ、シビル・ミニマムの設定が行政スタイルの転換への衝撃力となるのである」。

つまり松下は、「情報公開法（条例）」の制定による文書公開推進という「外からの公開」も不可欠だが、「内からの公開」こそ基本だというのだ。

最後に松下は、行政革新による政策選択にあたって、〈行政技術の革新〉が必要だと主張する。なぜなら、「シビル・ミニマム設定は、政策選択ないし自治体計画の〈質〉とリンクしているのである。それゆえ、既成の行政スタイル、とくに既成の通達・補助金の枠組を突破して、たえず新しい政策開発、つまり〈行政技術の革新〉がもとめられる」から。

そして、かつての東京都のシビル・ミニマム計画（『広場と青空の東京構想』）が、「試案」止まりになった理由を検討する。理由は財源問題ではない。すでにみたように、「財源問題と政策基準としてのシビル・ミニマム設定とはレベルを異にしている」からだ。また当時の都は財政的に豊かであった。

「基本論点は、県レベルの計画としての東京都の計画が、目標値それに達成値までも、全都統計から機械的に設定したところにある」と松下はいう。結果として、(1)既成の行政スタイルの延長線で考えられたため、区市町村が地域特性をいかして推進すべき行政技術の革新の可能性を過小評価あるいは無視した、(2)シビル・ミニマムの実現のために、都は「区市町村に都区財政調整制度をふくめて安易な補助金散布を中心におしすすめた」。つまり、「都という広域自治体レベルの問題と市町村ならびに特別区という基礎自治体レベルの問題との混同がみられた」のである。

松下は当時をふりかえって、次のように書いている（『自治体改革＊歴史と対話』）。「二三区は基礎自治体ではなく、東京都＝市のいわば内部組織だったのです」。「都庁幹部は当時のこみいった都区財調あるいは都区人事などをふまえて、今日では時代錯誤と笑われる《都区一体性の原則》を当時は本気で掲げ、二三区ベッタリだった。／このため都職員には広域自治体＝県レベル独自の思考訓練ができていなかったといってよいでしょう。『広場と青空の東京構想』が庁内でまとまらなかった理由には、東京都という県レベルの計画づくりなのに、つくっている職員は多摩などを軽視し、二三区平均レベルの発想にとどまっていたという矛盾があったのです」。

そして以下のように書いた。「この二三区問題については、一九七六年五月、篠原一、西尾勝、菅原良長、神原勝、それに私が加わった「都区政研究会」で、『都政革新討議のための提言』をまとめ、二三区に分権して区は基礎自治体となり、東京都は県としての機能に純化するという提案をするのは、以上の経験をふまえたためです。今日もいまだ都区財調は残るとはいえ、この提言は二〇〇〇年分権改革につながった。ようやく区は準基礎自治体となり、区長は全国市長会に加入する」。

松下は「シビル・ミニマムの提起」を終えるにあたって、将来の展望として、次のように書いた。つまり、社会保障、社会資本、社会保健のシビル・ミニマムを量的に充足させる基礎自治体があらわれようとしている現在、「自治体行政の戦略課題も地域環境の質の見直し中心へと変わっていく。つまり個別施策をめぐるシビル・ミニマムの量充足から、地域全域におけるシビル・ミニマムの質整備へと自治体の戦略課題は変わる」。

一九九六年一月に刊行された『日本の自治・分権』（岩波新書）のなかで、松下はシビル・ミニマムの質整備について、つぎのように書いている。

図５　日本型都市整備の展開段階

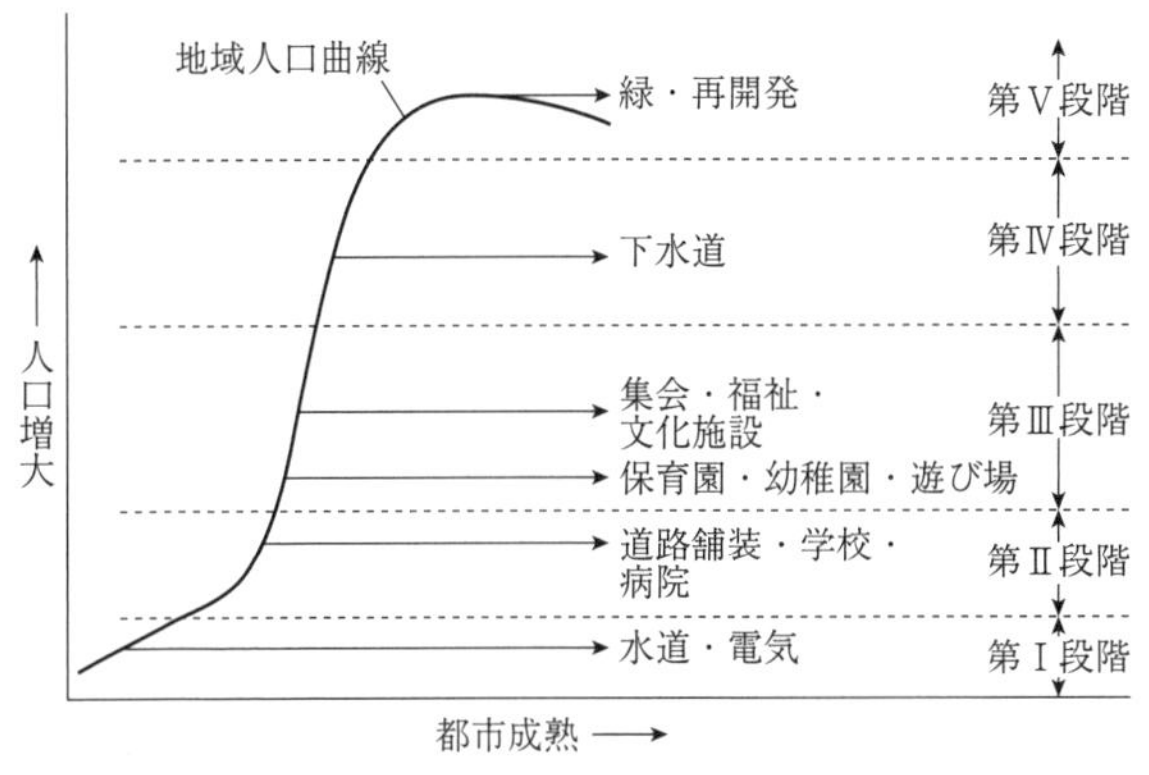


自治体は、一九八〇年代にはいって、シビル・ミニマムの量充足から質整備の段階への、新しい飛躍をはじめました。行政水準の飛躍をめざす「行政の文化化」がこれです。質整備とは、生活ないし文化・環境の質をめぐって、〈緑〉を戦略とする計画の展開です。これが図５の第Ｖ段階です。〈緑〉とは、たんに木を植えることではありません。もちろん、公園をふくめ、街並みを美しくすることがふくまれます。だが、同時に、水を復活させ、農林漁業を整備し、あるいは歴史文化の保存・整備もこれにふくまれるわけです。福祉・保健をふくめた市民生活条件の質を中心とした文化水準のたかい地域づくりが、〈緑〉と再開発というかたちで、市民ないし自治体の新しい戦略課題となっていきます。

なぜ再開発かといえば、日本の都市は明治以来スプロール型にできあがっているため、それなくしては〈緑〉

の導入による地域づくりができないからだ。

また日本人は花を愛するといわれるが、活け花のようにそれは私文化でしかない。公共文化としての花や緑とは無縁だったのである。

## 四〇年後の理論再編

二〇〇三年六月、松下は北海学園大学での地方自治土曜講座で、「シビル・ミニマム再考」という講演をおこなった（のちにブックレット『シビル・ミニマム再考――ベンチマークとマニフェスト』公人の友社、二〇〇三年、さらに『自治体再構築』公人の友社、二〇〇五年に収録）。

そこで松下は、《政策指数》の不可欠性からはじめる。なぜなら、「政策指数がなければ、いかなる改革論議も一般論としてのスローガンだおれにな」ってしまうからだ。「健康保険から介護制度まで、都市計画から環境政策まで、施設設置から事業採算まで、あるいは危機管理をふくめて、すべての個別施策は指数のカタマリからなっている」以上、「指数なくして個別施策あるいは政治・行政なし」なのである。

とりわけ自治体にとって重要なのは、財務指数と法制指数であり、それらは政策財務、政策法務の基本となって政策策定・政策評価がおこなわれる。これらにくわえて、松下は政策「数務」をあげ、数務についてはすべての職員が政策・制度の独自開発をめぐって習熟すべきだという。

また近年、政策指数をめぐって二つの方向から議論されるようになってきた。「一九九九年、個別政策にたいする一覧性のある東京都の政策指標方式（以下ベンチマーク方式と略）の模索、あるいは二〇〇三年になって関心がもたれはじめた市民との選挙契約という意味をもつマニフェスト方式の提起」である。前者ではシビル・ミニマムと政策指標の関係がわかりやすく描かれている。

このような政策指標をめぐるベンチマーク方式とマニフェスト方式は、いずれも「指数ないしは指標が政治・行政改革ないし政策再編をめぐって不可欠」であることを示している。

そして松下はつぎのように書いた。「このシビル・ミニマム基準の量充足から質整備への転換をめぐっては、そこにどうしても、官治・集権から自治・分権へという、日本の政治・行政自体の転換が不可欠でした。行政とは「国法の執行」という官治・集権では、①全国画一、②省庁縦割、③時代錯誤というかたちで、行政の劣化をひきおこします。自治・分権となってはじめて、各自治体が独自責任をもつ政策・制度開発によって、①地域個性、②地域総合、③地域試行を活かすようになるからです。ここでは、自治体法務・自治体財務の自立、また自治体文化戦略の構築が不可欠となります」。

この転換は、六〇年代以降の市民活動を基本に、職員の学歴上昇にともなう自治体独自の政策・制度開発型研修（たとえば一九八〇年の神奈川県職員研究所）の出発、全国的な自治体職員の自主研究集団の群生などをうんだ。こうした背景のもとに、一九八六年、自治体職員中心の「自治体学会」が出発した。「これらが、機関委任事務の廃止という『地方自治法』大改正にともなう、二〇〇〇年の分権改革をおしすすめる推力となった」と松下はいう。

そして都市型社会におけるシビル・ミニマムを考える場合、「社会の組織・制御、予測・調整をめざす、社会工学としての《政策・制度》づくりが必要」となる。つまり、図6（次頁）のように

図６　公共政策と政府政策

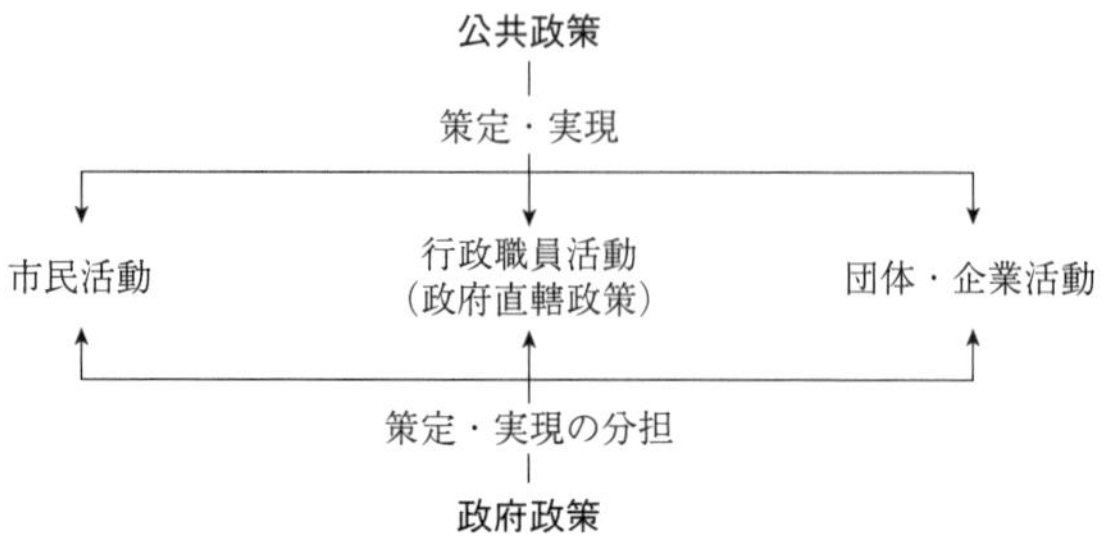


公共政策および政府政策の策定による制度化が必要となるのだ。

ここから、「都市型社会では、このシビル・ミニマムの量充足・質整備をめぐって、管理→行政→政治という社会の組織・制御を課題とした、基礎行政（市町村）→補完行政（県）→基準行政＋直轄事業（国）→国際基準策定（国際機構）という図7にみる補完型上昇循環が成立します。これが、共同体・身分からなる農村型社会と異なる、都市型社会独自の予測・調整、組織・制御という「社会工学」技術となります」。

一九六〇年代にシビル・ミニマムの考え方を構築した松下は、四〇年以上の多様な体験と思索のうえに、シビル・ミニマム論の再編を行った。

その基本論点は、「先進国状況への飛躍に挫折して、いまだ中進国状況にとどまっている日本でも、二〇〇〇年前後の今日では、シビル・ミニマムの量充足は、農村地区の下水処理の一部、大都市地区での老人施設の一部、さらに都市・農村を問わず危機管理問題をのぞけば、ほぼ終ってきたという認識ないし確認が必要となります」。そして「指数作成にあたっては、量の時代の終り、質の時代への突入をたえず、市民、官僚・職員、ついで政治家また理論家も、個別施策をめぐって確認する必要があります。とくにマイナス指標の策定

図7　政府各レベルの特性・機構・課題

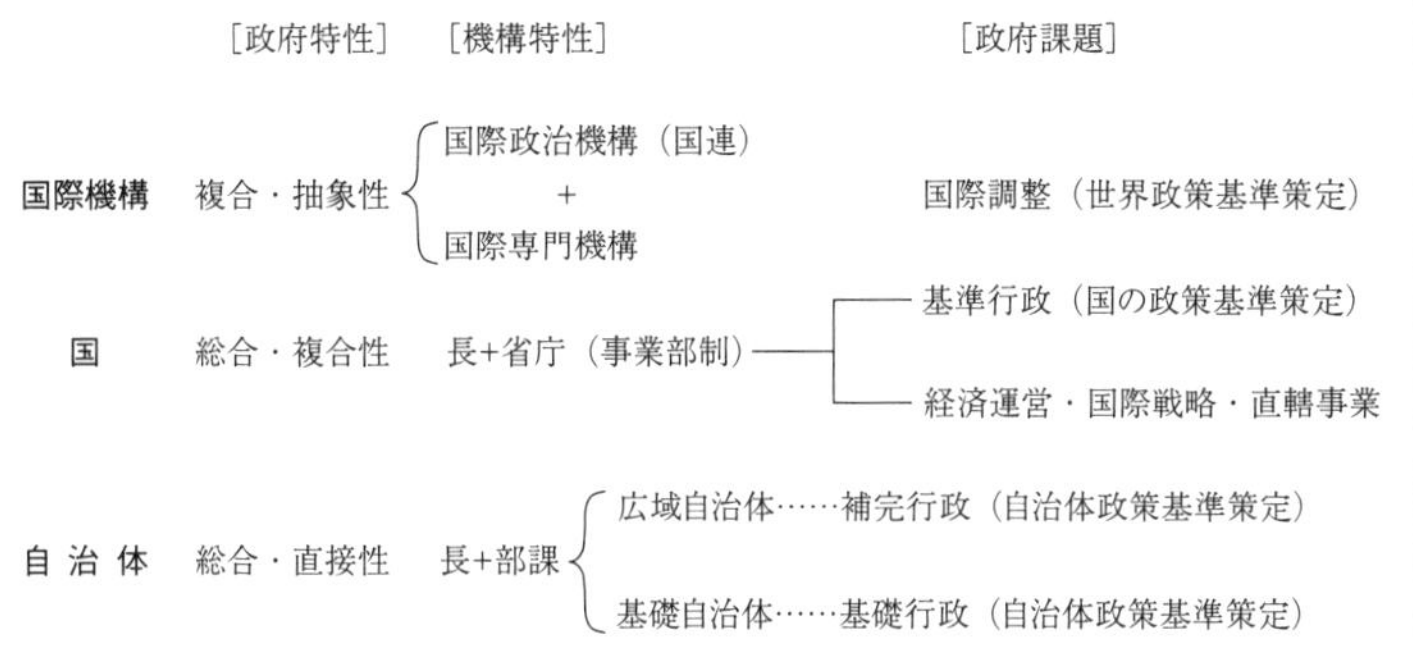


となるのですが、ミニマム以上の過剰施策をめぐるムダの切開手術が二〇〇〇年代では緊急課題です」。

そのうえで、松下はつぎの三点をあげる。

(1)「個別・具体の施策開発にあたって、市町村・県、国、あるいは基準策定では国際機構をふくめて、各政府レベルそれぞれの《政府課題》(図7)の独自性、ついで分担関係を明確にすること」。

(2)「個別施策基準についての量不足だけでなく、《量過剰》というムダをも指数化して、「減量」ないし「再編」を大胆にうちだすべきだという前述のマイナス指標の論点」。

(3)「シビル・ミニマムについては、今日ではまずミニマム内での、文化水準のたかい《質整備》という発想が基調となるべきです。それゆえ、施策量のマキシマムにむけての無限の量拡大ではなく、ミニマム基準をふまえた個別施策の文化水準の見直しこそが問われます」。

そして具体的に「①社会保障では、年金・保険の制度再設計をふくめ、地域福祉としての子ども文化・高齢者文化の醸成、とくに発足まもない介護制度の改革など、②社会資本では、たんなる道路舗装率ではなく、地域景観をめぐる道路のデザインや緑化あるいは排ガス規制など、③社会保健では、薬害、食害、公害の制御はもちろん、エコロジカルな意味をになう地域環境づくりなど、これらこそがシビル・ミニマムの質整備段階の今日、自治体・国・国際機構のそれぞれのレベルでの新課題として問われている」と指摘する。

またシビル・ミニマムの施策基準としての指標値については、⑴政策再編、⑵財源再編、⑶発想再編という三つの観点から問われる。さらにシビル・ミニマムの指数構成にあたって、以下の三つの課題へのとりくみが必要だとする。⑴量充足指数から質整備指数へ、⑵膨張拡大から模索再編へ、⑶借金前提から計画積立へ。

## 3　都市政策の構築

### 都市構造の改革

松下がはやくも一九六七年に、「都市科学の可能性と方法」（『世界』一一月号）を書いていることはすでにみた。そのなかで松下は、都市科学の課題として、⑴都市生活権の基準（シビル・ミニマム）作成と、⑵都市ビジョンの構想をあげている。⑴については前節でみたので省略するが、⑵ではシビル・ミニマムの確立は当然、「都市構造の改革と結合しなければならない。この都市の物理構造に対応した人間型の構想こそが、都市生活権という発想につながっているからである」としている。とすれば、都市の物理構造のデザインは都市工学的都市計画にとどまるものではありえず、「a国民的富の計画的な生産と分配、b現代的生活様式の創造、c民主的コミュニケーションの組織化」という課題とむきあわなければならない。したがって社会科学的専門知識はいうまでもなく、芸術的構想力をも必要としている。

松下自身、本論稿を収録した『シビル・ミニマムの思想』のあとがきで、本論稿は「政策科学としての都市科学の可能性とその方法論的位置を検討したものである」とのべ、都市科学の位置をつぎのような連関における〈都市化〉に対応する政策科学、と要約している。

| | 主導観念 | 資本主義的展開 |
|---|---|---|
| 経済構造 | 〈工業化〉 | 独占資本 |
| 社会形態 | 〈都市化〉 | 大衆社会 |
| 政治過程 | 〈市民化〉 | 大衆国家 |

一九六九年には、松下は『現代デザイン講座2』（河出書房）に「都市創造の構想」を発表した（のちに『シビル・ミニマムの思想』に収録）。この論稿の最後の部分で松下はつぎのように書いた。

> ルソーは神のごとき人民のみが民主主義を可能にするとのべたが、この民主主義のユートピア性は今日ではまず何よりも都市のユートピア性として位置づけうるのである。現代のコンミューンは農村ではなくて、都市それも汎都市的構造をもった都市である。この都市のユートピア性の認識が、都市改革の情熱のなかから抽出されなければならない。それは都市が工業化と民

主化の結節点であるという戦略的位置からきている。工業化は技術革新を中心に社会の産業構造、さらに人口構造をつねに流動化する永久革命的性格をもち、民主化もまた既成価値をたえず市民による批判と参加によって転換させていく永久革命的性格をもっているため、今日では都市自体も従来の都市のように既成品ではなく、永久革命的性格をもっている。この都市の永久革命的性格が都市のユートピア性の現代的性格を提起するのである。

そして松下はさらにつぎのようにつづけた。「この都市のユートピア性の提起は人間の自由の〈証し〉である。ユートピアはまさに生活様式の自由なデザインを意味する。むしろデザインがつねにユートピアへの志向をもつということが、人間の自由の証しなのである」。これは現在でも通用する新鮮な考え方だ。と同時に、第一章でみた松下の四高時代の論稿「習慣について」をほうふつとさせる内容であり、まことに興味深い。

### 新しい都市の新しい生活様式

同じ一九六九年に「都市と現代社会主義」(『現代社会主義』一・二月合併号)、翌七〇年に「余暇と都市空間」(横浜市企画調整室『調査季報』26号)を発表した松下は、一九七一年六月に『都市政策を考える』(岩波新書)を上梓する。

この新書の内容を一言であらわすなら、シビル・ミニマムの空間システム化としての都市政策の提言と、その推進のための「自治体計画論」の開発、ということができるだろう。つまり、「従来は都市政策といえば、土木や建築、福祉、衛生などの個別領域、その財源論としての地方財政論がくわわるという、ばらばらの寄せ集めだった。これにたいして、《シビル・ミニマムの空間システム化》という形で現代都市政策ないし自治体計画が理論統一性を持つことができるようになった」（『自治体改革＊歴史と対話』）というわけだ。

以下、本書の内容をできるだけ簡単にみることにしよう。

「Ⅰ　都市政策を考えよう」では、まず、今日はじめて日本の歴史のなかで〈都市〉が問題になってきたことの意義をあきらかにする。日本では有史以来、都市人口が全人口の一〇％をこえたことはなかった。明治維新以後の工業化によって都市人口は増加したが、戦後の一九五〇年においても農業人口は五〇％だった。六〇年には三〇％、七〇年には二〇％をきる。都市人口は七〇年には七〇％をこえた。今後短期間のうちに、都市人口は大都市に集中し、日本の都市化は成熟段階にはいると予測される。

このように私たちは、日本史上はじめて本格的に都市問題と直面しようとしている。しかし日本の社会科学や政治政策は、それに対応する理論をもっていない。日本の政党でいえば、ようやく一九六八年に自民党が『都市政策大綱』をつくり、野党がそれに追随しはじめたにすぎない。

一方、欧米では、現代型の都市問題に、すでに第一次世界大戦にともなう急激な都市化の過程で直面していた。一九三三年にはコルビュジエなどのＣＩＡＭ（近代建築国際会議）が「緑と太陽と空間」の『アテネ憲章』を宣言し、第二次大戦後の建設に大きな影響をあたえた。

しかし日本でも、一九六〇年に松下が「地域民主主義」による「自治体改革」を提起するにおよんで、当初はほとんど理解されなかったものの、六三年以降の革新首長の群生とともに、市民による都市政策の可能性がみえはじめた。とすれば、「私たち市民自身が都市政策をつくり、自治体、国の政策を転換していかなければならない。しかも都市改造は持続的努力のつみかさねであるかぎり、それはまた長期計画をともなった国民生活全体の改革へとつながらなければならないだろう」。

ところで、日本における都市政策のたちおくれは、日本近代の思想構造に根をもっていると考えられる。それは

(1) 農業社会的意識構造
(2) 都市人口の非土着的性格
(3) 社会科学の生活遊離性

の三点である。(2)についてはすでにみた(一五六頁)ので、(3)についてふれておこう。日本の社会科学はこれまで外国理論をモデルにして社会の抽象的な構造分析を追求することがおおかった。戦後の〝近代主義〟理論も、反封建というかたちで欧米をユートピア化することで日本社会を批判した。一方、一九世紀につくられたヨーロッパの社会主義理論も、スターリン主義とファシズムの重圧のもと、現代社会科学へ転換することができず、とりわけ日本では農業社会型革命をおこなったロシアと中国を範とする後進国型社会主義理論が主流をしめた。その結果、「都市政策を展開した戦前の後藤新平、関一などの遺産、あるいは都市問題に関心をもった片山潜、安部磯雄などの伝統からも、戦後の社会科学は断絶してしまった」。

一方、ヨーロッパの都市はどうだったか。実際は、〝近代主義者〟たちが描いた理想的な像とは

ほどとおいものだった。松下はマンフォードやラゴンの著作から、その非衛生な状況などを具体的に例証している。

しかし都市とは、「富の蓄積、あるいは土木技術、建築技術、衛生技術の問題としてのみ」位置づけられるものではなく、「その国民の政治ないし思想構造の集約」でもある。とすれば、ヨーロッパ都市の理念を検討することが必要となってくる。松下はそれを⑴自治性、⑵公共性、⑶計画性の三点から検討する。

⑴自治性について。ヨーロッパにおける自治の伝統については、第二章でくわしくみているので省略する。日本では古代以来この伝統をきずいたことがなかった。ようやく中世にはいって惣村、惣町が誕生し、堺や博多などでは商業的な富の蓄積によって、都市共和制の萌芽がみられるようになる。しかし、「都市は封建領主によって弾圧ないし再編されて城下町となり、幕藩体制へとつながっていく。明治以降の日本の都市の主流はこの城下町である。それは自治の塁ではなく権力の塁であった」。

「また底辺の共同体規制も幕藩体制の五人組という統治技術をひきついで、町内会へと再編され、体制の末端細胞にくみいれられてしまった。戦後改革における地方自治法の制定にもかかわらず、やはり、中央の官僚機構、末端の町内会は温存され、戦後も都市は自治体としての機能と威信を実現することはできなかった」。戦後革新運動が地域から孤立し、労働組合依存にならざるをえなかった理由がここにある。

⑵公共性について。農村では、それは「伝統」の規制によって保障されるが、都市では「制度」

によってつくられねばならない。ヨーロッパの都市では、それは都市支配層の自治によってつくられ、「都市盟約」ないしは「都市憲章」となった。その空間的表現が鐘楼をもつ公共広場であった。「もしこの都市の公共性が都市支配層の自治によってすら確立されないならば、都市は農村逃亡者のたんなる集積にすぎなくなり、官治が貫徹されるであろう。これが日本の都市の現実であった。／しかも日本で都市に集積されたムラ逃亡者は、ほぼ三分の一と三分の二の比率で階層上昇型と底辺滞留型に分化している」。

ここからさまざまな問題が生じてくる。社会保障制度に例をとれば、階層上昇型は、住宅、リクリエーション施設、健康保険、老齢年金などすべて企業丸がかえで保障される。一方底辺滞留型は住宅、リクリエーション施設には無縁で、自治体が窓口となる国民健康保険、国民年金も十全に機能しない。つまり、「前者は自治体に無関心、後者は自治体から疎外という状況にある。／その結果、都市自治を基盤とした公共善（＝共和制 res-publica, commonwealth）という発想が欠落する」。

(3)計画性について。東洋でも西洋でも、都市は城塞、神殿、穀倉を中心に計画的につくられてきた。日本でも、古代の王城、中近世の城下町は支配層によって計画的に造営された。しかし都市計画は明治以降かえって失われる――植民地都市の建設や軍事・産業道路の建設をのぞいては。またすでにみたように、「スプロール的都市拡大が先行するため、都市計画的先行投資は不可能にちかく、費用が倍化する後行投資があえぎながらついていくのが、日本の都市の実情である」。

とするならば、「今日市民生活基準を公準とした都市構造の全体システムの計画的改造が課題となる。／国民自体が市民生活基準を自覚しえないかぎり、今後も日本の都市計画は市民による都市改造とならずに資本による都市開発におわるだろう」。

そして最後に松下はつぎのように書いた。「〈都市〉を問うことは、都市問題解決だけでなく、都市的形態における私たちの生活様式の新しい創造でもある」。「それゆえ、都市政策を問うことは、〈都市〉という現代の生活様式をめぐる私たち市民自体の可能性を問うことを意味している。都市政策をめぐる市民の可能性を、シビル・ミニマムの設定による都市改革ついで自治体改革にもとめたい」。

つぎに「Ⅱ　都市政策の課題と可能性」をみよう。松下はまず、現代都市問題とは何かをあきらかにすることからはじめる。それは、貧困問題、住宅問題、清掃問題、公共衛生問題、公害問題などとして事例的にあげていくことができるが、「現代都市において一定の基準で公共的に整備されることが要請される〈社会保障〉・〈社会資本〉・〈社会保健〉のたちおくれによって惹起された人間の生活喪失と位置づけうるであろう。したがって現代都市問題の解決には、この社会保障・社会資本・社会保健の公共整備を、「シビル・ミニマム」を公準として、計画的に推進しなくてはならない」。つまり、「この現代都市問題との対決が、都市政策の基本課題なのである」。

ところで、一九六〇年代の高度成長段階にはいると、公害の拡大もくわわって、都市問題が爆発する。日本は「現代都市問題の最先進国」になってしまったのだ。それは次の三つの条件によっていた。
(1)六〇年代の高度成長「政策」による都市化の急激な進行。
(2)社会的過密性のいちじるしさ。

(3)大企業中心の成長政策の独走。

とりわけ(3)については、日本が都市自治の伝統を欠いているために、都市における公共善の実現という発想をもちえず、自民党の「日本資本主義の勃興期」をスローガンにする高度成長を許容してしまったことを、忘れてはならない。

## 都市化の歴史的考察

つづいて松下は、人類の歴史をふりかえって、都市化の意味をあきらかにする。「事実二〇世紀において工業化の成熟をみるまで、一九世紀ヨーロッパをもふくめて、都市は、農村が普遍的であるのにたいして、「例外」であった。都市はいわば村落の大海のなかの孤島であった」。つまり、「都市は農業社会の成熟段階で発生したが、工業化の開始にあたる産業革命までほぼ五〇〇〇年間は農業社会の歴史であった」。

「工業化の開始とともに、農業生産力の上昇を背景に農業生産物余剰も漸時拡大して、都市人口を拡大することが可能になり、また都市における工業の展開がまた農業生産力の発展を誘発するという経済循環をうみだしてきた。この過程で、農民の離村向都すなわち都市人口の比重の増大と農村自体の都市化をみていく」。「とくに国民国家の管理中枢としての首都の位置は都市化の内部でも圧倒的にたかく、政府機関、企業本社、団体本部などが集中する。各国とも首都は、まさにメトロポリスとなるとともにメガロポリスの中核ないし一環となる」。

そこではコミュニケーション・チャンスが飛躍的に拡大し、人口集中をさらにすすめる。工業化の完成期としては、農業人口が一〇％を切る段階ということができるだろう。それに先立つ工業化の成熟期は、欧米ではほぼ一九三〇年代、日本では一九五〇年代と考えられる。これ以降、さらに加速された都市化によって、工業化は完成期にはいる。

その意味で、今日の都市の爆発は、「資本主義・社会主義の体制いかんを問わず工業化の過程で貫徹する文明史的画期」と位置づけなければならない。まさに「都市革命」である。とすれば、「私たちは都市化を、工業化の成熟に必然的にともなう生活様式ないし社会形態の変化、すなわち〈大衆社会〉状況の形成の空間的表現というかたちで位置づけなければならない。〈都市〉は、現代において、工業社会に普遍的な《生活様式》したがってまた《社会形態》ということができる」。ここで本節冒頭にあげた、松下の都市科学の位置づけを思いだしてほしい。

つぎに松下は、「市民的人間型の成熟」について書く。市民的人間型について詳しくは第六章で検討するが、本章の理解に必要なところをみておくことにする。

まず、今日の市民は工業化の産物であることについて。松下はつぎのようにいう。「今日のプロレタリア化した市民たちは、工業の発達の結果、飢餓から解放されるとともに、万人にひらかれた「余暇」と「教養」をもちうるようになった。すなわち経済的生活水準の上昇ならびに「余暇」と「教養」は、人間のエネルギーを「口から手へ」という労働に閉じこめることなく、ひろく公共的に解放する。余暇がはじめて公共生活に参加するチャンスを保障し、教養がはじめて公共政策を選択するチャンスを保障する」。

それは「市民的自発性の大量成熟」には工業の拡大が必須だということだ。飢餓からの脱却の結果、生活様式や意識形態の変化が生じ、教養と余暇が増大する。それは一方で私生活への埋没の条件であるが、同時に市民的自発性を育成する条件でもある。「民主主義は貧困と無知の上には永続しえない」。こうした条件が日本でもようやく形成されはじめたのだ。つまり、有史以来はじめて、日本でこの市民的人間型が形成されはじめたということであり、それを今日の市民運動の隆盛は証明している。「都市政策ついで都市改革・自治体改革の主体がこうして形成されはじめたのである」。

ちなみに、レーニンがロシア革命後の一九一九年第八回共産党大会において発表した『組織問題に関する報告』のなかで、つぎのようにのべていることを、私たちは記憶しておきたい。「われわれは、わが国にこれらの〔人民参加にたいする法律的な〕障害がのこらないようにしたが、今までのところ、勤労大衆が行政に参加できるようにすることには成功していない。法律以外に、なお文化水準というものがあって、それはどういう法律にも従わせることができないのである。この低い文化水準のために、ソヴェトは、その綱紀によれば勤労者に**よる**行政機構でありながら、実際には勤労大衆によってではなく、プロレタリアートの先進層による勤労者の**ため**の行政統治機関となっている。ここでわれわれが当面している任務は、長期の教育によらなければ解決できない任務である」(『レーニン全集』第29巻。太字は松下による)。

革命前のレーニンは、『国家と革命』で民主主義の可能性について楽観的にのべた。しかし革命後のレーニンは、右のような苦悩をあきらかにしなければならなかった。つまり、「国民内部における市民的自発性の成熟」という問題である。

工業化は都市問題を激化させた。が同時に、「それを解決する主体としての市民をも成熟させたのである。〈都市〉は〈工業〉と〈民主主義〉の結節点である。〈中略〉〈市民〉の可能性の成立が、現代の生活様式としての〈都市〉の可能性でもある。現代都市問題との対決すなわち都市政策の形成ついで都市改革・自治体改革の展開は、体制選択への展望をふくみながら、市民の可能性の追求でもある」。

### 都市政策の科学的思考とビジョン

「Ⅲ　都市政策の科学とビジョン」にはいろう。まず「都市科学の構成」から。すでにみた論稿「都市科学の可能性と方法」でも、政策科学としての都市科学ということを松下はいっているが、ここではなぜそれが日本の社会科学において充分成熟してこなかったかを分析する。そこには三つの問題があったという。

(1)これまでの日本の社会科学では、マルクスの「歴史必然論」とウェーバーの「没価値性論」の影響がつよく、政策科学自体が否定あるいは無視されてきた。(2)社会科学者たちは市民参加の経験がなく、「市民」と「科学」は異質の世界であった。(3)大学の講座では原論と個別政策論が機械的に分離されていて、おまけに個別政策論も実証的となり、政策科学としての自覚が十分でなかった。

こうした日本の社会科学の特殊性は、今日市民が政策の形成・選択に参加しはじめている状況のなかで、あらためて問い直されなければならない。つまり、かつてのように帝王の秘術としての政策形成・選択はありえず、一九世紀ヨーロッパや戦前日本にみられた議員・官僚の身分的特権をともなった統治技術も考えられない。今日の政策主体は、市民、大衆団体、企業、支配層組織あるいは政党、自治体、議会・政府さらに国際機構と、多元的重層的に拡散している。

くわえて政策技術の発達がある。(a)統計・調査技術の発達としてコンピュータの登場がある。(b)またその方法にかんして、計画理論から行動科学にいたるまで政策構想の方法論の成熟がある。

松下によれば、政策科学的思考の展開にあたっては、「問題意識」と「ビジョン」との緊張が要請される。そして政策科学の客観性は、以下の三重の客観性によって保障されなければならない。「(1)問題意識ないしビジョンの歴史的客観性（政治家的予言）、(2)現状分析ついで理論法則による特定状況の構造モデルの理論的客観性（科学者的透徹）、(3)補助技術援用の手続的客観性（職人的厳密）」。

こうした政策科学の知的訓練と発想に習熟した専門家が政策型知識人であり、それは政治とのかかわり方によって分類される知識人の類型である。これは、従来の政治にかかわる知識人が、煽動型と啓蒙型に大別されるのにたいして、第三の政策型こそ今日求められているからである。その意味で「市民の政策科学としての都市科学は、市民内部からの政策型知識人の育成・結集を必要としている」。

つぎに「都市ビジョンの構想」では、ル・コルビュジエのコンクリート技術の活用による革命的な都市ビジョンが検討される。彼は『ユルバニスム』（一九二四年）で、「(1)高層化を前提とした都市への緑と太陽と空間の配置、(2)基準寸法による住宅の大量生産原理の導入、(3)都市における生活機能単位としてのコミュニティの設定」を提起した。それは現代都市ビジョンの原型ともいうべきものであった。事実、第二次大戦後の世界中の大都市でみられた都市計画の多くはそれに影響をうけたものといえるだろう。

しかし松下は、次のように批判する。「現代的生活様式の定型化としての都市空間の設計にあっては、都市空間のたえざる流動性を前提としなければならない。この点では、ハワード（田園都市の構想でしられる。それは今日の郊外住宅地域やニュー・タウンにもつながる――大塚）の水平型、ル・コルビュジエの立体型という相違はあるにせよ、彼らの閉鎖的都市の構想は今日批判される」。なぜなら都市は「時間的にも空間的にも流動的な永久革命的性格をもっている」からだ。都市は流動的プロセスそのものなのである。

とすれば、「都市ビジョンは、シビル・ミニマムの保障を公準とし、このシビル・ミニマムを空間システム化することによって人間の自由の条件を造型しなければならない。とくに人間の自由は、居住地域の自由な選択、職業・職場の自由な選択、それに余暇活動の自由な選択の総体として空間的に造型されなければならない」。

つまり都市計画は、「生活空間を創造するイデーとしてはじめてリアールでありうる。新しく明日の生活空間を創造していこうとする規範としてのみ都市計画は機能しうるのである」。ここから、さきにみた都市のユートピア性へとつながる。なぜなら現代の都市計画は、けして都市の完成予想図ではなく、ビジョンによって「原型のデザインへと抽象化され、現実への多様な応用・展開を前提とする」ものだからである。それゆえ「都市ビジョンの構想」は都市工学的な都市改造ではなく、人間の自由にとってのチャンスの整備のそれでなくてはならないのだ。

つづけて、「Ⅳ　都市政策に市民的公準を」では、「シビル・ミニマムの論理」「シビル・ミニマムの都市構造化」「シビル・ミニマムと政治過程」が論じられる。

「Ⅴ　都市政策を市民の手で」では、「自治体改革の意義」「市民と自治体政治」「自治体の都市政策」が論じられ、最後に「Ⅵ　都市政策と政治選択」が検討される。

これらの論点は、すでに本章で検討したところと重なるところが多いので、ここでたどることはしない。ただ、今後の議論にとって必要な場合には、たちかえって検討することにしよう。

最後に「あとがき」で、松下が次のように書いていることを確認しておこう。「都市政策の展開には、まず何よりもそれを阻害している現行制度をふくめた今日の日本の政治現実への総体的批判と新しい理論視角の樹立を必要としている」。「それゆえ「工業化」「都市化」「市民化」という現代的状況をふまえて、都市と自治体のイメージを再構成し、私たち市民の可能性を展望した。その意味では、また、都市科学の形成を中心に、現代社会科学入門という性格をもになわせた」。

序章でも書いたように、この新書は大きな反響をよんだ。シビル・ミニマムの空間システム化こそ都市政策であるという松下の主張は、共感をもって迎えいれられた。一方それにたいして、自民党の『都市政策大綱』（一九六八年）と国の『新全国総合開発』（一九六九年）がつくられ、その総集編として田中角栄首相の『日本列島改造論』（一九七二年）が発表され評判になる。松下はそれらにたいする批判を、「国土計画の分権型構成の不可欠性を中軸に」（『自治体改革＊歴史と対話』）書いた（「田中内閣論」『中央公論』一九七二年九月号。のちに『昭和後期の争点と政治』に収録）。

## 都市政策の思考方法の転換

同時に松下は、伊東光晴、篠原一、宮本憲一とともに編集委員として、『岩波講座　現代都市政策』（全11巻・別巻1、岩波書店、一九七二―七三年）をつくり、『都市政策を考える』で提起した論点のさらなる理論化と具体化をはかった。それは全巻の構成をみれば、ただちに納得できる。

Ⅰ　都市政策の基礎
Ⅱ　市民参加
Ⅲ　都市政治の革新
Ⅳ　都市の経営
Ⅴ　シビル・ミニマム
Ⅵ　都市と公害・災害
Ⅶ　都市の建設
Ⅷ　都市の装置
Ⅸ　都市の空間
Ⅹ　都市社会と人間
Ⅺ　都市政策の展望
別巻　世界の都市政策

松下自身の言葉をきいてみよう。一九七二年以降はこの講座の刊行によって、「都市政策の特殊現代的急務性は、日本でひろく理解されはじめます。数千年続いたこれまでの農村型社会を原型とする考え方をきりかえて（当時、私は一時的に「工業社会」とよんでいますが）、《都市型社会》という時代認識をふまえた社会理論の発想転換、ついで市民を起点に自治体レベルから政策・制度開発をおしすすめるという発想が、ようやく、この時点から日本ではじまります」（『現代政治＊発想と回想』）。またこの講座では、「農村型から「都市型」への、さらに翻訳型から「政策型」への、日本の社会理論の再編を試みます」（同）。

さらにつぎのようにもいっている。従来の都市政策は、すでにみたように土木、福祉、衛生などの個別領域と、その財源論としての地方財政論がくわわる寄せ集めだったが、ようやく「《シビル・ミニマムの空間システム化》という形で現代都市政策ないし自治体計画が理論統一性を持つことができるようになった」。「つまり、農村地区をふくめ、ひろく都市型社会における市民の生活条件の公共整備は、縦割省庁行政による国の恩恵ではなく、市民の「生活権」ないし「政策公準」としてのシビル・ミニマムの公共整備である、という考え方をふまえることになります。ここから、はじめて、各個別政策領域を数値としても明示し、自治体財務ないし都市経営の手法による総合的かつ戦略的な予算配分が、計画理論として可能になった」(『自治体改革＊歴史と対話』)。

松下はこの講座で三本の論稿を書いた。まず『I 都市政策の基礎』の巻頭論文「都市をどうとらえるか」では、講座全体のイントロダクションとして、以下のような内容を論じている。「都市問題の基本視角」「工業化と都市」「市民化と都市」「都市政策の課題」「都市政策の方法論理」。「都市政策の方法論理」では、『都市政策を考える』でも展開しているように、情報体系・科学理論の再編にむけての思考方法の転換が提起される。ここでは緑化政策に例をとりながら、以下の三転換軸をのべる。

(1)思考のシステム化 「植物学から造園・土木工学さらには関連法規の改正ついで緑化市民運動の組織論までふくめて」の政策情報の結集。同時に「自治体機構内部、自治体機構と市民あるいは中央政府との関係をめぐって各既成セクションを横断するそのための機能統合」の必要。

(2)思考の重層化 「家庭の庭、ベランダからチビッ子広場、小公園ついで都市公園、国立公園の機能的重層性、あるいはコミュニティにおける緑の確保から市町村レベル、都道府県レベル、国レベルの緑のネットワークの戦略的重層性の政策的誘導」。
⑶思考の計画化「緑化が一日にして完成しないだけでなく、都市政策の総合性がそこで要求されるかぎり、長期的総合的政策体系としての計画策定が必要」。

このような思考方法のラディカルな転換にあたっては、とりわけ工学と法学の双方の徹底的検討が必要となる。なぜならこの二領域こそ、技術学としての政策適応性と特殊な専門性によって、硬直性をもっているからだ。とすれば⑴テクノロジー（工学）の再編と、⑵制度イメージ（法学）の転換、が求められることになる。さらに従来の政治学・社会学・経済学の思考方法の転換のためには、以下の三点が必要とされる。⑴市民自治の組織論の展開、⑵都市モデルの構築、⑶最適経済体制への模索。

そして最後に、都市政策は激化する都市問題に対決するだけにとどまらず、市民の可能性を追求するものであるとして、松下はつぎのように書いた。「都市政策は、平和政策（ことに戦争問題）、開発政策（ことに南北問題）とならんで、人間的自由をめざす人類史の現代的三戦略課題をなし、そこで人間の総体的可能性が問われているのである」。

## 自治体計画のつくり方

つづけて『Ⅲ　都市政治の革新』で松下は、「自治体計画のつくり方」を書いた。そのなかで、革新自治体にみられる市民参加による自治体計画の提起を松下は高く評価しつつ、それがなぜ不可避なのかと問う。答は、都市政策はそれぞれの地域における市民自治によってしか、具体的に構想しえないからだ。全国に約三千もある市町村の○○市××町という特定地域の計画を、国は具体的に決めることはできない。つまり、「基本自治体の自治体計画を出発点とする都市政策の分権的展開」こそ、都市政策の基本論理なのである。

とすれば、「自治体計画の市民による自主策定・実現は、とくに日本の政治ないし思想の集権構造から分権構造への転換のはじまりを意味する」。「まず前提とされるべきは、市民自治ないし自治体による共和という分節民主主義的政治イメージの国民的スケールでの形成である」。こうした前提にたって、松下はつぎのような《自治体計画策定の五原則》を提起した。

(1)市民自治の原則
(2)市民生活優先の原則
(3)科学的計画性の原則
(4)広域協力の原則
(5)自治権拡充の原則

このような五原則のうえに、実際の策定にあたっては「新しい形態における市民主導のリーダーシップ」が、以下の四点をめぐって発揮されることが求められる。

Ⅰ多様でダイナミックな市民要求の結集と市民討論のチャンス拡大
Ⅱ市民運動ないし政党による自治体政策の提起とその市民による選択
Ⅲ自治体機構による公的な自治体計画の策定と実現
Ⅳ自治体計画をめぐる市民のたえざる批判と計画改定

ここで重要なのは、自治体計画の策定過程をあらためて検討することである。それは作文の出来不出来ではなく、自治体の政治体質とリーダーシップの構造を問うものだからだ。つまり「策定手続は、技術的手法には解消できない自治体のリーダーシップの政治的集約」なのである。とすれば、求められるのは「策定手続の民主的構成」である。それが自治体計画の性格を決定する。

それにつづいて策定過程の中枢となるのは、シビル・ミニマムの空間システム化をめぐる「自治体ヴィジョンの構想」である。このヴィジョンの構想にあたって求められるのが、自治体の政策課題の明確化であり、そのさい基本になるのは地域の人口趨勢の把握である。それは(1)人口増加型と(2)人口減少型に大別できる（図８）。

図８　地域人口曲線模型

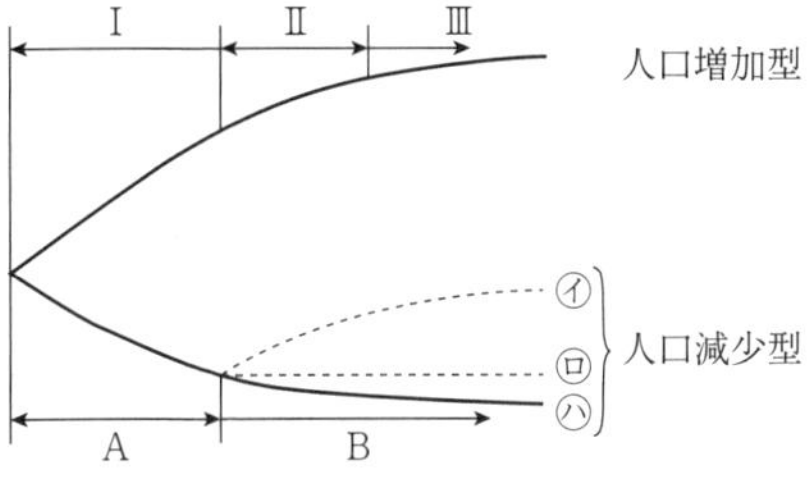


(1)の増加型では、Ⅰ人口急増段階、Ⅱ人口微増段階、Ⅲ人口横這い段階に分けて考える。Ⅰでは人口増に追われる「道路舗装、学校増設、上水道・清掃区域拡大、自然災害対策など」の緊急対策が課題となる。ⅡではⅠの緊急の政策課題から解放され、「学校の充実ついで下水道を中心とする都市基盤整備」が課題となる。Ⅲでは「緑化、市民施設の拡充あるいは都市再開発が具体的に日程にのぼってくる」。

(2)の人口減少型は、一般的には市民の危機感の原因になるが、高密度地域では正常化への移行であることもある。「この人口政策の選択がＡ段階の中心論点となる。その選択の結果Ｂ段階は㋑㋺㋩型にわかれるが、㋑型となれば新しく人口増加型のⅠ段階の政策課題を惹起し、㋺型、㋩型ではⅡⅢ段階の政策課題がそれぞれ対応する」。ただし、この人口曲線は科学的推計によるものではなく、自治体の政策的選択の結果であることを、忘れてはならない。つまり「人口推計自体が自治体ヴィジョンの構想の構成要因」なのである。

また自治体空間は重層性をもっているので、自治体の政策は地域特性に応じて、より細分化されたかたちで策定される必要がある。その場合、地区・地域社会レベルでの市民参加が必須となる。とすれば、自治体計画における理論的問題点は、以下の三つになる。(1)計画の重層的循環性、(2)計画の統合性と分化性、(3)戦略手段の選択。

(1)の「計画の重層的循環性」では、まず

ヴィジョン⟷手段選択

という弁証法の存在を認めることからはじめる。ヴィジョンの実現には時間がかかる。そこからどのような政策手段を選択するかが課題となる。しかもその選択は、生産力の発展段階とか体制構造によって制約をうけざるをえない。とすれば、「計画は具体的には制度的財政的に限定された政策手段の戦略的配備の体系」となり、「ヴィジョンは政策手段の戦略的配備体系の意図された統合目的」という意味をもつ。

計画の設定については、「基本構想」「基本計画」「実施計画」の三重構造となる（図9）。

ここで自治省の考え方をみることにしよう。一九六九年九月一三日付の自治省行政局長名・都道府県知事宛の『基本構想の策定要領について』（通知）である。そこでは基本構想を「おおむね一

図9　自治体計画重層構造

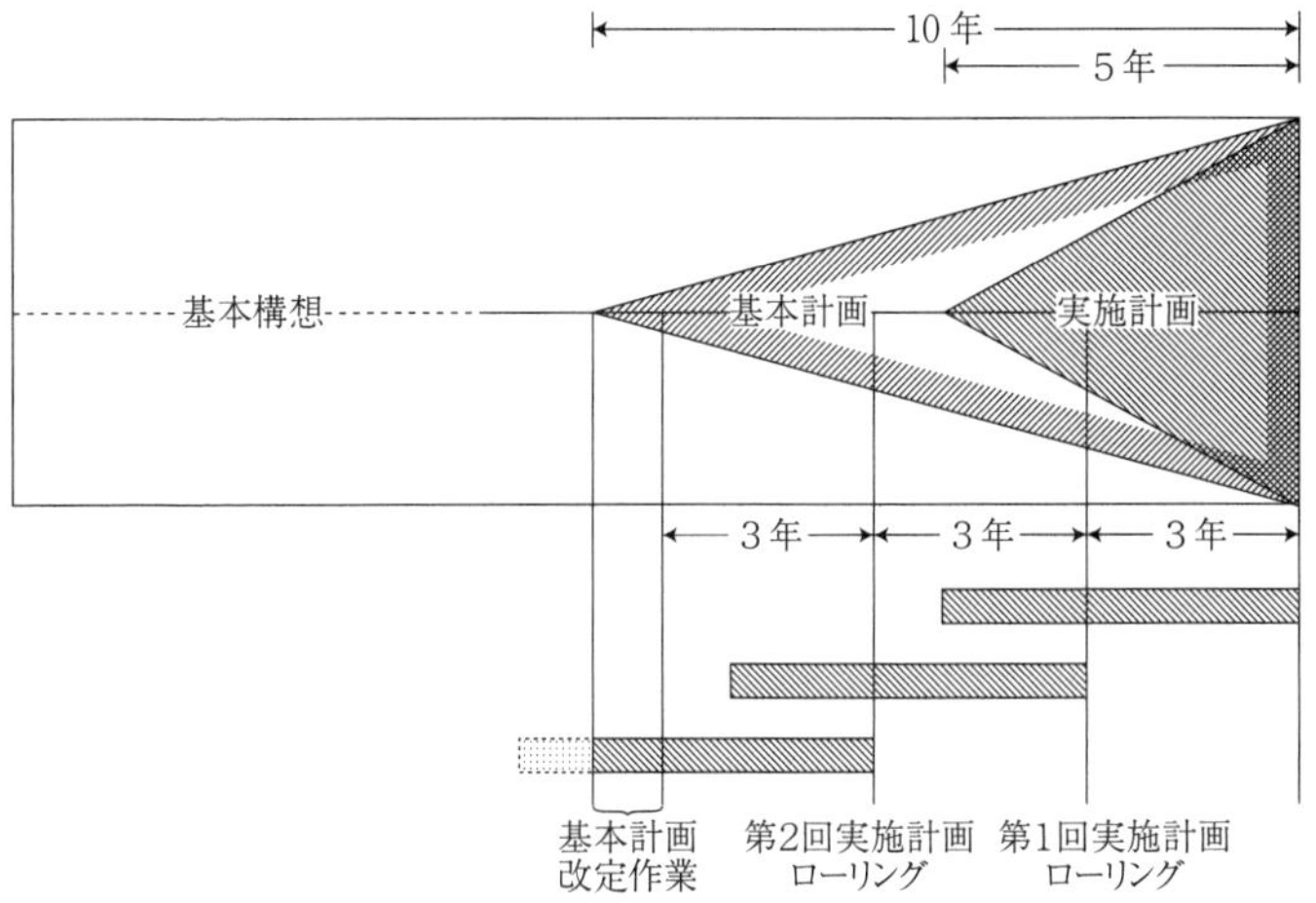


〇年程度」と位置づけているが、それは一〇年単位の国の計画に対応するものであり、「まさに市民自治による自治体ヴィジョンの自主構成を否定し、国を中心とする計画を「上位」計画とみなし、それに自治体の基本構想を「下位」計画として下属させようという集権的発想そのものにほかならない」。

このような発想の結果、自治省の指導要領『市町村策定方法研究報告』では、基本計画五年、実施計画三年に圧縮されている。しかしこれでは実質的に機能しえず、空論といわざるをえない。

実際には、三計画は図9のような形態をとるのが望ましい。「基本構想にもとづいて一〇年の基本計画を策定し、その前期五年を制度的財政的現実に即応した実施計画とし、この五年単位の実施計画を三年毎にローリングするという方法である」。

『地方自治法』の第二条6項にもとづき議会に提出される「基本構想」は、右にみたような「実質的に機能する実施計画ついで基本計画をつらぬくヴィジョンの集約」とならなければならない。

(2)の「計画の統合性と分化性」では、自治体計画が実効性をもつためには、課題別計画と地域別計画への分化が必要であり、そのためつぎの二つが必須となる。

㋑計画の総合性と個別性

㋺計画の全体性と地域性

(3)の「戦略手段の選択」では、シビル・ミニマムの充実を目指した自治体計画の策定と、その計画的展開が求められる。そこで留意すべきは、いまだに集権的な通達行政・補助金行政のワク内に埋没している自治体が多いことだ。それに対して選択的批判的に接近しつつ、自主的な戦略手段を構築する必要がある。また、自治体計画は産業計画をも内包しなければならない。それは「地域生産力の適正配備をめざす自主的産業計画を必要とする」。

つぎに松下は「自治体計画の策定作業」について書く。(1)政策情報の欠除、(2)政策知識の欠陥という困難な問題があり、それを克服するために(1)市民の価値意識の転換、(2)都市科学の形成が求められる。これらについては『都市政策を考える』で詳しくみたので省略する。

そしてようやく、自治体計画の編別フレームの構成の問題にはいる（図10）。それはまず、行政機構別の分類ではなく、「地域別政策」をふまえて市民の「課題別」政策分類をおこなう。とりまとめにあたっては、市民参加・職員参加の手続をへて、策定委員が責任をもつ。また「ネット・ワーク計画」と「地区プロジェクト計画」は、一般政策と区別して戦略的意義をもつものとして強調される必要がある。

しかしもっとも重要なのは、「計画とその実現の主体の参加システムを大胆に最初に設定し、計

**図10　自治体計画編別フレーム・モデル**

〔Ⅰ〕　ヴィジョンと政策課題

〔Ⅱ〕　計画策定手続

〔Ⅲ〕　計画策定の五原則

〔Ⅳ〕　計画の論理構成

**Ⅰ　市民参加計画**

1　市民参加システムの形成

2　コミュニティの構成

3　自治体機構の改革

**Ⅱ　市民生活計画**

（シビル・ミニマム計画）

1　基盤計画

(1)生活道路

(2)上水道

(3)下水道

(4)光熱

(5)清掃

(6)街路灯

(7)大衆交通網

(8)公園・広場

(9)幹線道路

2　福祉計画

(1)健康管理

(2)医療組織

(3)環境衛生

(4)困窮者保護

(5)老人・児童福祉

(6)交通安全

(7)消費者行政

(8)市街緑化・美化

(9)公営住宅

3　文教計画

(1)幼児教育

(2)学校教育

(3)校外教育

(4)自治体教育

(5)市民文化活動

(6)市民レクリエーション

(7)市民文化の創造

4　土地利用計画

(1)用途指定

(2)容積・密度指定

(3)高度指定

**Ⅲ　防災・自然保護計画**

1　防火計画

2　防災計画

3　自然保護計画

**Ⅳ　公害防止計画**

**Ⅴ　産業計画**

1　生産基盤計画

2　地域産業計画

(1)零細企業振興

(2)商店街振興

(3)農林漁業振興

**Ⅵ　都市改造計画**

1　地区プロジェクト計画

（特定地区開発）

2　ネット・ワーク計画

(1)緑のネット・ワーク

(2)市民施設のネット・ワーク

(3)交通ネット・ワーク

**Ⅶ　財政・用地計画**

〔Ⅴ〕　国にたいする要望

〔Ⅵ〕　計画改定の手続

画責任を明示するとともに〔I〕、ローリングないし改定の責任をも同時に制度化しておくことである〔VI〕」。「なおこの自治体計画は空間システムへと立体化され、いわゆる「都市計画」へと図型化されていかなくてはならない。都市計画はそれ自体自立するハード計画ではなく、ソフト計画としての自治体計画の空間投影である。自治体計画をシビル・ミニマムの空間システム化と位置づける理由である」。

この自治体計画モデルは、市町村の基本自治体レベルだけでなく都道府県の広域自治体レベルでも、修正をくわえて用いることが可能である。が留意すべきは「都道府県計画は市町村計画の調整ならびに戦略的支援手段の提起をその本来の性格としていることである」。

最後に、「自治体計画の実現過程」について、松下はつぎのように書いた。「自治体計画はすでにその策定段階において実現過程の検証をふくむローリングないし改定の手続を規定していなければならない。そのうえ、この規定がなければ、自治体計画の策定過程ないし自治体計画の実施過程の問題点が、ローリングないし改定にあたっては切りはなされてしまう。事実、国の計画はひろくその破綻が批判の焦点にたつという意味で試行錯誤をかさねているが、自治体計画においては批判すら充分におこなわれず作文の反復にとどまっており、計画策定技術の蓄積すらおこなわれていないといってよい」。

## 市民はどのように参加するか――「武蔵野方式」

また、実現過程への市民参加のシステム化が検討される必要がある。とりわけ戦略的に重要な政策課題については市民委員会の設置が求められる。「こうした市民参加の不断の拡大循環が市民自治の可能性を保障し、市民自治による自治体計画策定・実現の基盤を拡大していくこととなる」。

講座の『V　シビル・ミニマム』でも松下は、巻頭論文「シビル・ミニマムと都市政策」を書き、「シビル・ミニマムの策定方法」でその過程をつぎの五つに分けてのべている。

第一作業として政策課題の一覧表の作成。第二は、一覧表の個別政策課題の目標値決定。第三、目標値を前提とする現在の達成率の確定。第四、一覧表とは別に、財政計画に対応した重点的な個別政策課題の目標値達成計画（事業計画）の策定。第五、こうしてつくったシビル・ミニマム表を、市民が一見して理解できる表示方式の創出（一七一頁図4参照）。

また「シビル・ミニマムとナショナル・ミニマム」では、今日、両者つまり自治体と国の政策基準の二重基準状況がみられることに注目する。これは「たんに基準の分裂というだけではなく、自治体が法令の自治解釈権を主張しはじめ、さらには自治立法権をも具体的に提起しはじめたことを意味する」からだ。さらにシビル・ミニマムが、ナショナル・ミニマムにたいする先導性をしめしはじめてもいる。たとえば育児手当、老人医療無料化、都市の緑化、公害関連の立法など。

とすれば、国レベルの政策課題の中枢は、「シビル・ミニマムにシンクロしうるナショナル・ミニマムの基準を明示し」、それを都市・国土の「空間構成へとシステム化しながら国民生活を再編していくことにほかならない」。それは「ヨコの市民間・自治体間、タテの政党間の国民的な討論手続による」以下の三点の樹立である。

(1)市民参加を推進する分節民主主義の制度造出（自治権の拡充）

(2)ナショナル・ミニマムの実現を直接課題とする経済計画(国民的富の再配分)
(3)生活空間の最適化を指向する国土計画(産業構造・配置の転換)

さて、それから四半世紀後の一九九八年三月、松下は武蔵野市制五〇周年記念シンポジウムに招かれ、「回想の武蔵野市計画」という講演をおこなった(のちに『自治体は変わるか』岩波新書、一九九九年に収録)。それはこれまでみてきた都市政策策定のフィールドワークでもあるので、そうした観点から検討することにしよう。

松下は、武蔵野市の『第一期基本構想・長期計画』(一九七一年)と、『第一次調整計画』(一九七四年)に策定委員として参画している。策定委員は松下のほかに、佐藤竺、遠藤湘吉、田畑貞寿、それに助役二人の計六名であった。

松下は証言する。「私たち四名の市民策定委員は、保守・革新という当時の二元対立と関係なく、市民参加という形で参画したわけです。それゆえ、当時はまだ試行もほとんどおこなわれていなかったのですが、当然、後述する市民参加、職員参加の制度手法をつくりだします。策定委員は市民、職員、また市長、議員との間の対話の媒体となるという確認のうえに参加したわけです」。

第一期長期計画は、さきにみた一九六九年の『地方自治法』改正による「基本構想」策定の市町村への義務づけに対応したものだった。しかしそれは、国の意図を逆転させ、国の中央直結による経済開発から市民参加によるシビル・ミニマムの公共整備へと、計画課題を切りかえるものだった。

この計画概念の転換の出発点が、すでにみた『東京都中期計画』(一九六八年)であり、『広場と青空の東京構想』(一九七一年)であったが、武蔵野市の第一期長期計画の策定も、それにつづくシビル・ミニマムの整備をめざす市町村レベルの先駆的なかたちであった。

当時の武蔵野市は、人口密度では全国でも一位から五位の間を上下する超過密都市であった。一九六〇年代以降高度成長の波がおしよせ、緊急課題が生じてきた。それは、⑴高層住宅増大への対応、⑵人口抑止手法の策定、⑶玉川上水の保存、⑷清掃工場の設置、⑸アメリカ軍施設の三跡地の利用計画、といったものだ。

策定手続として、市民参加、職員参加、そして議員参加をすすめた。

市民参加手続は、①市民個人参加の市民会議、②各市民団体（業界、商店街をふくむ）を数グループに分け、毎グループ毎、③要望のある市民団体には策定委員が出席、でおこなわれる。

職員参加手続は、①職員個人参加の職員会議、②部課単位、③職員階層単位、④職員組合執行部、でおこなわれる。

議員参加手続は、全員協議会による策定委員との自由討議、によっておこなわれる。

この市民参加、職員参加、また議員参加の手続は、「武蔵野方式」といわれて全国市町村のモデルとなった。

策定の方式については、紆余曲折のすえ、図11（次頁）のようなかたちで決着をみた。

計画の内容については、シビル・ミニマムの整備を基本課題として、そのうえに『調整計画』では六大事業計画に整理して地域づくりの柱と位置づけた。①緑のネットワーク計画、②市民施設のネットワーク計画、③下水道ネットワーク計画。これらは全域ネットワーク型であるが、以下地域プロジェクト型として、④吉祥寺地区、⑤中央地区、⑥武蔵境地区を設定した。

図11　自治体計画策定模型

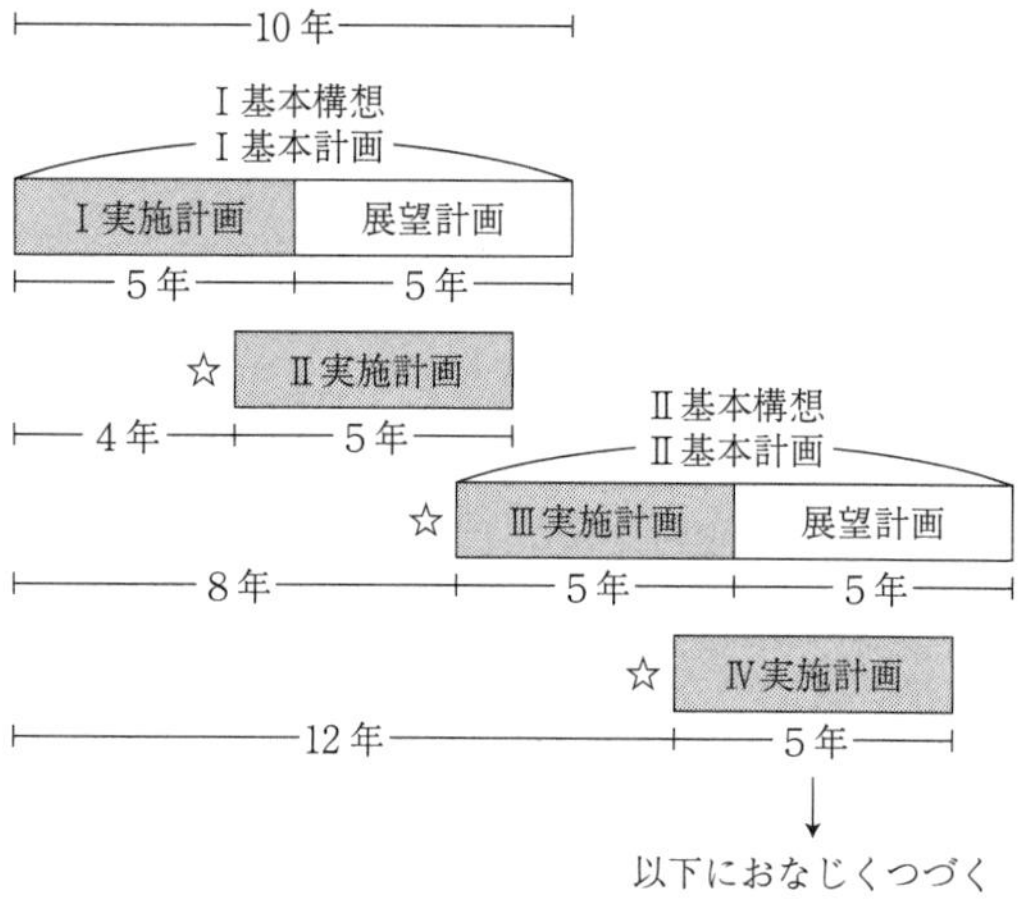


☆印は改定作業（1年間）

また第一次長期計画で、「地域生活単位」というかたちで提起されたコミュニティ構想がある。一九七六年に境南町に第一号のコミユニティ・センターができ、一九九二年に一七館の配置が終了した。

さらに一九七三年には、『地域生活環境指標地図』をつくった。それは「政策づくりに必要な庁内外の情報を地図におとして公開」したものだった。

このほか、当時は未開の領域であった市民文化、コミュニティ、緑化などの課題があった。各策定委員は責任者となったが、松下は緑化委員会の委員長をつとめた。「いまだ鉄とセメントが文明の「進歩と発展」と考えられていた一九七一年、私は第一回の武蔵野市長期・総合計画での第一課題に、「緑のネットワークづくり」をかかげたことを、今も誇りに思っている」（『成熟と洗練——日本再構築ノート』）。

以上みてきたように、自治体改革、シビル・ミニマム、都市政策は相互に関連して一体をなすものである。松下はこれらの課題にそれぞれ具体的にとりくんで、大きな成果をあげた。その結果、有史以来はじめて市民の意識がかわり、日本の政治風土も変化のきざしをみせはじめたのであった。

# 第五章　市民自治の憲法理論

## 1　市民参加と法学的思考

### 時代錯誤の官治・集権型の憲法論

一九七五年九月、松下は『市民自治の憲法理論』（岩波新書）を上梓した。この本があたえた影響は大きく、序章に書いたように、〝松下ショック〟といわれた。私自身、担当編集者としてこの本のもつ意義の深さに心底から感嘆したが、一方で危惧の念をまったく抱かなかったといえばうそになる。というのは、この本で徹底的に批判されている高名な憲法学者たちは、岩波書店の有力な著者でもあったからだ。校了にするまで何回もゲラを読みこんでえた私の結論は、松下の主張が正しいというものだった。

本書を構成する三つの章は、それぞれ松下がすでに発表した論稿からなる。

第Ⅰ章　市民参加と法学的思考（『世界』一九七三年七月号）

第Ⅱ章　戦後憲法学の理論構成（東京大学社会科学研究所編『戦後改革・3　政治過程』東京大学出版会、一九七四年所収）
第Ⅲ章　憲法理論への市民的視角（『法律時報』一九七四年三月号）
第Ⅰ章からみていくことにしよう。

前章では、〈市民革命〉ともいうべき市民運動の展開をみた。それは、日本資本主義の構造矛盾だけでなく、この一〇〇年間の国の主導による生産力拡大至上主義のはらむ、政治構造・思想構造の全体を問うものであった。そこから日本の歴史体質のトータルな転換つまり体制の構造革新が求められる。とすれば、既成体質と深くかかわる憲法学、行政法学の再検討が必要となる。そこで松下は、従来の憲法学、行政法学の理論構成の批判のうえに、法学理論における思考方法の転換を提起したのであった。

松下は、市民運動が開示したマクロの問題はつぎの二つだという。

Ⅰ　政策目標の対立　生産力ナショナリズムともいうべき明治一〇〇年の国家目標にかわって、シビル・ミニマムの整備を課題とする、市民自治による市民福祉の提起

Ⅱ　政策決定・執行の手続の対立　国が指向するその官治的集権性に対決し、自治体を転回軸とする、市民による自治的分節性の提起

Ⅰについては前章でくわしく検討した。ここでの課題はⅡの検討である。政治過程との関連で市民運動が提起したのは以下の二点であった。

①自治体、国の政策決定・執行の手続をめぐって、事後的な〈批判〉だけでなく、事前の手続へ

②自治体の自主政策の構成と、それによる国の政策決定・執行の手続の転換の〈参画〉

これらは「市民参加」によって推進される。こうした観点から行政法学・憲法学の実態を検討するなら、「そこには、驚くべき時代錯誤の官治型・集権型の理論構成」があることがわかる。つまり、「戦後民主主義は、行政体質の革新を素通りして、新憲法啓蒙として展開されたかぎり、「憲法」は変れど政治の官治的「体質」は変らず、だった」のである。

たとえば、行政法の標準的教科書といわれる田中二郎『新版行政法』（全訂第一版、上、一九六四年）では、つぎのように書かれている。

「行政法は、支配権者としての国・公共団体等の行政主体とこれに服すべき人民との間の法律関係の定めであることを本則とする。」「……行政法は、支配権者たる行政主体の組織に関する法、及び、原則として、かような行政主体と私人との間の命令・支配に関する法であり、公共の福祉を目的として、国又は公共団体が一方的に規制することを建前とする点に特色が認められる。」

つまり、行政の「優越性」の確認のうえに、行政の「公」の独占と、行政客体としての「私人」にすぎない人民の位置が明示されているのだ。

これはあきらかに『憲法』に違反した考え方ではないか。なぜなら、「国民主権」が高らかに宣言されている『憲法』では、政治は国民の「厳粛な信託」によるとされている。「しかも、政治主体としての国民は、国レベルでは、国権の最高機関として、内閣を選出する国会の選挙権、ついで自治体レベルでは、『地方自治法』とあいまって自治体首長・議会の選挙権からはじまり多様な直接参加を、制度的に保障されている」のだから。

## 『憲法』違反の行政法学をどう変えるか

くわえて松下によれば、成田頼明ほか『行政法講義』（下、一九七〇年）では、官僚機構の専門性と中立性がうたわれ、「国権の最高機関」である国会は無能かつ党派的とされ、「国会立法にたいする行政立法の意義が強調され」ているという。

これが日本の行政法学の基本発想だとすれば、それは「『憲法』に違反して、政府・官僚機構による政治の独占を前提としている、といっても過言ではない」ことになるだろう。とすれば問題は、「日本の行政法学が『憲法』の組織原理である〈国民主権〉のいきいきとしたイメージを、今日にいたるも構成しえていないところにこそある」。

このような行政法学の理論構成の秘密は、以下の三つの基礎前提にある、と松下はいう。

①行政機構の優越性
②行政法の段階構造
③行政行為の公定性

①について、「行政機構は、国、自治体のレベルを問わず、「市民」の信託にともなう責任機構にすぎないにもかかわらず、後述するような明治政府以来の権力分立論の伝統的解釈をふまえて、行政を内閣以下の行政機構に独占させ、しかもこの行政機構が政治的な〈公〉をも独占する結果、当

然、この優越的行政機構にたいして、市民は〈私〉人として服従するという理論構成となる」。

②について、「行政法は、憲法から流出する法律、政令、省令、通達〈告示から通知などまでふくむ〉、それに「法令に違反しない限り」例外としての条例、というピラミッド型の段階構造をとるという前提のもとに、法律、政令、省令、通達それに条例だけでなく個別行政行為にいたるまで、一貫した予定調和的無謬性が想定される。そこから行政機構の無謬性が逆に推定される」。

③について、「行政機構の具体的行政行為が、①②のコロラリーとして位置づけられることによって、行政行為の公定性という想定が導入される。この公定力は、美濃部達吉によって造語された概念であるが、不可抗力、不可変更力、執行力などの概念によって武装されるため、ますます神秘化されていく。その結果、行政行為をめぐっては、私人は事後的にのみ救済を訴えうるが、その挙証責任も私人にあるとされるだけでなく、その事前的参加手続も切断される」。

このような「三位一体のイドラ」が克服されないかぎり、市民自治の行政法学あるいは憲法学の再構成はありえない。もちろん教科書の冒頭では、『憲法』にもとづく国民→国会という法律制定の主体の位置づけや、法治原理の確立とそれにともなう裁判所の違憲法令審査などが解説されている。「しかし、それは、具体的叙述のなかでは貫徹されないいため、装飾的性格をもつにすぎない。具体的叙述では、行政権威の流出論的下降ともいうべき理論構成が支配する」。

今日、このようなイドラにたいして、市民運動のたかまりは、①②③のそれぞれに疑義を呈し、国や自治体の「行政行為」の修正と撤回を実現しつつある。とはいえ、行政法学の全体的な方向転換はいまだにみられない。この転換にあたっては、前章でみた〈工業化〉〈都市化〉〈市民化〉にともなう諸問題の顕在化と、それらを克服するための政策決定手続の分権化・計画化が基本にならなければならない。

とすれば、従来の行政法学が想定していた閉鎖的な行政過程のブラック・ボックスを、図12のような開放系に転換する必要がある。それは、市民の具体的な政治課題からの出発と、主体の「国家」から「市民」への置換を意味する。

今日の市民の政治課題は、国内課題にしぼるならつぎの二つになる。

Ｉ市民自由の確立（いわゆる自由権）

Ⅱ市民福祉の充実（いわゆる社会権）

Ｉの実現のためには、基本的人権の確立を出発点に、以下の「分節政治システム」を制度化する必要がある。

(1)参政権　→とくに言論・集会・結社の自由

(2)社会分権→(1)大衆運動の多様化、(2)地域、職場、学校などにおける組織自治の深化

(3)複数政党→複数の政策・体制選択の可能性

図12　行政への市民参加過程図

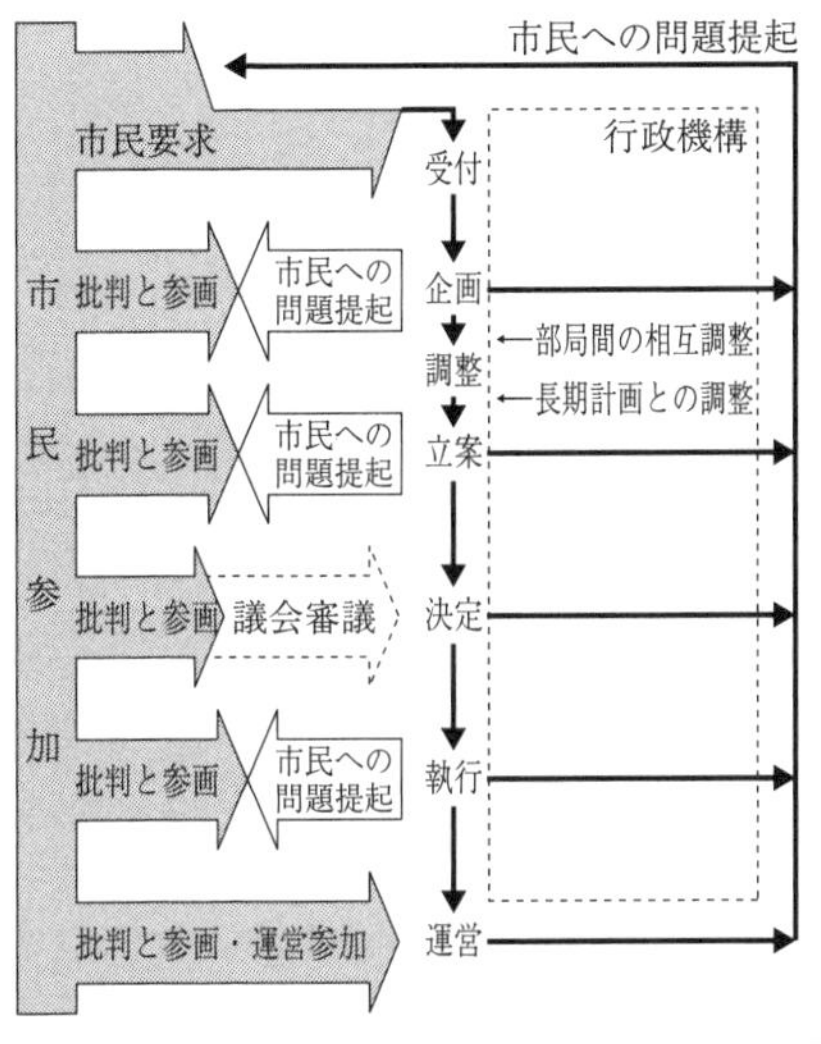

(4)機構分権↓(1)自治体の自治権、(2)権力分立と議会の優位、(3)法の支配
(5)抵抗権　↓悪政にたいする抵抗ないし革命

Ⅱの実現のためには、国民経済の最適構造の造出を中心に、以下の二点とその空間システム化としての都市・農村の地域計画が必要になる。

(1)基本所得の保障　↓労働権
(2)シビル・ミニマムの保障↓①社会保障↓生存権
　　　　　　　　　　　　↓②社会資本↓共用権
　　　　　　　　　　　　↓③社会保健↓環境権

（生存権・共用権・環境権）＝生活権、（労働権・生活権）＝社会権

市民の政治課題であるこのⅠ市民自由、Ⅱ市民福祉の実現にあたっては、市民自治によるⒶ政策決定、Ⓑ政策執行、Ⓒ政策責任をにないうる政治システムを、自治体、国の各レベルで構成しなければならない。

Ⓐ政策決定は議会、政府、Ⓑ政策執行は政府、Ⓒ政策責任は議会、政府と独立の裁判所によってになわれる。とくに国会は「国権の最高機関」として、国民社会全体の「政治決定・責任の機構的中枢」となる。「それゆえ、今日、政治システムをめぐっては、Ⅰ市民自由・Ⅱ市民福祉をその課題として、自治体・国レベルそれぞれの機構分立にもとづく抑制均衡という分節政治システムのイメージを必要とする。これがまさに憲法構造の制度メカニズムでなければならない」。

とすれば、行政法学の自治体・国レベルの課題領域は、左のごとくになる。

Ⅰ Ⓐ決定機構の構成（選出手続）

Ⓑ参加機構の構成（市民参加、職員参加の手続）
Ⓒ行政機構の構成・運営
Ⅱ Ⓐ政策決定
(1)決裁手続
(2)政策情報の整備（集約・公開・伝達）
(3)政策基準の策定（シビル・ミニマム、ナショナル・ミニマム）
(4)政策・計画の策定（政策基準の総合システム化）
(5)法律運用の技術手法（とくに行政立法）
(6)法律解釈の調整手法（とくに司法手続）
Ⓑ政策執行
(1)行政手続（市民参加、当事者参加の手続）
(2)行政手法（行政処分・行政指導、行政事業・行政契約・行政企業〔公企業〕）
(3)行政強制（強制手段）
Ⓒ政策責任
(1)行政救済手続
(2)機構内部手続
(3)政治責任手続（政府・議会の責任、裁判所による規制）

従来の行政法学の「行政作用論」では、ⅡⒶ政策決定とⅡⒷ政策執行を区別しない。またⅡⒶの

⑴⑵⑶⑷⑹を無視する。Ⅱⓑでは⑶行政強制を強調し、⑵にかかわる行政行為論を中心にする。⑴はようやく問題になりはじめたばかりだ。「行政責任論」ではⓒ⑴だけに論点をしぼってきた。「行政組織論」では、Ⅰⓑの参加機構の構成が問題にされることはなかった。

また松下によれば、行政法学では市民常識からすれば奇妙な概念構成がみられるという。一例をあげるなら、「給付行政」がある。この恩恵的なニュアンスをあたえる言葉は、「秩序行政」と対をなすものだが、これは戦前の「警察行政」と「保育行政」の戦後版なのだ。さらに道路や学校などの社会資本の「共用権」については、公の施策の「反射的利益」にすぎないのだとされる。これすらも恩恵給付だとすれば、社会資本の整備がおくれるのは当然ではないか。

だから松下はいうのだ。「行政法学が裁判手続との関連で「行政行為」を中心にいかに精緻な理論を組みたてようとも、一方における都市社会への移行にともなう問題状況の転換の無視、他方における強権的秩序行政・恩恵的給付行政という発想への固執という二重の意味で、行政法学の理論構成の今日的破綻は、ここにあきらかなのである。シビル・ミニマムの提起は、この二重の意味における行政法学の既成の理論構成にたいする、決定的な転回軸となるはずである」。

つづけて松下は、「行政行為」の理論がもつ問題性を指摘し、市民参加によるその克服を提起する。さらにこの理論の中核である「行政強制」と「裁量」概念についても、根本的な疑義を呈する。つまり、本来の行政法は官僚の〈官治準則〉であってはならず、市民の〈自治準則〉とならなければならないということだ。「制度的決裁の自治準則としての行政法は、⑴市民自由から出発する政策決定・執行・責任の「制度手続」（↓一般行政法）と、⑵政策内容をめぐる市民福祉の具体的な

「政策基準」（→個別行政法）との準則、と位置づけうる。とすれば、現行の行政法における⑴参加手続を無視した官治性、⑵ナショナル・ミニマムの低劣性は、とくに批判されなければならない」。

　とすれば今日求められているのは、市民自治を中核とする行政法のイメージ自体の革新でなければなるまい。「それは、国家目標（ナショナル・ゴール）をめざす官治準則から、市民福祉（シビル・ミニマム）を実現する自治準則へ、というイメージの転換である。こうして、はじめて、憲法原理としての国民主権による、Ⅰ市民自由・Ⅱ市民福祉の保障という政治課題は、行政法の改革へと接続しうるのである」。

　そのためには、「市民参加による国民主権の活性化と、それにもとづく分節政治システムとしての憲法構造の造出」が必要となる。

**市民共和国をつくるために**

　国民主権の活性化については、第二章でくわしくみたので省略するが、ここで問題になるのは国民主権を日常的に活性化する具体的な制度をどうつくるか、である。それはすでにみた（二一五頁）、市民自由確立の五条件にもとづく分節政治システムの構成によってなされる。しかもこの五条件は、「資本主義・社会主義を問わず、市民運動を基体として、国民主権を自治体レベルついで国レベルで活性化する、不可欠の憲法構造として承認されなければならない」。

　換言すれば、それは「市民自治による市民共和を指向する新しい公法観念の形成」こそが、憲法学・行政学の中心論点になったことを意味している。

こうした状況を背景に、自治体は、自治行政権のみならず、自治立法権、自治解釈権をも、みずからの憲法的権限として再確認する必要がある。つまり『憲法』九二条の「地方自治の本旨」と九四条「地方公共団体は、その財産を管理し、事務を処理し、及び行政を執行する権能を有し、法律の範囲内で条例を制定することができる」を、「どのように全憲法構造の内部に位置づけるか」ということだ。

しかも『地方自治法』二条一〇項をみれば、自治体でできない行政課題はかぎられているのである。司法、刑罰、それに度量衡制定と貨幣制定ぐらいのものだ。とすれば自治体、とりわけ基礎自治体は、「市民共和の責任主体として位置づけられるはずである」。これこそ『憲法』の「地方自治の本旨」にほかならない。

しかし現実はまったく逆転している。それはタテ割事務分割論をみれば明らかである。固有事務、団体委任事務、機関委任事務、行政事務といった国と自治体との権限の分割だ。これが国の官治的監督手法にすぎないことは、すでに多くの指摘がある。また『地方自治法』別表にあるいわゆる委任事務をみるなら、その多さに驚くとともに、自治体が当然おこなうべきものが多数含まれていることにも驚かざるをえない。

したがって、自治体の自治権にかんしては、「体制による操作条件としての、(1)中央の通達ついで研修制度による法令解釈の独占、(2)中央の補助金による財政操作、(3)事務再配分の未実現による権限の集権性、(4)中央政府による自治体幹部職員の人事規制以上に、なによりも、学者、官僚、法曹はもちろん、とくに革新運動の、自治イメージの貧困」が問われなければならない。

ここで以上みた、「憲法構造の集権構造から分権構造へのイメージ転換」を図式化した図13をみることにしよう。従来の体制イメージは、国→都道府県→市町村→住民という垂直の集権型（A）である。それを市民→市町村→都道府県→国という分権型（B）に転化することが求められている。つまり「国民社会の政治決定は、分節的に、市民運動、市町村ついで都道府県へと上昇し、国は、市民・自治体レベルで複合する政策の調整・先導機構として位置づけなおされるべきである。（中略）国の一元・等質的権威は、自治体を中心に分権・重層的構成へと分節化されなければならない」。

図13　政治統合模型

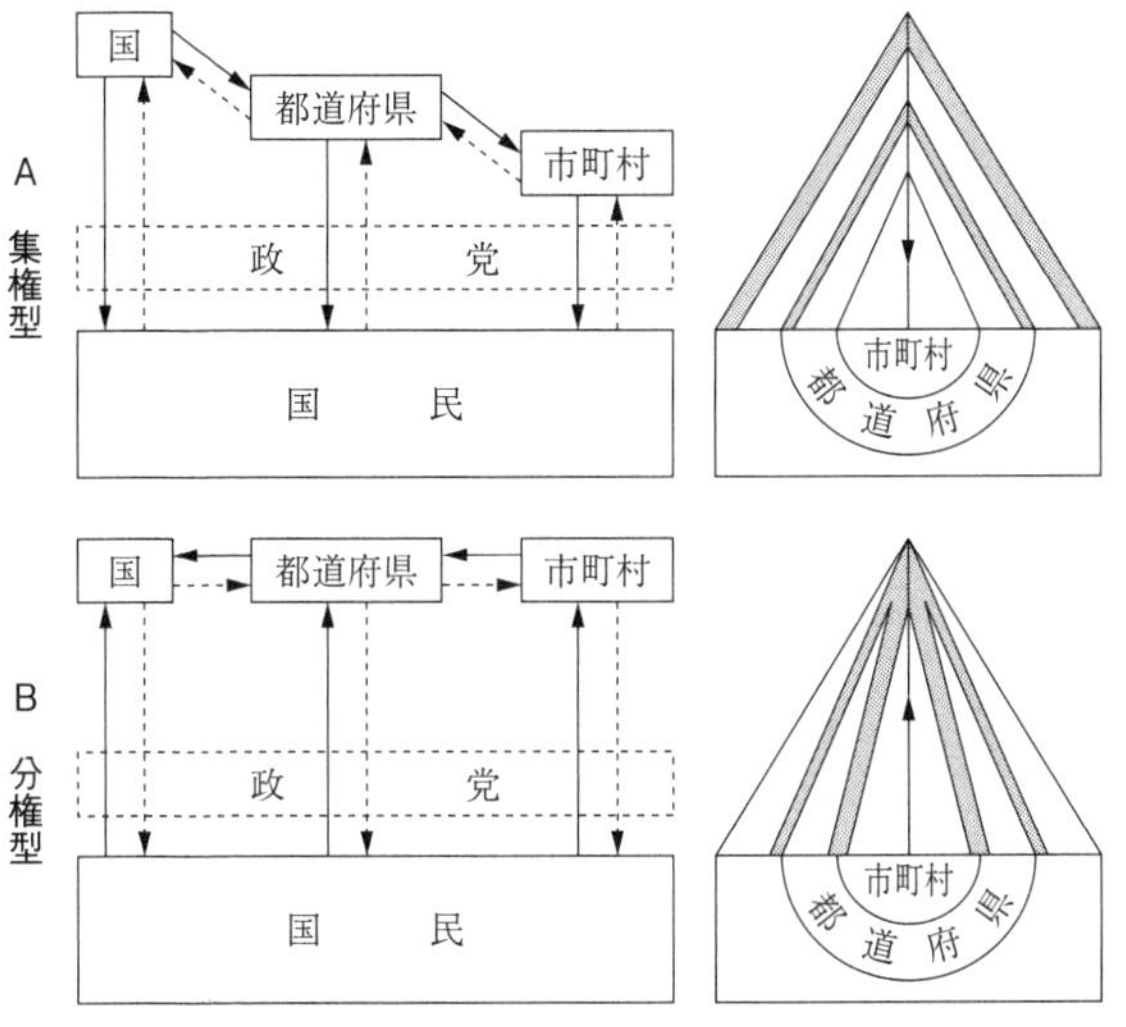


しかし松下は、この時点ではこのような憲法学・行政法学の構造転換には、なおまだ時間がかかると考えた。なぜなら、「今日の憲法、行政法の運用ないし解釈の体質が、従来の国民の文化水準を前提とした官治型の憲法構造、したがってまた国家崇拝、それにともなう法フェティシズムと結合しているからである」。

一方、市民自治・市民参加の進展は、こうした体質の転換への希望をいだかせる。さしあたって、(1)「自治体への大幅な自治権ことに行財政権の移譲による現行法制の分権化」、(2)「それにともなう自治体職員の自治意識の拡大と中央官僚の官治意識の転換」がもとめられる。とりわけ通達・補助金行政の打破が急務である。

そして、(2)の自治体職員・中央官僚の法意識の問題からすれば、法学教育の抜本的改革が要請されることになる。具体的には以下の三点が必要である。

(1)「解釈論」について。「多様な解釈の可能性を提示し、その選択の市民基準を提起するものでなくてはならない。ことに行政法をめぐっては、国の法律だけでなく、先駆的自治体の条例をもとりあげるべきである」。

(2)「立法理論」の形成。従来の法学教育では、解釈技術にとどまり、立法技術への言及はなかった。「立法技術は中央官僚の統治の秘術として独占されていた」からである。

(3)国民的スケールでの「立法政策」論争の必要性。

このような法学教育の改革をとおして、自治体レベル・国レベルにおける立法政策論争がおこなわれるならば、立法自体による法制改革も可能になるであろう。そのために、つぎの四つの条件が必要である。

①「多様な市民参加システムを創造し、批判と参画の過程で、市民自身の体験の内部に自治訓練を蓄積し、法学ないし法制をめぐる官治型発想の転換を促進すること」。

②「シビル・ミニマムの策定とみあって、全行政領域における国の行政基準の一覧表、さらに自

治体の自主上乗せ基準の全国一覧表を作成すべき」こと。その先駆的業績に静岡県の『階層別都市機能必要量算定基準』（一九六六年）がある。

③「法律と政令、省令、通達の相互間の矛盾の総点検」。たとえば自治体の自治立法について、『憲法』は「法律」の範囲内と規定しているのにたいして、『地方自治法』には「法令」に違反しないというかたちで行政立法をしのびこませている」法制のズレがある。

④司法手続の改革。たとえば、「日本の福祉立法、環境立法があまりにも劣悪なのは、市民による行政機構にたいする作為・不作為の請求訴訟制度の不備によるところがおおきい」ことなど。

以上、「市民参加と法学的思考」の内容をたどってみた。これにたいして鳴海正泰はつぎのように書いている（『地方分権の思想――自治体改革の軌跡と展望』学陽書房、一九九四年）。

従来の公法学を大胆に批判した松下の問題提起は、学会に大きな波紋を起こしただけでなく、これまでの三割自治論に飽きたらない自治体研究者、ならびに自治体職員を勇気づけるものであった。地方自治権は国家から与えられたものではなく、市民主権原理による固有権として位置づけられ、自治体はそうした主権をもつ市民自治機構としての根拠が示された。こうして地方政府論の理論的根拠が、戦後はじめて提起された意義はきわめて高く評価されよう。

## 2　戦後憲法学――その理論構成と破綻

本節では、第Ⅱ章「戦後憲法学の理論構成」をみる。一九四六年一一月三日の『憲法』公布、翌四七年五月三日の施行以降、本稿執筆にいたるまで、すでに四半世紀以上の年月が経過した。この間、すでにみたように、農村社会から都市型社会へという社会構造の大転換が生じた。くわえて公害・都市問題の激化や自然破壊による資源涸渇といった、かつて想像もしなかった問題状況が出現している。また前章でみた市民運動の擡頭によって、憲法をめぐる国民意識は大きくかわりつつある。

こうした状況を背景に、松下は本稿において、戦後憲法学の理論構成の時代的制約をあきらかにし、その全面的な再編の必要性を提起したのであった。以下、(1)国民主権と国家主権、(2)基本的人権と公共の福祉、(3)自治体と国家統治、(4)戦後憲法学の問題点、の順で検討する。

なお、分析の対象であるテキストには、法学協会『註解日本国憲法』（初版、以下『註解』と略記）を用いている。

### 「国民主権」の意味

まず、「国民主権と国家主権」から。

松下は、『註解』の論理でまず問題となるのは、国家法人論だという。松下の言葉をきいてみよう。「この国家法人論をめぐっては、結論をさきにのべれば、戦前は、天皇は国家の主体であるか国家の機関であるか、というかたちで憲法争点が提起されたが、戦後は、国民は国家の主体であるか国家の機関であるか、が憲法争点となるべきなのである。ところが、『註解』をはじめ戦後の憲法学が、天皇機関説にかわって国民機関説を提起するにすぎないかぎり、戦前の体制イメージの法技術構成としての国家法人論は無傷で戦後に継承されたということができる」。

だから『註解』の「前文」解釈では、憲法を「国家統治の基本法」と定義し、主権を「国家意思の最高の源泉」と位置づけているのだ。しかも「国民主権」と「国家主権」とは対立するものではなく、現実的には「戦前体質の中央官僚機構の温存とあいまって、国民主権は実質的に国家主権に解消」してしまう。

つまり、国家法人論を理論構成の前提とする『註解』では、国民を前国家的主体としてではなく、国家内的機関として位置づけることになる。「この機関としての国民は、国家内のいわゆる憲法被制定権力にすぎない。前国家的な憲法制定権力としての国民主権は凍結されたのである。そこでは国民主権は日常的活性を喪失することになる。これが、国民主権をめぐる戦後憲法学の理論構成の中核論点なのである」。

とすれば、国家法人論は、(1)「国民主権を国家主権へと転化させることによってみちびきだされる、中央政府による政治独占を定位する理論技術であったと断じざるをえないし」、(2)とくに天皇との関連では、「国民主権の承認にもかかわらず、(中略)天皇と国民主権の妥協論理としても機能していたのである」。ここでは、「前文」における「信託」のラディカルな意義は理解されていない。その結果、国民主権は装飾原理にすぎないものになってしまう。

さらに問題なのは、「国家法人論の理論構成においては、国民主権の政治機構による代行、ついで国家主権への転化が、安易に定位されているにとどまるため、現代における大衆民主政治という大衆国民主権の固有矛盾も自覚されてこない」ことである。それは、「万人による万人の支配、あるいは治者と被治者の一致、という民主政治したがって国民主権の矛盾の体制的拡大という論点」である。つまり、「全体主義への構造的傾斜」という問題だ。

これにたいして、プロレタリア独裁という国民主権をかかげる反体制憲法学も、国家法人論的理論構成にたつかぎり、大衆国民主権がはらむ固有問題の制度的解決にはいたらない。「従来のプロレタリア革命の発想では、国家観念の三六〇度転換をもたらすにすぎず、国家主権→政治機構の絶対・無謬という設定は温存されてしまうのである」。

だから松下は、つぎのようにいうのだ。憲法理論において今問われるべきは、「大規模社会における国民主権的政治統合形態としてのロック模型の政治技術的不可避性をふまえたうえでの、その形骸化を阻止する国民主権の現実性の保障」であり、「憲法制定権力としての国民主権の凍結ではなく、その日常的活性化の制度的展開」を具体的に実現することである。

そのために必要なものこそ、すでにみた、市民自治にもとづく、国民主権の日常的発動のための、「資本主義・社会主義を問わず制度化されるべき分節政治システム」の実現にほかならない。

## シビル・ミニマムを『憲法』に活かす

つづいて「基本的人権と公共の福祉」をみることにしよう。

松下は基本的人権について、つぎのようにいう。それは、「憲法の「価値原理」として、国民主権の内部構造の出発点である（中略）。国民主権は、基本的人権を「価値原理」とする憲法の「組織原理」とみなすべきである」。

そして「基本的人権のカタログ構成」として

I　市民自由（生命・自由）＝自由権

II　市民福祉（生命・幸福の追求）＝社会権

を論理的に区分し、「その実現の制度手続として参政権、逆に言えば抵抗権をあげるべき」とする。なぜなら、今日、政治の課題としては、国際平和の維持とならんで、市民自由と市民福祉の確保以外ありえないからだ。

Iの「市民自由」についての論点から。「市民自由は、まさに個人自由したがってまた個人自治の政治空間の確立を意味する。その保障がいわゆる自由権を構成する」。自由権は、(1)個人の実体権、(2)市民自治と国民主権の構成の手続権、という二重の性格をもつ。たとえば、言論・集会・結社の自由は、個人の実体権であるとともに、市民自由と市民福祉の確立のための手続権でもあり、参政権と抵抗権の機能条件をなすものである。

しかし『註解』では、自由権に、ついてつぎのように書かれている。「ここにいう権利の保持の義務とは、その権利が侵害された場合にその圧迫と闘い、これを超克すること即ち権利のための闘争の義務を意味する。（中略）保持maintainという語から、それは受動的に国民にその権利を擁護する責務を負わしめたもので能動的な意味は含まれていないと解すべきであろう」。

つまり、『註解』は自由権の、右にみたような性格を否定しているのだ。国民自体による基本的人権の能動的実現である市民自治は拒否される。「そこでは、抵抗権・参政権と基本的人権との論理必然的な政治連関は欠落する。『註解』の視角からは市民運動の台頭へと接続しえない。今日の市民運動は、批判と参画という形態における市民自治を、自治体レベル、国レベルで実現する参政権・抵抗権の日常形態にほかならない」。

Ⅱの「市民福祉」について。

今日、市民福祉の権利構成は、前章でみたように、労働権とその補完としての生存権だけではない。二一五頁に図示（図12）したように、共用権、環境権をふくむ生活権を位置づけ、労働権とともに生活権を、市民福祉に不可欠な社会権を構成するものとしなければならない。つまりシビル・ミニマムを政策公準とするだけでなく、憲法理論的に設定することが必要なのだ。

このシビル・ミニマムの憲法理論的設定こそ、二五条を具体的に政策公準として明確化する基本前提となる。(1)二五条を宣言条項としていた伝統的憲法学にたいして、権利条項として位置づけなおすこと、(2)「伝統的憲法学における生存権的理解から飛躍して、都市・公害問題の激化に対応しうる共用権・環境権をふくむ生活権として位置づける」こと、(3)「シビル・ミニマムの実現主体を市民、自治体におき、国の政策規準としてのナショナル・ミニマムの再編成を指向」すること、(4)「社会権の内容規定をシビル・ミニマムの目標値によって確定し、実定的権利へと定着させること」。

こうしてはじめて、一二条の「この憲法が国民に保障する自由及び権利は、国民の不断の努力によつて、これを保持しなければならない」は、『註解』のいう国民への啓蒙的義務規定とはことなり、「市民運動の戦略展望に接続」するものとなる。そしてこれこそ、「日本の歴史上はじめての「共和」の提起を意味する。市民福祉は、国家による《恩恵》ではなく、市民による《共和》（res publica）の自主構成を指向する」。

ここから従来の公法学の中心観念であった国の統治権にもとづく「公共の福祉」の崩壊がはじまる。「公共の福祉」は、かつて絶対主義国家における権力発動の弁証としての意味をもったが、二〇世紀になって、再度現代官僚国家の権力発動の弁証として機能するようになった。この意味で、「福祉国家は歴史上二度登場する。とくに、日本では、絶対主義型福祉国家は二〇世紀型福祉国家に直接接続してしまい、絶対主義型福祉国家の官治体質が二〇世紀型福祉国家に吸収されていく」。しかし今日、市民による共和の自主構成によって、「公共の福祉を基本的人権のタテの制約条件とみなすことから一歩つきでて、あたらしく基本的人権相互のヨコの調整による公共の福祉の共和的構成という視角が形成されはじ」めている。「公共の福祉は市民共和へと構造転換すべきなのである」。

### 地方公共団体から自治体へ

つぎに「自治体と国家統治」をみる。

『憲法』には「第八章地方自治」があるにもかかわらず、戦後憲法学はその理論構成において、自治体を無視ないし軽視してきた。たとえば、戦後憲法学に大きな影響力をもった宮沢俊義の「新憲法概観」（国家学会編『新憲法研究』の第一論文、一九四七年）では、地方自治にふれていない。後の著作でも、地方自治については条文掲示とわずかな記述がみられるだけだ。

ここで『憲法』制定当時には、各種の憲法草案のすべてが地方自治の規定をもっていなかったことを記憶しておこう。

なぜ自治体は重視されなかったのか。松下は二つの理由をあげる。(1)「国民社会の形成期においてはドミニウムという地域中間権力の排除を指向したこと」、(2)「中央官僚育成と憲法学が結合していたこと」。

しかし国民社会においては、「人権」と「中央政治機構」、すなわち個人と国家との緊張だけでは憲法構造は機能しえない。「憲法構造は必然的に自治体機構を内包しているのである」。『註解』は「地方自治」について具体的に論じている。しかしそれは、「国家統治」の発想からなされたものだ。

要するに、憲法が地方自治を保障しているのは、地方自治が、それ自体絶対的な価値をもっているからではなく、地方自治の本旨に基く地方公共団体の組織と運営こそが、地域的な社会的協同体の自治目的に合するのみならず、それを超えて存在する国家の統治目的にも合するからであると思われる。

……論理的・観念的には、地域的協同体たる地方公共団体の自治、即ちここでいう地方自治は、当然に、国家の存在を予想し、それとの関連において立てられた観念であり、国家統治の観念から離れて地方自治の観念は成り立たない。いいかえれば、地方自治は、国家の下における地域的協同体の自治として、それ自体が国家の承認にかかっており、地方自治が具体的にどういう形式と内容とをもつかは、そのよって立つ社会的基礎によって制約されているとはいえ、一に国家の立法政策によって決定される。

しかし自治体は、それ自体憲法機構としての市民自治機構であり、けして国の統治権にもとづく立法政策の対象ではない。そうではなくて、「自治体改革の五課題」(一五七頁参照)で明示した、シビル・ミニマムの保障・拡充を中核とする政策課題をになう、憲法構造の基礎をなすものである。

**戦前を継承する戦後憲法学**

最後に「戦後憲法学の問題点」をみよう。

これまでみてきたように、「戦後憲法学の理論構成は、民主主義を原則として承認し、ことに戦争放棄を強調したにもかかわらず、実質的には国・中央政府の統治権から出発する戦前以来の官治的既成政治体質と同型性をもっているように思われる。(中略)市民運動が造出しはじめた今日の〈憲法構造〉から再検討するとき、『註解』に代表される〈憲法理論〉は、『憲法』に背反する官治的構成をもつ行政法学によって武装した国家統治の正統理論という性格をもっている、といっても過言ではないだろう」。

こうのべた松下は、さらに『註解』以後の現在の憲法学の状況を知るために、小林直樹、樋口陽一といった高名な憲法学者の著作を検討する。詳細は省くが、「《国家》から出発するか、《市民》から出発するか、が憲法理論の決定的転換を意味する」という視点からすれば、「現在の憲法学の理論構成においても、『註解』はいきている」と松下は断じる。つまり、「いわば「国家憲法学」ともいうべき理論構成の温存がみられる」ということだ。

このように現在の憲法学の状況を整理したうえで、松下はつぎのように書いた。

ここで強調されるべきは、憲法の基本範疇である「基本的人権」と「国民主権」、さらには「市民自治」「市民共和」について、戦前のみならず、戦後においても、憲法学者だけでなく、ひろく社会科学者をもふくめて、日本国民は充分な〈原体験〉をもっていなかったことである。したがって戦前の官治憲法学の理論構成は、戦後変革にともなう必要な修正をほどこされて実質的に温存されてしまったのである。それは、党派的意味での保守・革新を横断して共通する憲法学の理論構成であった。実に保守の資本主義政府による国家統治の観念、革新の社会主義前衛による国家統治の観念は、表裏の関係にあった。（中略）このような憲法の基本範疇をめぐって、国民的スケールでようやく原体験を蓄積しはじめたのは、批判と参画をめぐる今日の市民運動によってである。それゆえにこそ、市民運動がきりひらいた「市民自治」の理論視角は、「国家統治」を中心として構成される戦後憲法学の理論構成をめぐって、ラジカルな意味をもつのである。

そして最後に松下は、『註解』以下の戦後憲法学については、さらに次の二点を指摘しなければならないという。(1)古典的憲法理論が十分に継承されていないこと、(2)現代憲法状況をめぐる理論構成の脆弱さ。(1)は、マキァヴェリ、ロック、モンテスキュー、ルソー、カント、ベンサムなど、第二章でみた思想史的考察の必要性であり、(2)は一九二〇、三〇年代以降にヨーロッパ憲法理論(デュギー、ラスキ、シュミットなどの)が直面した問題状況の、認識と整理にかかわる問題である。

## 3　憲法理論の再構築にむけて

### 憲法理論の八つの問題性

最後に第Ⅲ章の「憲法理論への市民的視角」をみる。

本節では、さきの二つの節をうけて、憲法理論の再構築への展望をこころみるが、それは松下がかつて一九六二年に発表した「憲法擁護運動の理論的展望」(『思想』五月号、のちに『現代日本の政治的構成』に収録)の運動論レベルでの問題提起を、憲法理論レベルで再整理することでもあった。

まず「憲法理論の問題性」では、以下の八点について簡潔な整理と検討をくわえている。

(1)政治体制と憲法構造
(2)憲法・憲法原理・憲法構造
(3)憲法イメージ・憲法理論
(4)憲法問題・憲法政策・憲法制定

(5)憲法理論と憲法解釈
(6)憲法学・政治学と憲法理論
(7)政治学と憲法理論
(8)憲法学と憲法理論

つづいて「市民運動と憲法構造」では、
(1)憲法理論と憲法構造
(2)憲法構造の転型と社会の構造変動
(3)憲法イメージの転換
(4)憲法理論の空洞化
(5)憲法理論の課題
が論じられる。

(1)では、①市民参加、②抵抗権、③複数政党制という三つの論点が、憲法理論の再編にかかわり、緊急の戦略課題であるという。

(4)では、二三三頁でみたシュミット(あるいはレーニン)やケルゼンの問題意識が検討される。そのうえで、《市民自治》から出発するならば、国民主権は活性化されることを再確認する。

(5)では、市民による憲法構造の造出のために、「市民主権・分節主権の制度的可能性の追求を課題とする憲法イメージの再編」が求められる。同時に憲法イメージの再構成にあたっての、各個人の憲法解釈権の確認が必要とされる。

つづいて「憲法範疇の再構成」では、(1)基本的人権、(2)国民主権、(3)自治体、(4)権力分立、(5)自衛権、(6)最高法規について検討される。

(1)では、「①個人自由」ですでにみた〈基本的人権カタログ〉の確認のうえに、「基本的人権の政治制度的実効手続」として、ⓐ参政権、ⓑ抵抗権、ⓒ自衛権がくわわる。ⓐⓑⓒは個人の自治権とよんでもよいという。「②公共の福祉の意味転換」につづけて「③社会権の実行手続」が論じられる。③では従来宣言規定とされてきた社会権の実行手続を実効規定とするために、「参政権・抵抗権を基軸に、ⓐ自治体、国の政策公準として、それぞれシビル・ミニマム、ナショナル・ミニマムの策定、ついでその具体的法制化を必要とするとともに、ⓑ請求訴訟権の確立のための司法手続の改革を必要とする」という。

(2)では、「①決裁手続」、「②市民主権」、「③分節主権」、「④国民主権の活性化」が論じられる。「①決裁手続」では、国民主権の観念が一般意志の観念を中核に成りたつことを確認し、今日では小規模社会での「カシの木の下」の喝采はありえず、国民社会規模では個人意思の多様性から出発せざるをえないという。「とすれば、一般意思は所与ないし形而上学的実体ではありえず、個人意思の相互調整ないし制度統合を不可欠とする。この相互調整ないし制度統合における市民自治的決裁手続が、まさに《憲法》なのである」。

(3)では「①自治体の位置」、「②自治体の原則・課題」、「③憲法機構としての自治体」が論じられるが、いずれもすでにみた。

(4)では「①国会の優位」、「②立法権・行政権の分節」、「③司法権の調整性」が論じられる。「①

図14　国家統治と市民自治の構造対立（国レベル）

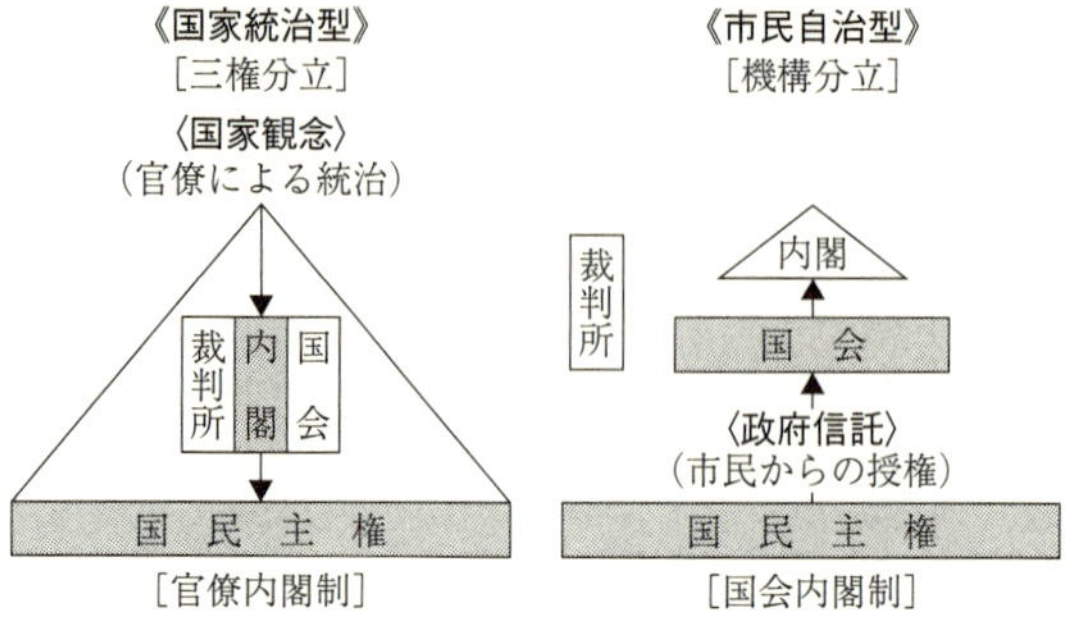


国会の優位」では、留意すべき点として、いまだに「一九世紀ドイツ系の権力分立論を背景に、立法＝国会、行政＝内閣、司法＝裁判所というかたちで、機械的に機能分立と機構分立とを同一化しがちであるが、これがまた今日の「行政国家」における行政機構の優位に盲従するという結果をまねいている」という。国会はたんなる立法機構ではなく、「国権の最高機関」である（図14）。「国会は国の政治決定の中枢機関である。これをふまえてはじめて立法機能が実質的意義をもってくる。この条件なくしては、国会はたんなる法登録機関に堕してしまう」。

「②立法権・行政権の分節」では、立法権・行政権は国の独占ではなく、市民が原初的にもち、市町村、都道府県も市民から信託された憲法機構としてそれをもつ、とする。それゆえ「第四章国会」「第五章内閣」は国レベルの憲法機構を規定し、「第八章地方自治」は自治体レベルの憲法機構を規定する、と考えるべきだという。

「③司法権の調整性」では、緊急の課題として、従来の裁判が個人相互あるいは個人と「公権力」との間の争訟手続であるという理解を、自治体相互のヨコの関係と、市町村・都道府県・国のタテの関係における争訟手続をも含むという理解に、転換すべきだと主張する。「憲法の存在理由をなす〈法の支配〉が争点の裁判型解決を意味するかぎり、分節単位間の対立も中央政府による統制型解決――ことに国の通達による解釈権独占あるいは補助金支給による脅迫によることはできないのである」。

(5)では、「①個人自衛権」、「②国民的自衛システム」、「③国の専権事項」が論じられる。「①個人自衛権」では、従来、国民ないし国家の自衛権というかたちで国レベルで位置づけられてきた自衛権を、個人の自衛権として設定する必要がある、という。そこから、ⓐ権力装置にかんして、従来もっぱら軍隊（自衛隊）に焦点があてられていたが、市民警察（司法警察）も問題になる。ⓑ政治警察については、権力装置が本来個人自由の保障の制度的手段であり、複数政党制が前提とされている以上、憲法原理違反となる。ⓒ軍隊の設置にかんしては、分節主権を前提とすれば、国だけでなく自治体でも設置できることになる。

「②国民的自衛システム」では、個人の自衛権にもとづいて国民的自衛システム（軍隊設置の選択をふくむ）が展開されるべきであり、「それを国レベルの中央政府に信託するという構造をもつ。もし政府が対外侵略その他の信託違反をおこなうとき、信託解除がおこなわれ、それが政府ないし軍隊にたいする抵抗権として発動される」という。

「③国の専権事項」では、従来の軍事・外交は国の専権事項とする考えにたいして、それは国民が国にそれを信託しているにすぎない、という。

(6)では、「①法段階構造の転換」、「②自治体と国法」、「③解釈権の分節性」、「④法と市民」が論じられる。

「①法段階構造の転換」では、従来の憲法→法律→命令→行政行為という段階構造的発想は、国家統治の絶対・無謬という神話を許容するものであった、という。「『憲法』の最高法規性は、憲法が、基本的人権を基体とし（九七条）、政治機構の憲法尊重義務（九九条）だけでなく、現行法制を具体的に規制・批判し、それがまた違憲審査権としても制度的に確保されるであろう（九八条）、という位置からきている」。憲法は、現行法制の「正統原理」ではなく、現行法制の「規制準則」また「批判準則」でもある。つまり、「法段階構造の頂点だけではなく、むしろ底辺にこそ、国民主権すなわち市民主権・分節主権の視点から位置づけられなければならない」。

つぎに「憲法理論の基本論点」では、⑴『憲法』の三原理、⑵体制選択と憲法、⑶国家観念の再編が論じられる。

⑴では、「①基本的人権」、「②国民主権」、「③平和主義」についてのべられるが、この三者の関係は、基本的人権が憲法の価値原理、国民主権が組織原理、平和主義が作動原理、と位置づけられるという。

⑶では、「国家法人論」と「機構信託論」の違いが検討される。革命にかんして、「国家法人論では機関・権限の変動を意味するにとどまって国家自体は存続してしまうが、機構信託論ではむしろ革命の可能性の永続性が帰結する」という。また自治体の位置づけにかんして、「国家法人論は「国家主権」にたいする「下属」しか導出しえないが、機構信託論は、基礎自治体、広域自治体、国への「複数」信託を構築しうるため、「分節主権」に適合する」とのべる。

そして松下はつぎのように書いた。「それゆえ、機構信託論をとるならば、国家法人論的国家観念は崩壊し、国家は、国民と政治機構とに二元的に分解し、政治機構も国と自治体との機構に分節する。そこには、国民によって信託された、憲法にもとづく、国・自治体の機構の権限があるのみである。国家固有の主権・統治権は幻影にすぎない」。

最後に「憲法理論の再編と自立」がまとめとして論じられ、『市民自治の憲法理論』はおわる。

## 4　「整憲」の重要性

### 今もつづく時代錯誤の憲法学

『市民自治の憲法理論』があたえた影響はすさまじかった。ただ、その批判が本質的で的を射たものであっただけに、講壇憲法学の側から正面きっての反批判（あるいは反省）が展開されることはなかった。その結果、憲法学の体質は旧態依然のままつづいている。『市民自治の憲法理論』の刊行後四半世紀ちかくたった一九九六年に、松下はなお以下のようにいわざるをえなかった（「日本国憲法の五〇年」『政治・行政の考え方』岩波新書）。

日本の憲法学は、（中略）実質、憲法を「国家統治」の基本法と位置づける考え方をつづけ、今日も国レベルの政府のことを「統治機構」とよんでいます。だれがだれを統治するのでしょうか。この憲法学の用語自体が日本国憲法に違反しています。戦後半世紀がたっても、憲法学では戦前の明治憲法型の理論パラダイムが続いているのです。そのうえ、憲法によって方向づけられる行政法学も、同じく戦前のパラダイムをひきずってきたため、現行の行政法も官治・集権型の法令、判決、理論の膨大な集積となり、これが今日急務の自治・分権政治の成熟をさまたげています。

憲法、行政法の運用をめぐる官僚、その判例をつくる裁判官への出発は、まず大学法学部ですが、憲法学、行政法学の理論構成が官治・集権型から自治・分権型に変わるには、今後まだ三〇年という世代交替の時間がかかりそうです。

松下のいらだちが、痛いほど伝わってくるではないか。この事態は二一世紀になってもかわっていない。松下は「市民立憲への憲法思考」（『転型期日本の政治と文化』、岩波書店、二〇〇五年所収。初出は『市民立憲への憲法思考』生活社、二〇〇四年）で書いている。

しかも、二〇〇〇年代の現在も、この国家統治型ないし官治・集権型の講壇法学どおりの思考ないし解答をしなければ、官僚や裁判官・弁護士などの資格試験に合格しないという悲劇的事態に、日本はおちいっている。都市型社会が成熟し、市民活動が活性化するとともに、〈二〇〇〇年分権改革〉の実現をみるにもかかわらず、戦前型の講壇法学の定説が年々歳々、公務員試験、司法試験などのかたちで、膨大な官僚・法曹候補の頭脳を時代錯誤にむけて訓練し、その思考を制度化さらに「政治体制化」しつづけているのである。

この結果、先進国での都市型社会の成熟もあって、社会・経済、政治・行政、文化・理論の

〈分権化・国際化〉にむけた市民の課題や世界政策基準がおおきく変化したのだが、日本ではこの問題状況を憲法理論としては「こなし」きれないことになる。（中略）日本の政治ないし立法、ついで行政、司法の構造は、先進国の国際水準からとりのこされて、さらに時代錯誤になっていく。

しかし、このような「悲劇的事態」にもかかわらず、松下は明快な希望をもって、その克服のために、具体的提言を続ける。右の「市民立憲への憲法思考」とほぼ同時期に発表された「市民立憲からの憲法理論」（『国会内閣制の基礎理論――松下圭一法学論集』岩波書店、二〇〇九年所収、初出は『市民参加システム』二〇〇四年九月号、参加システム研究所）とあわせて、みることにしよう。

まず、憲法を考えるときには、以下の三点を区別することが必要である。(1)憲法条文、(2)憲法理論、(3)憲法（政治）状況。従来、(1)と(3)との「安易な対応・対比から党派的に立論」されることが多かった。しかし今後は、(3)を改革することによって、「(1)憲法条文の運用を変えうる、(2)憲法理論のあり方こそを、たえず問題にすべき」である。

そのうえで松下は、戦後日本における護憲運動の歴史をたどる。すでに「日本国憲法の五〇年」で、松下はその経緯をくわしく分析しているが、ここでは一九六〇年前後の「改憲・護憲」の政治緊張を検討することにしよう。松下は、「市民立憲への憲法思考」でつぎのように書いている。「そこでは、改憲をめざす戦前型のオールド・ライトは、明治憲法型発想への回帰を指向していた。当時の改憲派の基本論点は、①天皇の元首化（政治像）、②イエ制度の復活（社会像）、③軍隊による

**図 15　現代民主政治の系譜（普遍市民政治原理）**

| | | | | |
|---|---|---|---|---|
| (1) | **市民参加** | 古代地中海文化圏 | ──→ | **共和政治** |
| (2) | **法の支配** | 中世ヨーロッパ文化圏 | ──→ | **立憲政治** |
| (3) | **個人自由** | 近代ヨーロッパ文化圏 | ──→ | **基本人権** |
| (4) | **生活保障** | 社会主義理論 | ──→ | **シビル・ミニマム**（自治体の発見） |

**図 16　普遍市民規範**

| | | |
|---|---|---|
| Ⅰ基本規範 | 市民自治・市民共和 | （市民主権） |
| Ⅱ価値規範 | ①市民自由＝人権・平和 | （自由権＝人格価値） |
| | ②市民福祉＝シビル・ミニマム | （社会権＝生活価値） |
| Ⅲ組織規範 | 政府の自立・安定・革新をめざす基本法の策定・運用 | （自治体<br>国　の政府責任<br>国際機構） |

再軍備であった。だが、①は私のいう「大衆天皇制」の成立、②は大衆社会・大衆文化の形成、つまりこの①②をふくむ日本の《都市型社会》への移行のため、その後は時代錯誤となり、③のみが二〇〇〇年代もつづく争点となる」。

その後、松下のいう「新憲法感覚」がひろく定着することによって、ニュー・レフトとニュー・ライトの双方で「新憲法ナショナリズム」が構成される。それが右のオールド・ライトの「反動ナショナリズム」をくいとめた。二〇〇〇年代の今日、オールド・ライト系の改憲派はすくなくなったし、かつてのような条文護憲にしがみつく護憲派もあまりみられない。

それは、今日、私たちのあいだで、まがりなりにも現代民主政治の歴史的系譜（図15）をふまえた市民規範（図16）と、現代市民政治原理（図17）への理解が定着しつつあることによるものにほかならない。とすれば、「二〇〇〇年代におい

**図 17　政府各レベルでの普遍憲法原理（分節政治理論）**

| 〈問題点〉 | | 〈可能性〉 | 〈普遍憲法原理〉 |
|---|---|---|---|
| 1大衆操作・官僚統制 | ⟶ | 市民活動の自由 | ＝1市民自由 |
| 2団体・企業の外郭団体化 | ⟶ | 団体・企業の自治 | ＝2社会分権 |
| 3政党の未熟・腐敗 | ⟶ | 政府・政策の選択・選挙 | ＝3複数政党 |
| 4政府（行政機構）優位の進行 | ⟶ | 議会・長の分立，裁判所の独立 | ＝4機構分立 |
| 5市民の無関心・無気力 | ⟶ | 政府への批判の自由（＋選挙） | ＝5市民抵抗 |

ては、日本国憲法の「全面改正」といっても不可能で、実質は、条文というよりも文章表現の手直し、つまり五〇年余の運用経験をふまえたカタチだけの文章修正とならざるをえないことを、まず確認すべきであろう。つまり憲法〈原理〉をめぐる「全面改正」はできないのである」（「市民立憲への憲法思考」）。

ということは、九条をめぐる自衛隊問題以外には、条文をめぐる改憲が現実的な政治課題にはなっていない、ということだ。しかも、九条一項は不戦条約の条項そのものなので、国連憲章との関係もあって、自民党も変えるとはいわない。問題は、「前項の目的を達するため、陸海空軍その他の戦力は、これを保持しない。国の交戦権は、これを認めない」という九条二項なのである。二項については、自衛権問題をめぐって「交戦権」規定をどう「修正」するか、また新たに三項として自衛隊の国際協力にかかわる条文を「追加」するかどうか、が問題となる。

### 自治体基本条例もまた憲法である

とすれば、二〇〇〇年代の今日、憲法論議のあり方として、「《普遍市民政治＝基本法原理》をふまえた日本国憲法を前提としたうえで」、以下の三つの選択肢を問うこと以外にはありえないのではなかろうか。

(1)特定憲法条文の修正（修憲）
(2)特定憲法条文の追加（加憲）
(3)憲法関連法の整備（整憲）

松下は、「市民立憲からの憲法理論」でつぎのように書いている。

日本国憲法については、国権の「最高機関」である国会の課題として、自衛隊法をふくめて〈憲法関連法〉の今日的整備という、「整憲」こそが重要です。「二〇〇〇年分権改革」をめぐる地方自治法大改正は、まさにこの整憲でした。憲法関連法としての情報公開法や公職選挙法、行政手続法、あるいは国会法や内閣法、裁判所法また公務員法などの大改正による「整憲」という考え方が、国レベルの基本法である憲法をめぐって、緊急・不可欠と考えるべきです。

……国会が国権の「最高機関」になり得ていないことこそが、自衛隊問題以上に今日の中枢憲法問題です。この《整憲》という中枢憲法問題については、日本の憲法学者も習熟した立論をおこなっていない。私が今日の「官僚内閣制」から《国会内閣制》への転換こそが基本という理由も、この「整憲」にあります。

日本の今日の憲法は、普遍性をもつ個人の自由権・生活権、国民主権・法の支配、さらに地方自治・機構分立を総合してくみこみ、憲法の原理性を日本なりに充足しています。このため、

図18　政府・法・経済・文化の重層化

| | | | | | |
|---|---|---|---|---|---|
| 国際機構 | 世界政策基準（グローバル・ミニマム） | →国際法 | 国連憲章 | 国際経済 | 世界共通文化 |
| 国 | 国の政策基準（ナショナル・ミニマム） | →国法 | 憲法 | 国民経済 | 国民文化 |
| 自治体 | 自治体政策基準（シビル・ミニマム） | →自治体法 | 自治体基本条例 | 地域経済 | 地域個性文化 |

憲法〈改正〉というよりは、速くなった時代の変化につねに対応しうる「憲法関連法」による「整憲」という考え方の熟成、ついで整憲自体をめぐる討議・熟慮こそが、日本の市民ついで政治家の政治成熟にとって不可欠です。そのなかで、必要がでてくれば、憲法条文には完璧はありえないのですから、個別憲法条文についての「修憲」「加憲」をおこなえばよいと考えます。

引用が長くなったが、松下の考えはよく理解できるだろう。ちなみに、憲法の祖国といわれるイギリスでは成文憲法を持たず、憲法関連法のつみかさね、つまり整憲があるだけであり、アメリカの憲法では多数の追加条文による加憲が主であることを、想起しておこう。

最後に、松下の基本法理論の新構築とその運用にかかわる提案をきくことにしよう。

今日では、従来のように国レベルのみで、憲法を論議することはできない。図18にみるように、政府・法・経済・文化のそれぞれにおいて重層化しているからであり、政府レベルでは自治体、国、国

図19　政治循環模型

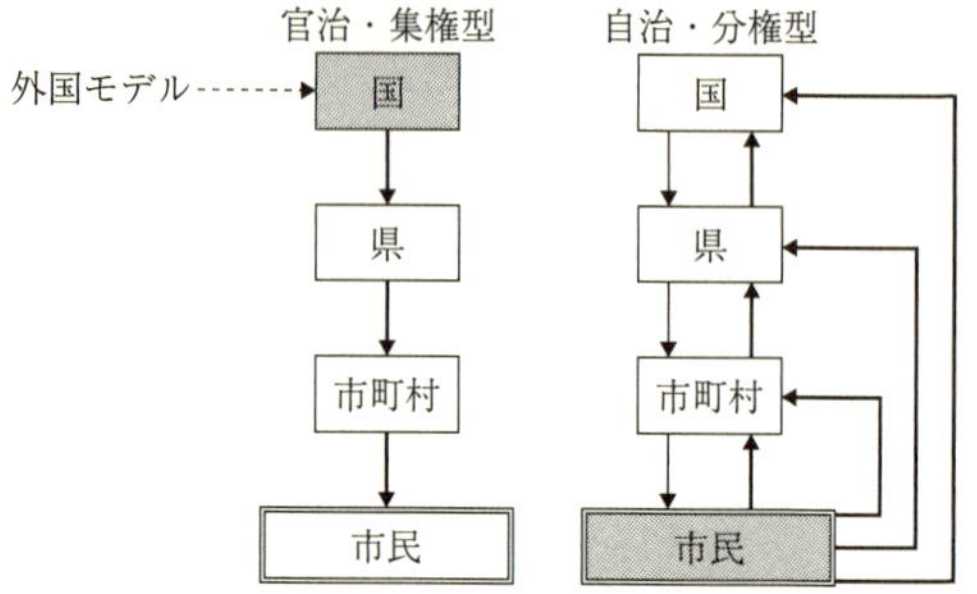


際機構、法では条例、法律、普遍条約の三極緊張で考える必要がある。「三分化しているそれぞれの政府レベルの自治体基本条例、憲法、国連憲章を《基本法》とよぶとき、いわゆる〈国家〉観念のカリスマ性は崩壊し、憲法という言葉の特権性もうしなわれる」（「市民立憲への憲法思考」）。

しかも、都市型社会においては、図19にあるように、市町村から都道府県、国、国際機構と上昇して政策課題を順次補完するという「補完原理」にもとづく、憲法前文の「政府信託」とくに各政府レベルへの〈複数信託〉が基本になる。

この補完原理は、国連の世界地方自治憲章（案）四条にもみられる。「行政の責務は一般的に市民に一番近い行政主体によって行われるべきである、ということを意味する補完及び近接の原理」（分権ネット・地方六団体訳）。つまり、「地球規模での理論常識」なのだ。

こうした背景のもとで、《基本法》問題として私たち日本の市民に問われているのは何かといえば、「抽象的な学者型の議論ではなく、市民がその法務経験を積みかさねていくことが基本」であり、とくに「自治体の「基本条例」というかたちで、自治体レベルでの基本法をつくりながら、その思考訓練を成熟させ、基本法運用に熟達していく」（「市民立憲からの憲法理論」）ことだという。

そしてその思考と訓練を、日本国憲法、そして国連憲章の運用に生かすことが不可欠だと、松下は主張する。

# 第六章　市民文化の可能性

## 1　〈市民〉的人間型

### 「市民」の歴史的意味と可能性

松下が、「〈市民〉的人間型の現代的可能性」という論稿を『思想』（第五〇四号）に発表したのは、はやくも一九六六年のことである。当時『思想』の編集部にいた私は、小特集で〝「市民社会」をめぐって〟を企画し、松下に執筆を依頼したのだった。小特集の執筆者五人のなかには、松下のほかに、序章で書いた哲学の城塚登もはいっている。

それから約三〇年後の一九九四年、右の論稿を収録した『戦後政治の歴史と思想』（ちくま学芸文庫）の解題で、松下は当時を回想しながら、つぎのように書いた。「いまだその「かたち」はわからないにもかかわらず、新しい時代への移行の予感があった。すでに昭和にはいって「前期」大衆社会状況が都市を中心に日本でもはじまっていたが、一九六〇年代にはいると、マス（大衆社会）

状況が全般化しはじめ、これまでの理論視角の全面転換が、社会科学のあらゆる領域でせまられることになる」。

つまり、第三章でくわしくみたように、一九五六年に「大衆国家の成立とその問題性」を発表して大衆社会論争のきっかけをつくった松下は、大衆社会における〈階級〉の形態変化を提起したのだった。この〈階級〉の形態変化と人間型・生活構造の変容に対応して、松下が設定したのが〈市民〉であり、シビル・ミニマムであった。「シビル・ミニマムの公共整備を基盤とし、教養と余暇、さらに政治訓練としての参加が市民の成熟条件であると位置づけた。いわゆるブルジョアをふくめて古来の支配層の存続条件である「教養と財産」を、現代政治における市民の成熟条件に再構成したのである」。

松下は、「〈市民〉的人間型の現代的可能性」を、つぎのように書きだしている。「戦後二〇年をへた今日、マス状況の拡大のなかから「市民」的人間型が日本でうまれつつある。このようなマス状況を前提とする市民の形成は、明治以来想定されたどのコースとも異なっている。すなわち、下からのムラ状況の根底的変革ではなく、上からのマス状況の戦後的拡大が、市民的人間型の醸成を準備したのである」。

換言すれば、「明治百年の歴史のなかではじめて、「市民」が成立する社会条件が成熟してきた」のだ。しかし、市民という言葉は外来語であり、それがどんな意味をもっているのか、またいかなる可能性を秘めているのかが、あらためて問われなければならない。

そこでまず、歴史的にみることからはじめよう。松下はつぎのように書いている。「市民は、古代都市国家においては奴隷所有の支配層、中世自由都市では都市貴族という支配層であった。近代においては地主・資本家の資本主義的名望家層がまさに市民階級（ブルジョアジー）だったのである。そこでは労働者、農民、ついで植民地住民にたいする階級支配が貫徹された。いわば市民的人間型は、特定政治体制における支配層の閉鎖的身分倫理だったのである。この閉鎖的身分性にもかかわらず、今日、それが普遍的意義をもつのは、その身分内で自治という共和原理を確立していたからである」。

そしてヨーロッパの都市共和政治は、城壁と公共広場に象徴されるような「市民会議、理事公選、市民裁判所をそなえた共和型自治の伝統を支配層内に形成していった」。同時に「キリスト教は、この市民身分に個人の普遍性と内面性の論理を準備」したのであった。

こうした伝統が、やがて一七・一八世紀の啓蒙哲学と「市民社会」理論へと結晶していく。この過程については、第二章でくわしくみたので、要点だけを復習する。市民社会の現実はともかく、「市民社会の観念は、(1)政治国家に対立ないし自立する経済社会、(2)自由・平等で理性ある個人の共和型結合、という理論構成をもっていた」。こうして資本主義社会の構成原理はユートピア化されて、市民社会の観念となる。それが、「自然法理論によって聖化されながら、ジョン・ロックによって完成された」。アメリカ独立宣言、フランス人権宣言はその継承である。

この観念は、「イギリスではベンサム、フランスではコンドルセ、ドイツではカントによる理論的集成をみて、一九世紀産業資本段階にも継承される」。ところがその後、市民社会の理論は、A人口のプロレタリア化と、Bテクノロジーの発達という二つの問題と出会うことになる。「Aの文脈の「社会主義」においては工業化が拡大する労働者階級による民主主義の新展開、ついでBの文脈の「大衆社会」においては工業化がつくりだす社会的組織技術による民主主義の空洞化」である。

ここで一度たちどまって、市民とは何かを考えてみよう。市民とは、「私的・公的な自治活動をなしうる自発的人間型」である。それは、「かつての歴史実在から切断されて、政治理念としての普遍エートスを意味」するものとなった。つまり、「市民的人間型は、歴史的には以上にみた系譜をもつ特定文化圏の身分エートスとして形成されたが、今日では大衆民主主義という前提のもとでの普遍性をもつ市民的人間型を意味する」のである。

話をもどして、これまでの歴史のなかで、市民エートスとして考えられてきたのは、Ⅰ経済的自立性と、Ⅱ政治的自発性、とを前提とする、(a)教養と余暇による自治能力の拡大、(b)自由・平等という生活感情の醸成、という「市民感覚の形成」であった。この市民感覚の形成こそが、市民の徳性であった。

とすれば、現代における市民の徳性は、「工業化・民主化の展開によるプロレタリア化した人口層の生活水準の上昇、ついで都市型生活様式の展開にともなう情報選択の増大や余暇活動の拡大によってはじめて可能となる」ものである。

## 市民の自由と自発性

つぎに、市民の自発性のとりでとしての市民の自由について考えてみよう。松下はつぎのように考える。

Ⅰ　権力からの自由
(a)個人の政治空間を一定のルールによって外的抑圧から保障し（法治原理）
(b)この政治空間における個人の自治を実現し（個人自治）
(c)この政治空間が侵されたときには個人が抵抗しうる権利を留保する（抵抗権）

Ⅱ　権力への自由
政治空間の保障の政治的制度化への参加（参政権）

そして、このような市民の自由を実現するためには、次の三つの課題がある。
(1)文化水準の上昇による批判・参画の増大
(2)地域・職域における自治の拡大
(3)政策・政党の選択への参加

ここで留意すべきは、自由の市民戦略として、工業化の進展のなかで、市民感覚と専門訓練をいかに均衡させるか、という問題である。「工業化の拡大は、資本主義・社会主義を問わず、（中略）個々の生産技術・生活技術から経済計画・軍事戦略にいたるまでの専門訓練の尖鋭化が専門集団の官僚機構化をともなうため、市民感覚を培養する市民的政治訓練が、日常レベル、政治レベルで不可欠となるところにある。このためには、とくにマスコミの情報内容の改善、自治体あるいは市民団体などへの直接参加が重要となろう」。

この意味で、「市民的人間型の形成ないしその理論化は現代民主主義の中心課題」である。「というのは現代における人間の可能性は、全能のファウスト的人間型あるいは全体感覚に陶酔するロマン的人間型の追求ではなく、専門化しながらも、またそれゆえに逆に、市民良識の普遍性をもった市民的人間型の追求として、はじめて現実の要請となりうるからである。／市民的人間型は人間の現代的可能性として設定される」。

つぎに松下は、労働者階級と「市民」の問題を検討する。すでに「人口のプロレタリア化」についてふれたが、ここで明らかにしなければならないのは、労働者階級の存在形態が、「一九世紀的・後進国的条件と二〇世紀的・先進国的条件」とでは、異なっていることだ。

この二〇世紀的・先進国的条件は、労働者階級の市民的自発性の前提となるので、それを制度的に保障する「いわゆる形式民主主義」の確保が、社会主義運動にとって課題となる。かつて「ブルジョア民主主義」として軽視された形式民主主義は、「民主主義の形骸化によるファシズム化の危機を絶えず内包している今日」、形式的であるゆえに重視された結果、先進資本主義国の社会主義運動においては、「一般民主主義」論の展開につながった。

つまり、今日、「階級意識」は、そのバネを貧困から自発性へと変えつつある、ということだ。とすれば、政治指導と理論構成は変化しなければならない。さらに量的に拡大した労働者階級は、資本主義体制の内部において市民的自発性を発揮することができるようになった。しかし、労働者階級の存在形態の変化は、一方で労働運動の非革命性をもたらすものでもある。ここから階級指導と市民感覚の緊張が生じる。

したがって、現代先進国における革命論争の焦点として、「階級指導と市民感覚の緊張すなわち社会主義指導による労働者階級の市民的自発性の喚起を、具体的に政治過程のなかでいかに解決していくか」という問題が浮上する、と松下はいう。

つづいて松下は、本論稿が発表された頃の日本の政治状況について、以下のように書いた。「たしかに、市民的伝統と民主的象徴が脆弱な日本では、ムラ状況の受動性は今日も温存・再編されている。また雪崩のごとき高度成長による階層変動とあいまって、マス状況のマイナス要因を肥大させている。にもかかわらず、私生活の自由、ついで生活価値の多様化、情報の複数化による政治選択のチャンス増大が、新憲法による制度保障を前提に、市民的自発性を大衆規模で醸成する条件を成熟させてきた。／こうした条件のうえに、〈警職法〉・〈安保〉をめぐる国民運動が拡大したのである」。

こうした政治参加は、「デートもできない警職法」という言葉に象徴されるように、私生活擁護、議会政治擁護という市民的政治公準を起点としていた。さらに六〇年代になると、市民参加を自覚的にかかげた地域市民運動や、べ平連をはじめとする国際市民運動が群生する。

しかし、ここで問題なのは、「闘う労働者」と「自発的市民」という二つのイメージの分裂であった。もちろん、前者は既成組織による組織性を強調したイメージであり、後者は市民主義の自発性を強調したイメージである。ただ、二つのイメージの分裂がなぜ尖鋭化したかは、慎重に検討する必要がある。

その主たる要因としては、第三章でみたような、日本の既成組織の体質によるものである。つまり「労働者階級＝労働組合＝職場闘争という、いわば企業内闘争が支配的となり、今日の労働者階級が地域ないし自治体レベルでもちうる多様な市民運動・市民組織の否定ないし無視をうみだしている」からだ。

ところで、この「闘う労働者」と「自発的市民」との双方で欠落しているものこそ、自治体レベルでの政治参加である。これなくしては、「国レベルの制度民主主義は土台のない楼閣にすぎない」。「この自治体レベルの市民運動を組織しえないかぎり、日本における市民は街頭を流れる表層的モダニズムにとどまるであろう」。

そして松下は、自治体レベルでの政治参加にとって今日重要なのは、主婦層であるという。生活問題が集中する主婦層、また生活形態の変化や家電の普及などによって家事労働の負担の軽くなった主婦層、が市民運動に参加するとき、日本の民主主義は新しい展望をもちうる、と松下はいう。同時に、「日本の市民運動の可能性として自治体問題を強調することは、日本の政治体質、ことに革新運動の政治体質を転換する戦略環がここにあるから」だともいう。

最後に松下は、つぎのように書いて本論稿をしめくくった。「今日、市民を問題とすることは、資本主義・大衆社会の二重の疎外過程の内部で、市民の古典的原型を再生する〈現代〉という条件を検討することである。市民の伝統を形成しえていない、そして市民という言葉すらなじまない日本では、過去の再生ではなく、未来にむけての再生である。市民は、たしかに欧米的形象であるが、今日、工業を背景とする民主主義の普遍的精神となってきた。のみならず、市民は人間の現代的可能性として位置づけることによってはじめて、その意義を理解しうるものとなろう」。

## 2　婦人問題への着目

### 新しい「婦人理論」の必要

前節でみたように、一九六〇年代のはじめから、松下は婦人問題の重要性に着目していた。一〇年間にわたって続けられた「現代婦人問題研究会」の成果を総括する意味で、松下は編者となって『現代婦人問題入門』（日本評論社、一九七〇年）を上梓した。

そこでは、「戦後二五年をへて工業社会的問題状況が成熟したこんにち、従来の封建対近代という図式の近代主義婦人理論と労組婦人部中心的な社会主義婦人理論の双方の問題点があきらかになってきたため、いかなる政治的観点にたつにせよ新しい婦人理論が必要とされている」（松下・「はしがき」）という問題意識のもとに、一一人の女性執筆者がさまざまなテーマで論稿をまとめている。

序章にあたる第一章で松下は、総論として「婦人問題の現代的構造」を書いているが、それはあとでみることにしよう。第二章「歴史からみた女性」（もろさわようこ）以下、「教育と女性」「家庭と女性」「職業と女性」と概説的な論稿がならび、それらをうけて「都市・公害と女性」「余暇と女性」「労働婦人の問題点」「農家婦人の問題点」「小企業婦人の問題点」「婦人の法律問題」「婦人の政治参加」と個別のテーマがつづく。

概論的な論稿では、当該問題の歴史的展開と現状の分析、今後の展望が論じられている。それらは、当時の婦人問題を知るうえで貴重なデータを満載していて重要であるが、興味深いのは、個別テーマを分析している論稿にみられる、婦人問題にかかわるさまざまな現象の紹介と分析である。

以下、それらを順次紹介していくことにしよう。

まず、「都市・公害と女性」（井手文子）から。かつて農村社会では、家庭の機能は生産・消費・生殖の三つからなっていた。ところが工業社会になって、生産は企業がおこなうものになり、消費と生殖も社会化し相貌を変えつつある。こうした家庭機能の変化は、家庭自身を解体の危機にさらすことになる。夫婦、親子の関係はかつてとはまったく異なったものになった。家族の解体につづいて地域社会の解体がおこる。「もともとわが国には「地域社会」は、地縁共同体が崩壊していらいなかったといっていい。地域住民は中央政府の垂直の統治のもとにくらしてきた。戦後、新憲法のもとに地方自治は大幅にひろがったようにみえたが、実際はいわゆる三割自治にとどまるにすぎなく、しかも自治体行政の官僚化や集権化はすすんで、自治は遠くなろうとしている」。

こうした状況にたいして、井手は「自治を原理にした地域社会の再生から出発しなければならない」という。そしてつぎのように書いた。「このなかで女性の役割りは決して小さくない。家庭の管理者としての女性はとくに地域社会の再生に大きい役割りを果たすと思われる。またいわゆる婦人運動の目標のほとんどが、地域自治体を窓口にしていることも、都市問題と女性とのむすびつきの深さをあらわしているといえよう。当面自治体への革新勢力の拡大のために、女性市民の政治への進出をはかることが緊急であろう」。

「余暇と女性」（和田静子）では、余暇活動を休息、気晴らし、創造の三段階に分けるとすれば、日本の現状は気晴らしの段階だという。たとえば、新しく出現したレジャー活動の大半は気晴らしだ。が、創造活動への芽ばえもみられる、という。「創造活動は基礎的な教育や訓練、多額の支出、長い時間などを必要とする点から考えて、一般化するには時間がかかるだろう。稽古ごとにはげむ子どもたちが大人になるころの日本では余暇活動の水準の変化が期待できるのではないだろうか。水準の変化にはやはり一世代の年月が必要であろう」。

しかし、中高年齢の家庭婦人の創造活動には、注目すべきものがある。新日本文学会が主催する日本文学学校では、昼間部の場合九九％が主婦によって占められている（一九六九年、毎日新聞記事）。このような小規模の主婦勉強グループは、「一九六四年が一二三であったが、一九六八年までの四年間で四二九と約四倍ちかい増加ぶり」（東京都教育委員会の調査）である。という次第で、和田はつぎのように書いた。

戦後新憲法感覚が定着しようやく本格的な民主主義の時代が日本にはじまろうとしている。私たちが政治について考え、行動するための「余暇と教養」、さらに経済的余裕をもたなければ、民主主義政治の物理的条件はととのわない。いわば民主主義が可能になるためには一般大衆がヒマとアタマとカネをもつ必要がある。こんにちようやくそれらの条件が満たされる時代にさしかかった。自由民権運動や多くの人民の権利要求の運動は、十分な条件のととのわない困難な時代に高く掲げられた理想の灯であった。私たちは過去の困難なたたかいを支えた精神と、生産力の上昇の結果もたらされた物理的諸条件のうえにたって新しい民主主義の基盤を拡充しなければならないだろう。

「農家婦人の問題点」（橋本玲子）は、急速に変化する農家婦人の様相と問題点を明らかにしたうえで、次のように書いている。「農業でも、マイクロバスに乗せられていく工場でも、農家婦人の果たしている役割りは大きく重い。この重い現実のなかで、母として妻として人間としての彼女たちの生活は、あるいは歪められあるいは傷つけられている側面があることは否定できない。しかし、この歪められている現実を正し、よりゆたかでたくましい主婦として生産労働者としての生活の内実をつくりあげていく方向が、芽が、主婦たちのなかにいきいきと育ってきていることも疑いえない。さまざまなかたちの主婦たちのサークルや勉強会が、いまほど熱心にもたれ、主婦たちの学習意欲がいまほど真けんだったことはないからである」。

最後に「婦人の政治参加」（石田玲子）から。「婦人をめぐる戦後状況の劇的ともいえるこの変化に、戦前からの婦人運動の指導者たちが、的確に反応したとはいいがたい」。「……すでに政治的権利の主体者となった戦後の婦人に対して、外からの政治的啓蒙を説くという戦前の婦人運動的姿勢から脱却することができなかった。／そのなかにあって、ひとり宮本百合子は、婦人自身の主体的意欲に依拠して、組織という方法によって、婦人がみずからの手で自分自身を解放する力量をつくりだすことを訴えた」。

つづけて石田はつぎのように書いた。

ひと握りの婦人代議士が選出されることよりも、「多数の積極的な婦人が自分たちの住む市、自分たちの暮している町や村で、直接身ぢかなところより政治の自主化、民主化に着手していくこと」に参加する「公民権」を婦人が得たことこそ、婦人の政治参加にとって重要であることを百合子は強調してやまなかった。このことばのなかに、戦後二〇年の婦人の政治参加へのみちすじが、予見的に語られていることは興味深い。

さらに石田は、このような自発的集団がどのように形成されるかを、「草の実会」に例をとって明らかにした。この会は、朝日新聞の婦人投稿欄〝ひととき〟の投稿者と読者によってつくられた会である。その形成の過程はユニークで、自発性を維持するさまざまな工夫とルールを含めて興味深いものだが、紹介している余裕がない。

石田はこの会のもつ意味をつぎのようにまとめた。「国民の政治参加が、集団化、組織化の過程を不可避的なものとし、しかもその集団化、組織化の進行が、一方において個人の自発性、組織の民主主義的手続を空洞化する傾向を生み、組織の内部に人間疎外と組織不信、機能麻痺をすら生みだしつつある現在、「草の実」の歩みが示した集団の民主主義の再生産の場としての機能は、市民の直接政治参加への一つの可能性の展望を示すものといえないだろうか」。

くわえて石田は、一九六〇年以降数年つづいた「都民協」（高校増設、すしづめ解消都民対策協議会）の活動、都議会リコール署名、刷新都議会選挙、美濃部都知事選挙といった一連の婦人市民運動を分析する。そして最後につぎのようにまとめたのであった。

「草の実」という小さな集団のなかで、いわば実験的に培養されてきた集団形成の原理（中略）が都民協では、大きな運動の原理として、現実にたくさんの婦人を組織し、「高校増設」という具体的成果をあげ、メンバーの主催者意識を育ててつぎの政治参加へのバネとなったことは、その現実的効果の実証として大きな意味をもっている。

しかもこの原理が、婦人の集団、婦人を中心とする運動のなかで模索され、つくりあげられてきたことは、婦人の主体的な政治参加の力量を示すものといえよう。それは婦人の運動の原理であることにとどまらず、政治を職業としない市民が、自治体や国の政治に対し直接発言し、参加してゆく市民運動の論理としての普遍性をもつといえよう。

さきに、松下の序論にあたる論稿はあとで言及すると書いた。しかしその必要はなさそうだ。いままでみてきた婦人たちの論稿の紹介のうちに、松下の論稿内容のほとんどが含まれているから。つまり、一〇年間にわたる研究会は、メンバーたちにも松下にも、大きな蓄積をのこした、といえるのではないだろうか。

## 3　市民参加、職員参加

### 集権的権威との対決

一九七一年、松下は編著『市民参加』（東洋経済新報社）を上梓した。のちに松下は、「この『市民参加』は、当時私自身もこの激流のなかにいたのだが、革新自治体を群生させて、「市民革命」といわれるほどの市民運動の激発をめぐって、状況を総括した最初の本となった」といっている（『昭和後期の争点と政治』木鐸社、二〇〇〇年）。まさにタイムリーな出版だった。第七回吉野作造賞を受賞している。編著書が受賞するのは珍らしいと思う。

松下は『市民参加』のまえがきで、この本の意図をつぎのように書いている。「テクノロジーの巨大化をみる成熟した工業社会においては、大規模単位の体制民主主義は、小規模単位の原始民主主義としての市民参加の積分化としてはじめて活力をもちうるのである。直接民主主義と間接民主主義との連関すなわち分節民主主義の位置をここに設定しなければならない。しかも、それは自治体において具体的な方法的原型をもちうるであろう。（中略）／この原型の形成にあたって、市民参加は二極機能をはらんでいることを注目したい。すなわち、政治にたいする告発と参画という二極機能である。それは政治の出発点にある〈個人〉の批判性と創意性が市民参加の二極機能となって展開されていくからにほかならない。」

さらに松下は、「ことに日本においては、市民参加は、明治以来の、否、織豊以来、歴史的につちかわれてきた集権的権威との対決、したがって私たち内部の自発性喪失にたいする自己克服を意味している。それゆえ市民参加は、私たち個人の市民的人間型の形成を不可欠の前提としており、一日にしては開花しないながいながいそのための期間を想定せざるをえないであろう。市民参加の〈方法〉模索は今日はじまったばかりなのである」と書いたのだった。

第一部では、全国の八つの地域からの報告が集められた。そのなかには、横浜の飛鳥田一雄市長の、革新市長会や一万人市民集会にも言及した、自らの体験と発想の記録も含まれている。

第二部は、松下の論稿「市民参加とその歴史的可能性」である。

第三部は、二つのシンポジウムからなる。(I)市民と自治体、(II)市民とは何か、である。両方とも司会は松下がつとめているが、(I)は自治体の現場で活躍する四人がパネラーで、(II)は松本三之介、小松茂夫、木村尚三郎の三人の学者によるものだ。

興味深いのは(I)のほうで、参加メンバーがこもごも自分のかかえる問題を出しあっている。その一つにコメントした松下の発言のなかに、自治体職員の三面性（このシンポジウムでは三重性といっている）への言及があることを記憶しておこう。

さきにあげた『昭和後期の争点と政治』あとがきで松下は、『市民参加』、とりわけ自らの論稿について、「市民への幻想ではあるまいかという批判がみられたが、弥生以来の二〇〇〇年つづく農村型社会の発想から、今日の都市型社会への発想に「飛躍」するには、市民の〈可能性〉の提起は不可欠であり、誰かがなさなければならなかった作業である」と書いた。胸にひびく言葉だ。

**職員参加の理論構成**

それから九年後の一九八〇年、松下はこれまた編著の『職員参加』（学陽書房）を出した。この本は、東京多摩地区の市の職員が行っていた研究会に、松下が「途中から呼びだされて、手伝いをした」（はしがき）ことから生まれた。

全体は五章で構成されている。一～三章は、職員参加の必然性と可能性、職員参加の実態、職員参加の問題点、についてそれぞれ複数の自治体職員が論じている（第二章のみは単独執筆）。第四章は、同じメンバーによる座談会「職員参加の方向を探る」で、第五章が松下の論稿「職員参加の意義と理論構成」である。

職員が執筆した論稿は、いずれも現場で苦労している立場からの立論なので、それぞれに興味深い。とりわけ第四章の座談会では、自治体職員としてのホンネが表現されているので、貴重なものだと思う。しかし、松下もいうように、「職員参加」という名の動きの実態は、「職務参加」と未分化なものが多く（はしがき）、問題は残る。そうした実情のもとで、職員参加の理論構成を試みたのが、松下の論稿であった。

以下、松下の論稿の要点だけを紹介しよう。

まず、職員参加は、「声はすれども姿はみえず」といわれるように、市民参加以上の難しさがつきまとう、という。それは何よりも自治体職員の、公務員、労働者そして市民という三面性から生じるものだ。

さらに、職員の理論的位置づけの明確化が必要となる。すでに何回もみているように、政府は市民の信託によって成立するのだから、「〔自治体〕職員の「制度的」雇用権者は首長であるが、「政治的」雇用権者は全体としての市民となる」。

また、市民参加が市民自治の制度手続であることから、市民参加は「首長・議会という代表機構の「補完」ではなく、この代表機構の「土台」である」。とすれば、「職員参加は市民参加つまり市民主権の「土台」のうえにはじめて成立する」ものといわなければならない。

つぎに、「自治体における市民参加はまさに市民自治による自治体の市民管理を指向する」ものであることから、「自治体の代行機構としての職員機構の課題」は以下の五つとなる。

Ⅰ政治争点の整理・公開
Ⅱ行政情報の整理・公開
Ⅲ個別施策・全体計画の策定への参加
Ⅳ全体計画・個別施策の実現への参加
Ⅴ行政手続の確定・執行

いうまでもなく、従来はⅤこそ職員の課題とされてきた。しかも、国の法令の執行というかたちで。しかし今日、市民主権を土台にして、Ⅰ～Ⅳの領域こそが、課題とされなければならない。当然、Ⅴについても、市民主権を土台とした職員の創意と専門性によって、その執行のかたちは変ってくるはずである。

それでは「職員参加」と「職務参加」をどう明確に区別するか。「職員参加は自治体全体への展望をもつ参加であり、職務参加は職場中心の参加である」。これまで、ともすれば両者が同一視されがちであったが、そうするとつぎのような問題が生じる。「職務参加をすればするほど、自治体機構内の各セクションの個別職務の絶対視がおこり、職場要求が肥大する」、つまり「先端肥大症的症状が激化する」。

しかも、この職務要求は、国の省庁のタテ割行政を反映した対立へとすすむ。たとえば、保育園↓厚生省、幼稚園↓文部省、コミュニティ・センタ↓自治省、公民館↓文部省といった具合に。

「自治体の先端肥大症は、国のレベルにおける中央分裂症とむすびついている」のである。

さらに松下は、「自治体・国の財源構造問題、それに、市民の高負担問題、職員の老齢化問題という三重の論点」を提起する。ここから、「市民参加を土台とし、職員参加によっても内部調整される自治体計画（全体計画）の策定が急務となってくる」。

つぎに「職務参加をつつみこむかたちでの職員参加の制度化」にとりくむ必要があるとして、職員参加には以下の三点が重要だという。第一は、「地域を市民として歩くチャンスを拡大すること」である。第二は、「その自治体をめぐる行政情報（争点情報・政策情報・制度情報とくに政策情報）の整理・公開である」。とくに武蔵野方式をモデルとするような『地域生活環境指標』、つまり誰でもわかる指標地図の作製がもとめられる。というのは、それによって自治体内での地域間格差や施策間格差がうかびあがるからだ。第三は、「定期配転のルール化と一般研修の強化である」。

そして職員参加の帰着点は、さきにあげたⅢ・Ⅳの自治体計画の策定・実現つまり争点の調整・解決である、という。個別施策の立案には、プロジェクト・チーム方式が不可欠とされるが、全体計画策定では「プロジェクト・チーム方式をこえたシクミ」が創出されなければならない。

もちろん、「自治体計画は、シビル・ミニマムの設定なくして論理的には不可能である」。それは、「市民間、職員間の対立を調整しながら計画に科学性と公平性を保証する」ものだからだ。

こうして松下は結論的につぎのようにいう。「立案段階、それに実現段階においても、職員参加が要求され、職務参加はこの職員参加の推力として位置づけられる」。しかし従来のようなセクショナリズムにおちいりがちの職務参加ではなく、「職員参加につつみこまれるかたちで職務参加を基軸にすえ」ることが必要だ。「とくに、この職務参加では、日本では稟議制度との関係もあって、トップ層だけでなく、ラインの中間管理層の発想の転換にもとづくリーダーシップがその成否のカギとなっている」。

ここで、職員参加の制度化をめぐって留意すべきは、つぎの二点である。⑴職員機構の規模と、⑵地域の権力構造である。この⑴⑵に対応した創意ある職員参加システムの造出こそが望まれているのだ。

以上、『職員参加』の内容をみてきた。ここでみえてくるのは、松下がいかに自治体機構の細部まで、また職員の微妙な心理について、精通しているか、ということだ。「ほぼ七〇歳ごろまで、全国のおおくの地域あるいは自治体を機会あるごとに毎週のように訪れてきた」（『自治体改革＊歴史と対話』〔補論〕）松下以外の誰が、右のような発言をすることができるだろうか。私は驚きとともに、深い尊敬の念をいだかずにはいられない。

## 4　市民文化の可能性

### 行政に文化はつくれない

松下は、一九七九年一〇月三〇日の朝日新聞「論壇時評」で、当時主として県レベルで話題となっていた「文化行政」の模索に着目して、つぎのように書いた（『市民自治の政策構想』朝日新聞社、一九八〇年）。「では、どうして、現在、ことあたらしく文化行政が問題になるのか。それは、これまで、あまりにも行政の文化水準が低すぎたためである。この文化水準の低さは、国の通達・マニュアル至上主義による行政の官治・集権・画一性によって、自治体が、市民主体の、しかも地域特性をいかす行政スタイルを創出できなかったことからくる」。

つづけて、「文化行政は、行政の文化水準がたかまればその役割が終わるという過渡的な性格をもつ。（中略）したがって、この文化行政は、過渡的性格をもつがゆえに、現時点では戦略的に重要かつ緊急なのである」とも書いた（同右）。

その二年後の一九八一年、松下は森啓との共編著『文化行政――行政の自己革新』（学陽書房）を出した。それは、一九七九年一一月に「第一回全国文化行政シンポジウム」が開かれ、三三の市町村、四三の都道府県が参加したことをきっかけに、全国各地の自治体で文化行政担当のセクションが設置され、文化行政のあり方が問われるようになったことに対応している。

その巻頭論文「自治の可能性と文化」で松下はつぎのように書いた。

> 文化行政は、行政体質全域の転換にかかわっている。建設行政、福祉行政、教育行政などというようなタテ割の個別行政としては成立しえない文化行政とは、行政の文化化というかたちで行政体質を革新するためのヨコ割の戦略行政である。したがって第二企画・調整という性格をもつ。
>
> コミュニティにおけるシビル・ミニマムの空間システム化をめぐって、基礎自治体、広域自

治体、国をつらぬく既成行政の改革、それにミニマムをめぐる施策のスタイルの転換こそが文化行政の課題である。これが核心なのである。コミュニティにおけるシビル・ミニマムの整備をめざす日常行政のあり方のくみかえ、つまり行政の既成スタイルの転換、ついで制度・政策改革、それにともなう行政の文化水準の上昇こそが、ヨコ割の文化行政の直接の課題となるのである。

とすれば、文化行政の推進のためには、(1)市民コミュニケーションの増幅、(2)地域空間計画の構想、(3)行政の技術革新、が必要になる。これらは自治体本来の課題である。文化行政は、「行政の文化化」だといわれる所以はここにこそあるのだ。

これらの課題は三つの作業を要請する。(1)文化アセスメントの推進、(2)討論ヒロバの設定、(3)デザイン・ポリシーの確立、である。

この三つの作業についていては、松下は田村明との対談「市民文化と行政の文化化」でも言及している（『都市文化をデザインする――松下圭一対談集』有斐閣、一九八四年）。この対談のなかで、松下がつぎのようにいっているのは、興味深いことだ。「私は、文化行政といった場合、行政の文化化は必要だけれど、行政が文化を創れるかというと、創れないといいたい。というのは、文化はやはり日常の市民生活の中で生まれてくるわけで、文化行政は、どこまでいっても条件づくりしかできない」。「たしかに公害行政は法律というかたちで全国基準が必要ですが、文化行政を進めるにあたっては絶対に国に法律化させないという方向が必要だと思う」。

## 政治概念としての市民文化

一九八五年に松下は、「現代都市政策叢書」の一冊として、『市民文化は可能か』(岩波書店)を上梓した。この叢書は『岩波講座 現代都市政策』をうけて、さらに問題をしぼって一二名の著者に執筆を依頼したものである。企画自体は一九七四年につくられていたので、松下の著作の刊行までに、ほぼ一〇年かかったことになる。それは、松下自身いうように、「問題状況の成熟のみきわめが必要だったから」(はしがき)だ。つまり、シビル・ミニマムの一応の定着と文化行政にかかわる議論の沸騰を確認したうえでの出版だった。松下はこの本で、市民文化とその可能性について、周到な理論化をおこなった。

松下はこの本のはしがきで、つぎのようにいう。「市民文化とは何か、という問いをめぐって、私は、かつての自由・平等あるいは民主政治、それに自治体改革につづく期待概念であると位置づけたい」。「市民文化は、文化概念というよりも政治概念である。市民文化の成熟の可能性は、政治・行政の革新と相関している。政治・行政を、自治・共和型に変えていく市民活動が市民文化をうみだしていく」。「今日の市民文化への問いは、公害をのぞけばシビル・ミニマムの量整備をやがて終えるであろうという転機にたって、シビル・ミニマムの量から質への飛躍をめぐる問いとみなければならない。シビル・ミニマムの質をめぐって、あらためて、日本の市民、さらに都市の可能性が問われているのである」。

本論に入って、松下はまず第一章で、市民文化は可能か、を問う。期待概念としての市民文化の提起には、市民運動の系譜と自治体の系譜という二つの系譜があった。前者では、「シビル・ミニマムの量の整備から質の整備へと発想のレベルを一段飛躍させ、行政ないし施策のみすぼらしい文化水準を問うようになった」。

後者、つまり自治体の系譜では、市民文化は一九六〇年代から自治体計画の中心概念であったが、近年の「文化行政」という問題設定によって、その位置づけは一変した。それは、⑴行政の文化化、⑵市民文化の条件整備を意味するものになったのだ。その結果、「市民運動の系譜と自治体の系譜とが重なりあって、市民文化が焦点となってきた」。

しかし、日本の政治イメージは、古代以来のお上《かみ》崇拝つまり官治イメージである。「戦前のオカミ崇拝は現人神への無償の忠誠であったが」、戦後のそれは議員や官庁による「問題解決」と「利益配分」へと変ったにすぎない。とすれば、市民文化は、「日本文化がもつ政治イメージ、あるいは日本文化の政治特性との関連で」、問われなければならない。

今日、市民文化は、近代化の国家統治型政治統合による第一段階から、市民自治型政治統合の第二段階への移行、という変化との関連で問われている。それは、「工業化＝民主化という現代文明の普遍原理にもとづく普遍的な問い」に他ならないのである。

このあと、第二章から第五章まで、さまざまな問題が論じられる。が、内容的にはすでにみたことと重なるところが多いので省略し、第六章「市民文化の成熟へ」をみることにしたい。

第六章はつぎのように書き出されている。「市民文化は、それ自体として成熟するのではない。市民文化は日本文化の市民文化化として成熟しうるのみである。／市民自身がその考え方を変えながら（第三章）、さしあたり市民に身近な自治体レベルの政治において情報公開、行政革新、計画策定（第五章）にとりくみ、緑ゆたかな風格美をもつ都市をつくりあげていく過程（第四章）で、日本における市民文化の成熟がありうる。市民文化とは文化概念というよりも政治概念なのである」。

さて、都市型社会における市民の文化活動の条件は、⑴飢餓条件からの脱却、⑵教養・余暇の増大、⑶自治・共和イメージの定着の開始、の三点である。また、「日本の文化状況の分権化・国際化が想定以上の急速度ですすんでいる」。「日本の文化は、そのうえ、国際的に例をみないほどの平準化をみつつある。〈分権化・国際化〉とともに、この〈平準化〉が、日本の市民文化の成熟へのテコとみたい」。

こうした状況を確認したうえで、松下は論点を明確にするために、日本の特異な社会教育行政を検討する。というのは、「この社会教育行政の存在そのものが、日本における市民文化の成熟に決定的阻害要因をなす」と松下は考えるからだ。

社会教育行政は、市民文化活動のなかのごく限られた領域にかかわるにすぎない。くわえて、『社会教育法』でいう社会教育「事業」をおこなう公民館」は、もはや「明確な課題意識をもって「事業」をくみえなくなっている」のだ。戦後、公民館は社会教育行政の中枢をなすものであった。しかし、⑴今日、都市型社会に移行した結果、存在理由がなくなり、⑵他の省庁系列の各種タテ割会館やコミュニティ・センターの並存状況のなかで、その位置が問いなおされ、⑶誰が管理・運営の主体であるかも明らかでなくなりつつある、ことからして、その存続は問い直されなければならなくなっている。

とすれば、「「事業」施設としての公民館は、文部省タテ割から解放し、ひろく市民の「集会」施設としての地域センターにきりかえるべきではないか」と松下はいう。「また公民館を中心とする従来の社会教育行政の廃止にともない、新たに各自治体の首長部局に自治体政策研究所を設置すべき」ともいう。

さらに、市民文化活動に行政が直接寄与しうるものとして、⑴文化アセスメントの推進、⑵市民討論の提起、⑶市民施設の適正配置、が考えられると、松下は主張する。⑶のなかには、「人口一万ぐらいを単位とした市民設計・市民管理・市民運営の小型館としての地域センターの配置」も含まれる。

## 市民文化の自律と水準

このような『市民文化は可能か』での問題提起は、翌一九八六年に、『社会教育の終焉』（筑摩書房）でさらに鋭く追求された。そこでは、「なぜ、日本で、〈社会教育〉の名によって、成人市民が行政による教育の対象となるのか、という問題」にはじまり、「一九六〇年代にできた「生涯教育」という言葉の導入とあいまって、成人市民は、生涯、日本の文脈では、行政による教育対象にとどまることが想定されることになった」。が、それは「日本の国民ないし成人市民が永遠に政治主体として未熟であることが想定されているから」ではないか、という問題意識につながったのであった。結論は、「社会教育行政は国民の市民性の未熟のうえにのみなりたつにすぎない」という厳しいものであった。

松下はこの本のあとがきで、つぎのように書いている。「本書は『市民文化は可能か』につづいて執筆をすすめ、その各論という位置をもつ。ここでのべた社会教育行政をめぐる私の考え方の骨格は、一九六〇年代から漸次かたちづくられ、高度成長の真只中の一九七〇年代前期にはまとまりはじめ、研究会や講演、対談でものべているので、すでに社会教育行政関係者にはよく知られたものとなっている。／本書の標題は、『社会教育の終焉』としたが、これは社会教育から市民文化への〈進歩〉を論ずることを意図したためではない。社会教育行政による日本の〈進歩〉という進歩型発想への批判を、本書は主題としている」。

そういえば、さきにみた『都市文化をデザインする――松下圭一対談集』に収録されている、教育学者・小川利夫との対談「市民文化の可能性と社会教育」（一九八〇年）でも、社会教育行政をめぐる意見の相違は、はっきりとでていた。

つづけて松下は書いた。「……本書は、『教育勅語』の教育イメージの戦後形態をめぐって、「書かなければならなかった」のである。つまり、理論における国家統治から市民自治への転換には、社会教育から市民文化への転換がともなうはずだからである」。

『社会教育の終焉』は、かつて『市民自治の憲法理論』があたえたと同様な大きな衝撃を、社会教育関係者にあたえた。出版時に八刷を重ねたという（同書、新版、公人の友社、二〇〇三年）。この本が刊行されて二年後、一九八八年に、文部省は社会教育局を生涯学習局に変えたのであった。

二〇〇〇年代に入って松下は、西尾勝、新藤宗幸とともに『岩波講座 自治体の構想』（全五巻）を編集した。第五巻『自治』の巻頭論文「市民文化の可能性と自治」を松下は書いている。本文の内容を紹介する余裕はないが、注に書かれた以下の文章をみておこう。「市民文化は市民自治・市民共和という政治文脈をもつ文化のスタイルである。それは思考の型であるだけでなく、公共空間の景観ないし構造として「見える」。とくに都市は市民文化の空間システム化である。日本の地域のみすぼらしさは市民文化の未熟、とくに官治・集権型だった省庁・自治体の文化水準・政策水準の貧しさからくる」。

翌二〇〇三年に、松下はブックレット『市民文化と自治体文化戦略』(公人の友社。なおこのブックレットは「文化の座標軸と政治文脈」とタイトルを変え、右の講座論文とともに『転型期日本の政治と文化』岩波書店、二〇〇五年に収録されている)をだした。このなかで松下は、自らの問題意識についてつぎのように書いている。

　今日の自治体をめぐる市民の課題は、バブル期ついでデフレ期それぞれの財源ムダづかいという「宴のあと」を整理しながら、先進国型の文化戦略をいかに構築するかにある。もし今後に経済回復がすすむとしても、膨大な借金とともに、この市民課題は残るのである。
　この文化戦略の再編には、今日もつづく後・中進国型官治・集権の政治・行政、経済・企業、思想・理論を、市民活動を基軸に、自治・分権を特性とする先進国型、つまり都市型社会にふさわしく、いかに「再構築」するかが、基本の問いとなる。私の中心論点は、この《都市型社会》への移行をめぐって、市民文化の熟成、とくに文化のミエル地域づくりをめざした理論座標軸の設定にある。

都市型社会という新しい時代には、それゆえ、新しく《文化概念》の再定義が要請される。この再定義こそが市民による文化戦略の構成への起点となるはずである。

まず松下は、都市型社会の三文化形態として、「地域個性文化」「国民文化」「世界共通文化」を考えることからはじめる（図18、二四五頁参照）。そのうえで、市民文化の三政治文脈（図20）を考える。とりわけ、⑴自治文化、⑵公共文化、⑶寛容文化が重要である。

そのうえで、松下は、市民文化活動の自立とその水準について、左のように書いた。

**図20　市民文化の三政治文脈**

| | | | | |
|---|---|---|---|---|
| Ⅰ | 発想形態 | 官治文化 | 対 | 自治文化 |
| Ⅱ | 空間感覚 | 私文化 | 対 | 公共文化 |
| Ⅲ | 生活態度 | 同調文化 | 対 | 寛容文化 |

……財源緊迫の二〇〇〇年代では、ようやく、各自治体独自の〈地域文化戦略〉による、人材やハコモノなど既存政策資源の再活性化によるシビル・ミニマムの「質整備」に、自治体課題が変わるという確認が、あらためて必要となっていく。

つまり、自治・分権型の政治・行政による社会保障↓地域福祉再生、社会資本↓地域景観再生、社会保健↓地域環境再生、を基本発想とする微調整型の地域づくりの時代にはいっているのである。

……市民の文化水準は、地域のカタチつまり《景観》としてミエル。都市型社会では、まだ農村型社会だったかつての後・中進国段階で「夢」みた「進歩・発展」ではなく、あらためて地域生活における《市民自治・市民共和》を起点におく「成熟・洗練」が市民文化として問われることになる。

# 第七章　政策型思考と制度型思考

## 1　政策型思考とはなにか

### 雄大な構想

一九九一年一二月、松下は、大著『政策型思考と政治』（東京大学出版会）を私に送ってきた。私は一気に読了し、強い知的興奮にとらわれた。この本が、松下理論のこの時点での総決算であるということもあったが、それ以上に松下の構想力の雄大さを例証するものであったからだ。

おまけに、当時編集担当の役員をしていた私が、日常的に考えている出版の仕事と、松下のいう政策型思考とが、一致する点が多数あった。一例だけあげる。図21を見ていただきたい。これは当時、私が時折たのまれて編集の仕事について話していた内容そのまま、といっていい。ただ、私は船ではなく著者を飛行機にたとえて、編集者は地上でそれを狙って高射砲をどのように発射するか、という物騒なものだったが。というのは、私はこれをＮ・ウィーナーのサイバネティクスの理論から借用していたからである。

それはともかく、この「政治の現代文法書」（あとがき）ともいうべき『政策型思考と政治』が、どのような経過を辿って書かれるにいたったかを探ることにしよう。

松下によれば、政策型思考の重要性、緊急性に気づいたのは、一九六〇年前後の構造改革論争によってだったという。第三章でみたように、それは保革双方の既成理論にたいする両正面作戦であった。つまり、構造改革派は、階級闘争に代わる民主的多数派の結集をめざして、政策構想を提起したのである。

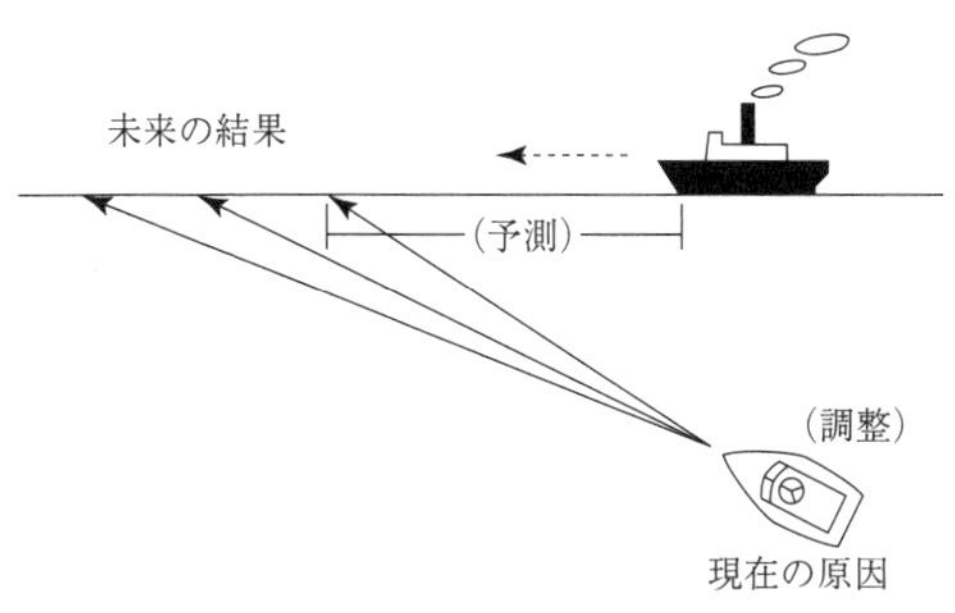

図 21　政策型思考の模型

こうした体験をふまえて松下は、一九六五年に「知的生産性の現代的課題」（『展望』七月号）、六七年に「都市科学の可能性と方法」（『世界』一一月号）という二つの論稿（いずれものちに『シビル・ミニマムの思想』に収録）を発表した。前者では、従来の日本の社会科学の不毛性を明らかにしたうえで、知的生産性をもつ現実科学としての政策科学と政策知識人の必要性を提起した。後者では都市を焦点に、政策科学としての都市科学を提唱している。

さらに一九六八年には、『現代政治学』で政策・計画の問題を中心に、政策科学を現代政治学のなかに主要テーマとして位置づけた（この時点まで、松下は「政策科学」を用いていたが、以後は「政策型思考」で一貫する〉。そして七〇年以降は、松下はこの政策型思考を主題として、大学の講義をおこなってきた。

それから二〇年の熟成をへて、『政策型思考と政治』が執筆されたのであった。また、この本が出版される一〇年前の五〇歳ぐらいから、松下は締切に追われるジャーナリズムでの発言を控えるようになっていた。松下自身いうように、「でなければ、本書を書くことはできなかったであろう」。

以下、『政策型思考と政治』の内容を、松下の『現代政治＊発想と回想』などの助けをかりながら、みることにしよう。

まず、第一章「政治・政策と市民」のなかから、本書の問題意識について書かれた文章を抜粋する。「農村型社会から都市型社会への移行によって、個々の個人と政治とのかかわり方は一変した」。「生活様式の〈都市化〉が公共政策による〈政治化〉をひきおこすのである。生活のあらゆる領域が、政策・制度のネットワークでくみたてられ、たえず政治争点となる。政治争点の日常化・全般化がおきるのである。／自治体、国、国際機構の各レベルでの公共政策による、市民の生活条件の制度整備、つまりシビル・ミニマム（市民生活基準）の公共保障が、都市型社会の《構造》として不可欠となったのである。農村型社会から都市型社会への移行とは、シビル・ミニマムの公共整備、つまり「共同体から政策・制度へ」だったのである」。

そしてつぎのように続ける。「この都市型社会では、生活条件の整備は〈共同体〉ではなく〈政策・制度〉を不可欠とするため、巨大政府をきずきあげる。結果として、軍事をふくむ政治が肥大し、政治化といわれる事態が進行したのである」。「そこでは、《政策》による《制度》の整備という公共政策をめぐって、たえず政治が発生してくる。争点の日常化・全般化がおきるのである」。

　こうした争点の日常化・全般化によって、(1)政治の多元化、(2)政治の重層化、がおこる。(1)では、「〈市民活動〉がひろくひろがるだけでなく、分業の深化・拡大にもとづく利害分化から〈団体・企業〉、ついで意見をめぐる党派対立から〈政党〉が、この公共政策の策定・執行に参入してくる」。(2)では、「政府は、自治体、国、国際機構各レベルに三分化する。同時に、政策基準も自治体法、国法、国際法に三分化していく」。

　この(1)(2)は政治の分節化でもある。「この分節化つまり多元化・重層化は、また、政治における市民参加のチャンスの多元化・重層化でもある」。「とすれば、政治は、天・神ついで君主はもちろん、国家という神秘観念とむすびつく聖性をうしなう。近代以降の国家観念を中核とする政治神学は、ここで崩壊する。イデオロギーの終焉とは、このことを意味している。国家観念を中核とする政治神学ないしイデオロギーは、日常の政策・制度をめぐる、組織・制御という市民の社会工学へとおきなおされる」。

**図22　思考類型の対比**

| 政策型 | 科学型 |
|---|---|
| 問題解決 | 問題解説 |
| 〈決定〉レベル | 〈情報〉レベル |
| 目的設定 | 目的自由 |
| 手段論理 | 因果論理 |
| 発明的 | 発見的 |
| 構想的 | 分析的 |
| 規範的 | 実証的 |
| 条件複合 | 条件純化 |
| 合意性 | 客観性 |
| 多面性 | 一般性 |
| 選択性 | 一義性 |
| Who・How | What |

　とすれば、必要とされるのは、いかに政策をつくるかという、きわめて実務的な問題である。しかし、従来の社会政策論や経済政策論は、個別政策についての歴史研究でしかなかった。それにたいして、松下は、『政策型思考と政治』において、日本ではじ

図23　政策循環の三角模型

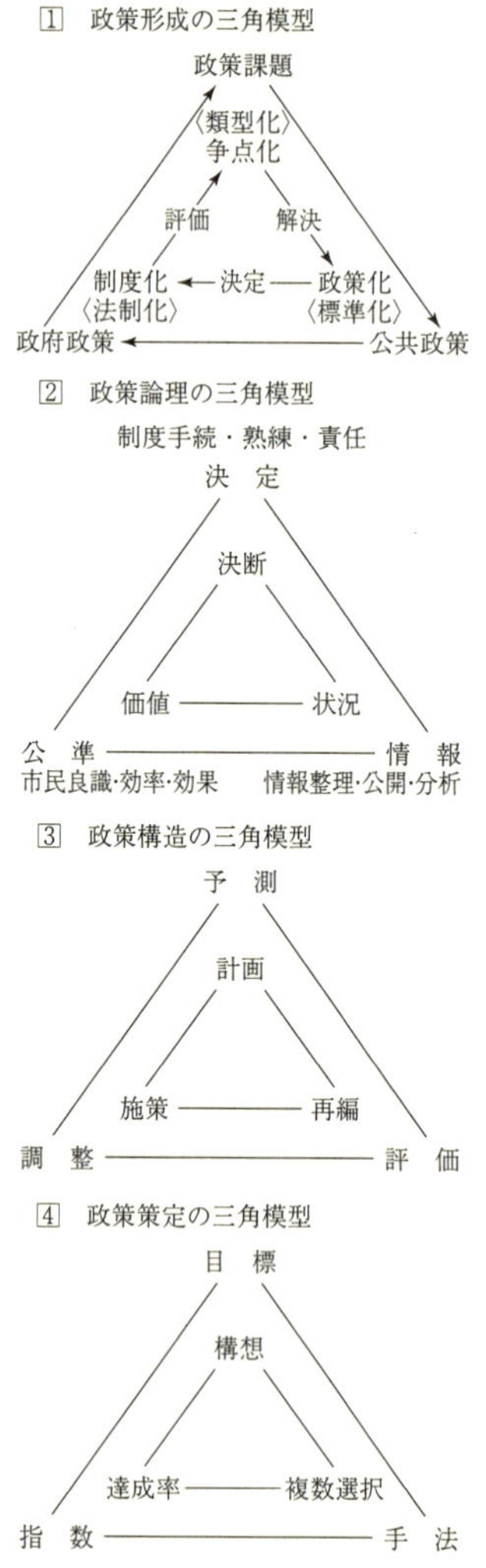


めて、政策型思考の《日常性》《実務性》《選択性》を提起したのであった（『現代政治＊発想と回想』）。

ここで留意しなければならないのは、政策型思考と科学とのちがいである。「政策型思考は、科学ではなく、芸術・工学に近く、「合意」をめぐるレトリックと同型なのである」（前頁図22）。換言すれば、「……政治はたえず「条件複合」する〈全体〉ですから、条件純化をふまえる数理モデルにはのらない。しかも不完全情報による〈予測・調整〉をめざし、動機も「状況」のなかでたえず複合する「決断」という、政治責任をともなった思考の緊張が主題とな」るということだ（『現代政治＊発想と回想』）。

それを図示すると図23の2になる。つまり、実際の政治選択では、政策公準と政策情報の緊張のなかで、不完全情報にもとづいて、決断をしなければならない、ということである。とすれば、決

図24　政策過程・制度決定模型

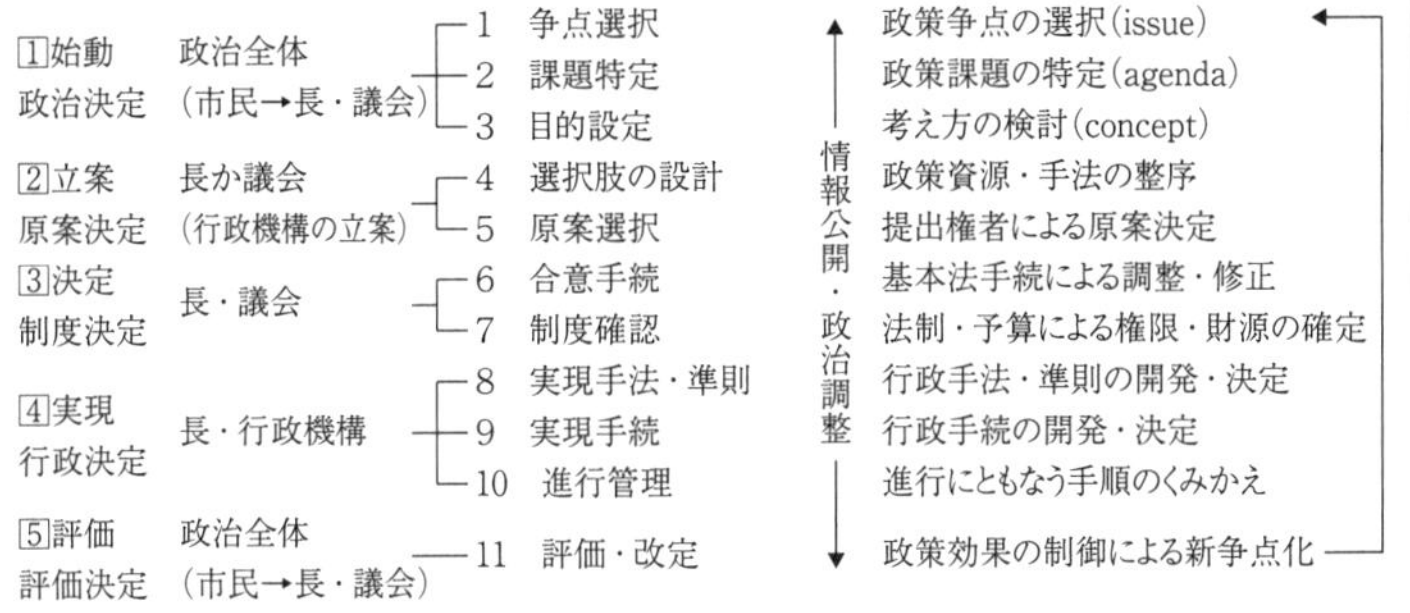


断者の結果責任は、「政策過程・制度決定」のシクミ（図24）のなかで、〈予測・調整〉をめぐって問われることになる。「政治は、科学ではなく、知恵による「構想」のレベル、真理ではなく合意による「選択」のレベルで、はじめて作動するというべきでしょう。「結果責任」とは、実質は「予測・調整責任」なのです」（同右）。

そして松下は、つづけてつぎのように書いた。

> 従来のような「国家」観念を中軸におき、そこに擬人化される「権力」、ついで「支配」あるいは「統治」を〈実体〉化して想定する既成発想とは異なって、私が政治について、《微分状況》としては市民個人ないし政治家個人の決断をともなうミクロの「構想と選択」つまり「予測と調整」をふまえた「組織と制御」の技術とみなし、自治体、国、国際機構各レベルの政府における政治をそのマクロの《積分状況》と位置づける理由です。

## 市民が政策形成するために

ここで改めて、『政策型思考と政治』第九章「政策型思考の論理」によって、政策とは何かを考えることにしよう。

政策の定義は、「問題解決のための手法」であり、その手法は「価値付与・価値剝奪による思考・行動の設計」であり、その論理は「結果を目的とし、手段を原因とするような思考・行動の整序」である。また、その目的は「未来の結果の「予測」」であり、手段は「現在の原因の「調整」」である。

すなわち、「政策とは、「予測」つまり構想による仮定の未来を〈目的〉におき、〈手段〉としては現在の資源を動員・機動して整序つまり「調整」する手法である」。図21（二七九頁）は、モーターボートからみたこの目的↔手段の関係を示す。「この目的↔手段の関係を設計する思考を政策型思考という」。

この政策型思考は、日常生活のなかでよく発揮されるものである。私が本章冒頭で、編集の仕事の場合と同じだといったのも、当然のことだ。しかし、政策型思考も個人のレベルをこえて、政府政策の次元になれば、その範囲や資源の規模が大きくなるので、おのずから図25にみられるような政治思考が必要となってくる。

また政策形成については、図23の1（二八二頁）のような循環関係となる。つまり、(1)政策課題の〈類型化〉、(2)政策解決の〈標準化〉、(3)政策解決の〈定型化〉（図では〈法制化〉となっている）、である。類型化とは、緊急度と発生度がたかい争点が、世論や運動によって選択されて政策課題に

図25　政治思考の構造モデル

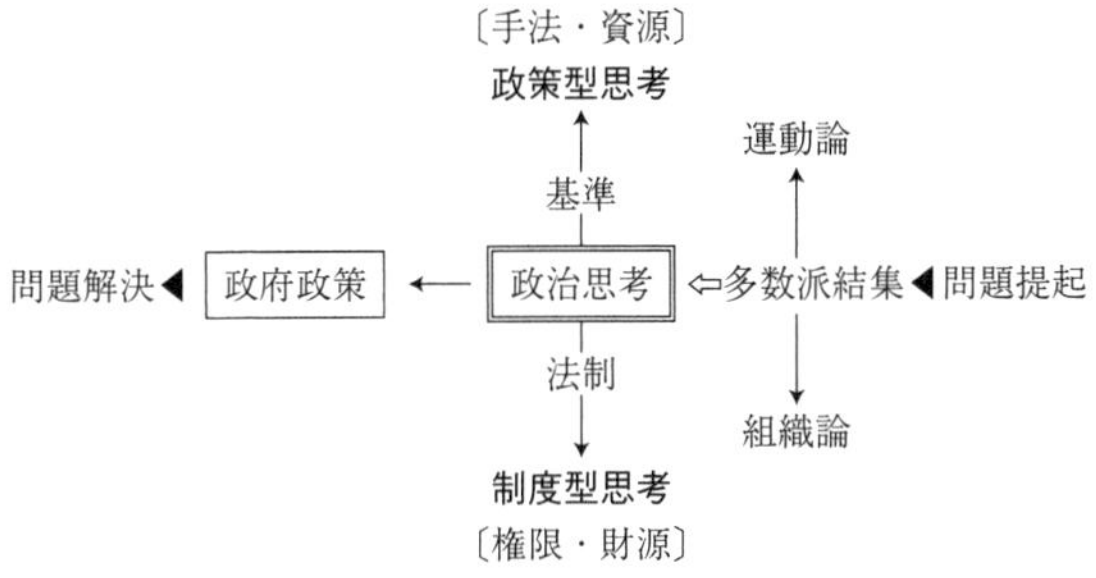


図26　政策のピラミッド模型

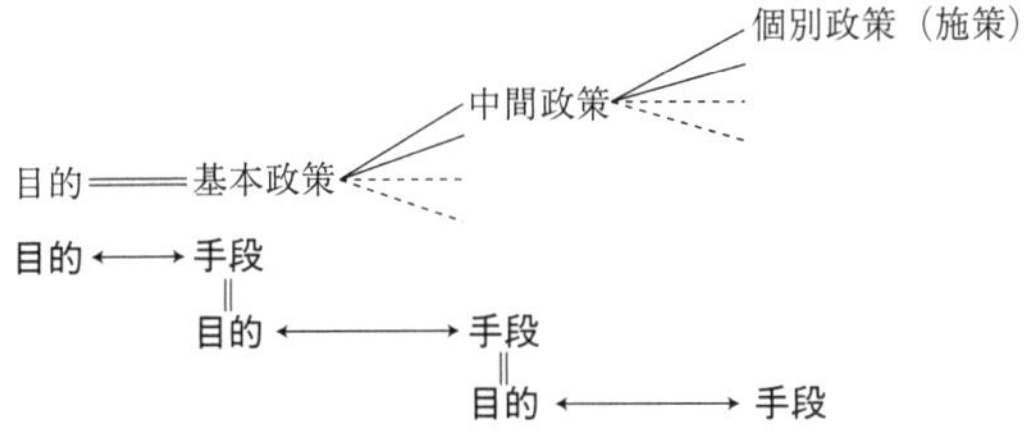


なることをいう。標準化とは、類型化された政策課題が、対症型あるいは抜本型のいずれであるにせよ、標準化されて公共政策の形成になることを指す。定型化とは、公共政策が政府による基本法手続をへて、その権限、財源とともに制度化されるとき、政府政策となることを意味する。この制度としての定型化が法制化＝立法である。

それでは、目的↔手段の関係とはどのようなものなのか。その論理構成として、以下の三点が考えられる。(1)目的と手段との緊張、(2)目的と手段の相互移行、(3)目的・手段のピラミッド構成（図26）。その他に、「目的・手段の党派的スリアワセも不可欠となる」。

以上、簡略ながら政策型思考についてみてきた。松下はその課題として以下の三点があるという。

(1)目的の構想には、未知への挑戦つまり予測にむけての、構想力のたえざる開発が必要となる。
(2)手段の構成には、政策資源とくに政策手法のたえざる開発が必要となる。
(3)この(1)(2)のためには、たえざる情報整備・政治調整の熟達がまた必要となる。
そして、つぎのようにまとめた。「このようにみるとき、政策は科学の「応用」ないし法則の「適用」ではないことが理解できよう。すでにのべたが、科学と政策とは異なった型の思考による。政策型思考は、現在の傾向を未来に「延長」する科学と異なり、現在の条件から未来を「発明」する。政策型思考にとっては、科学は政策構想ないし手段選択の前提となる、情報のレベルにとどまる」。

すでにみたように、ミクロの個別施策では調整が、マクロの構造政策では予測が重要であり、さらに両者ともに予測間の調整が必要となる。その意味で、政策型思考とは予測と調整の技術である。とすれば、「政治家の責任とは、この予測と調整についての、市民にたいする責任」以外の何物でもない。

本節の最後に、松下自身の『政策型思考と政治』についての位置づけをみておこう（『現代政治＊発想と回想』）。


この本は、古くからの東の『孫子』、西のマキャヴェリ、また近代のクラウゼヴィッツといったような、政治をめぐる「知恵」、ついで「闘争論理」としての戦略・戦術思考の古典伝統をふまえるとともに、都市型社会における市民の政策・制度型思考をめぐって、その自立と習熟の不可欠性を基調においています。

同書では、このような考え方から、市民みずから、地域レベルから地球レベルまで、政策・制度の策定・実現主体として成熟していくという視座と条件を、整理しました。このため、同書は市民を起点とした新しい文法をもつ現代政治学概論になっているはずです。

## 2　制度型思考の構造転換

### 政策法務の必要

まず、松下のつぎの文章（『現代政治＊発想と回想』）を読んでもらいたい。

また、なぜ私が政策を制度と関連させるのか、その理由は、政策は「夢」「願望」ないし「作文」にすぎないところからきます。政策が実効性をもつためには、とくに公共政策についてはっきりするように、図24「政策過程・制度決定模型」（二八三頁）のような手続で公開・討議され、法務・財務つまり立法（↓法務）・予算（↓財務）という、代表機構の合意による制度化が政府をはじめ、あらゆる団体・企業をふくめ、不可欠だからです。この意味で、これまで官僚に独占されていた、社会の組織手法としての法務・財務、つまりシクミづくりとカネづくりをめぐる〈制度化〉に熟達しなければ、市民の政策も作文どまりで終わるのではありませんか。

第五章でみたように、松下は一九七五年の『市民自治の憲法理論』で、「国家統治型から市民自治型への制度パラダイムの転換」を提起した。しかし、それから三〇年以上もたった今日でも、些末な修正はなされたものの、自治・分権型に再編成された法学理論はいまだにつくられていない。

ただ、一九九〇年代にはいると、市民活動の力によって、ようやく明治以来の官治・集権の法制が自治・分権のそれに変る気配が生じてきた。そしてついに、二〇〇〇年分権改革をはじめとする法制大改革の時代を迎えることになった。その結果、自治体の法務と財務は、省庁や官治・集権の法学から自立しはじめる。

すでにみた「回想の武蔵野市計画」(『自治体は変わるか』所収)にあるように、松下は一九七一年に武蔵野市の『第一期基本構想・長期計画』、さらに七四年の『第一次調整計画』の策定委員になった。それは一九六九年の『地方自治法』の改正、つまり二条五項で「基本構想」の策定を市町村に義務づけたことによるものであった。ただし、「自治体計画の策定は、一九六〇年代、すでに、自治体レベルでの企画室、広報室の設置に見られるように、自治体独自にはじまりつつありました。この『地方自治法』改正による自治体「基本構想」の義務づけは、むしろ自治省による事後的な対処でした」(「回想の武蔵野市計画」)。

松下は、「当時、計画策定委員として自治体の法務水準の未熟を痛感し」、一九七四年に、日本初の自治体の「法務職員」設置を提起した。こうした考え方が武蔵野市では定着し、独自の条例制定などがおこなわれた。その結果、二〇〇五年には、自治法務室が設置される。

ここで「政策法務」とはなにかをあきらかにしておこう。政策法務とは、自治体、国、国際機構の各政府レベルをふくめて、「ひろく政策開発の「法制化」という、立法ないし法運用を意味します。この立法論・運用論中心の〈政策法務〉は、従来型の解釈論を中心とした〈訴訟法務〉とは視角が異なります」（『現代政治＊発想と回想』）。

この政策法務という言葉は、松下が通常つかわれている「法務政策」をひっくりかえして、一九八八年に造語した。以降、先駆市では法務室が、先駆市町村では法務センターがつくられるようになり、自治体法務の研究グループが各地でみられるようになった。総務省系の自治大学校や市町村アカデミーですら、政策法務の講座を新設しなければならなくなっている。

政策法務の課題は、したがって、「条例の自治立法、法律の自治運用というかたちでの、自治体みずからがつくる政策の「制度化」」（同右）ということになる。つまり、自治体の課題として考えるなら、それは従来みられたような国法の執行ではなく、各自治体の地域特性をいかした独自の政策・制度の開発でなければならない。ちなみに、従来の「国法の執行」が、「機関委任事務」方式というトリックによって成りたっていたことは、いうまでもない。

そもそも国法（行政法）自体、左記のような問題をもっているのだ（『日本の自治・分権』）。

(1)国法は全国画一なので、国法基準のみでは自治体行政の低位平準化となる。
(2)国法は縦割省庁が所管するので、国法のいわゆる執行ではバラバラ行政となる。
(3)国法は改正がおくれているので、国法基準だけでは時代錯誤の行政となる。

とすれば、自治体の政策法務の三課題は以下のようになる（同右）。(1)国法の選択・複合・解釈

イニシアティブによる国法の改正推進。(3)自治体のによる自治運用、(2)条例、規則、これに要綱、内規などの行政準則をふくむ自治立法、

### 自治体法務は自治体財務を要請する

そしてまた、このような課題をもつ自治体法務へのとりくみは、「自治体財務」へのとりくみを要請する。なぜなら、自治体の財源緊迫は、自治体が政府として自立・成熟するために避けてとおれぬ緊急の対策を必要としているから。「そのうえ、赤字累積にともなう個別施策のスクラップ・アンド・ビルドという自治体再構築をめざした、各自治体の政策・組織・職員の再編という財務問題そのものが、また法務問題となります。「自治体財務」とともに「自治体法務」は、すでに自治体に不可欠の新しい戦略領域です。／さらには、法務・財務なき政治・行政ついで政府はありえません。日本の政治学・行政学あるいは財政学もここを理解しないため、実務性を欠いて不毛となっているのです」(『現代政治＊発想と回想』)。

こうした日本の政治学・行政学の改革をめざして、自治体職員も参加できる新しいタイプの学会づくりに松下は精力をそそいできた。一九八六年に「自治体学会」が、一九九六年には「日本公共政策学会」(初代会長は松下)が誕生する。そして今日では、数十をかぞえる政策・計画にかんする専門学会があり、政策専門の学科・学部・大学院も続々と新設されている(『政治・行政の考え方』)。

さて、右に自治体法務と財務の不可欠性をみたが、実はそれにくわえて、「数務」が必須なのである。財務あるいは政策財務は、「個別自治体の財源を自治体計画ないし連結財務指数をふまえて

どうヤリクリするか」、つまり「原価計算、事業採算、連結財務諸表づくり、また人件費をふくむ施策別予算」の作製などである。が、数務ないし政策数務は、「国勢調査をはじめ、いわゆる官庁統計への依存のみという事態から脱却して、それぞれの市町村、県ごと」の政策効果・政策予測をめぐる将来推計をおこなうことである。具体的には、「人口比での職員数や人件費の自治体間比較指数の作成・公開という基本をはじめ、人口減についての将来推計と関連する行政縮小・再編をめざすとりくみ」などだ。なぜなら、それがなければ、法務も財務もなりたたないからである（『自治体改革＊歴史と対話』）。

## 3　基本条例と自治体再構築

### 不可欠な自治体基本条例

二〇〇〇年分権改革を目前に、松下は『政治・行政の考え方』を上梓したが、そこにはすでにみた「市民立法の発想と法務」と「公共政策づくりにとりくむ」という、二本の重要な論稿が含まれていた。

二〇〇〇年代にはいると、二〇〇〇年分権改革をうけて、松下の執筆活動はさらに活発になる。本章に関連するものだけでも、二〇〇二年には「なぜ、いま、基本条例なのか」、二〇〇三年には「政策法務と自治体再構築」と「転型期自治体における財政・財務」（以上の諸論稿は『転型期日本の政治と文化』に収録）、二〇〇四年には「政策法務の過去・現在・未来」と「市民立憲からの憲法理論」（以上は『国会内閣制の基礎理論』所収）、を発表している。

一九六五年の「知的生産の現代的課題」以降、松下は四〇年間も、政策・制度型思考の開拓と実践にとりくんできたことになる。しかも、二〇〇〇年分権改革をうけて、松下の自治体再構築にむけての思いは、さらに強いものになった。以下、具体的にみることにしよう。

二〇〇〇年分権改革によって、「機関委任事務」方式は廃止された。その結果、自治体はそれぞれ独自に政策・制度を開発できるようになった。また、国法の自治解釈と条例の自治立法が可能になった。松下の言葉をきいてみよう（「政策法務と自治体再構築」）。

この自治体法務の自立は、市民、長・議員、職員それぞれがバラバラの解釈、立法をおこなうことを意味するのではない。それこそ、基本法手続、自治体でいえば《基本条例》という、市民が定める〈政治枠組〉によっておこなわれる。この自治立法・自治解釈をめぐる「政治枠組」（constitution）をさだめるのが、この《基本条例》である。それゆえ、基本条例は、くりかえしのべる政府三分化にもとづいて、（中略）国の憲法、国際機構の国連憲章と等位の位置をもつことを確認したい。

自治体基本条例は、自治体が地域の政治・行政にまず責任をもつ「政府」となったかぎり、市民主権を起点にもつ基礎自治体（市町村）、広域自治体（県）の《基本法》として不可欠となる。この基本条例は、補完原理による重層型政府構成原理つまり複数信託論の再確認となるはずである。

さらに松下は、「なぜ、いま、基本条例なのか」でつぎのようにいっている。

今日の自治体基本条例は、国法としての憲法・地方自治法と調整しながらも、二〇〇〇年分権改革をふまえて、各自治体それぞれ独自に主権者としての市民、市民の代表機構としての長・議会、また市民の代行機構、長・議会の補佐機構としての職員組織、それぞれの位置と課題を市民みずからがあらためて、《自治体再構築》をめざす政治設計図として明示するといってよい。ここでは、自治体の基本法ないしコンスティテューション（政府構成法）の策定がめざされている。

ところで、二〇〇〇年代にはいると、ナショナル・ミニマムの「量充足」は一応おわり、シビル・ミニマムの「質整備」が課題となる。そこでは、少子高齢化による人口減やそれにともなう施設や施策の再編が急務となる。この政治・行政の「課題転換」は、「財源緊迫」とあいまって、「旧来の施策・組織・職員の再編という、既成政策資源の再活性化、つまり自治体長期・総合計画による《自治体再構築》が日程にのぼる」。「しかも、シビル・ミニマムの「質整備」では、既成政策資源を再活性化する社会保障↓福祉再生、社会資本↓景観再生、社会保健↓環境再生、これにともなう地域個性文化の造出、地域経済力の拡充が各自治体の独自戦略課題となる」。

図27　自治体政策の構造

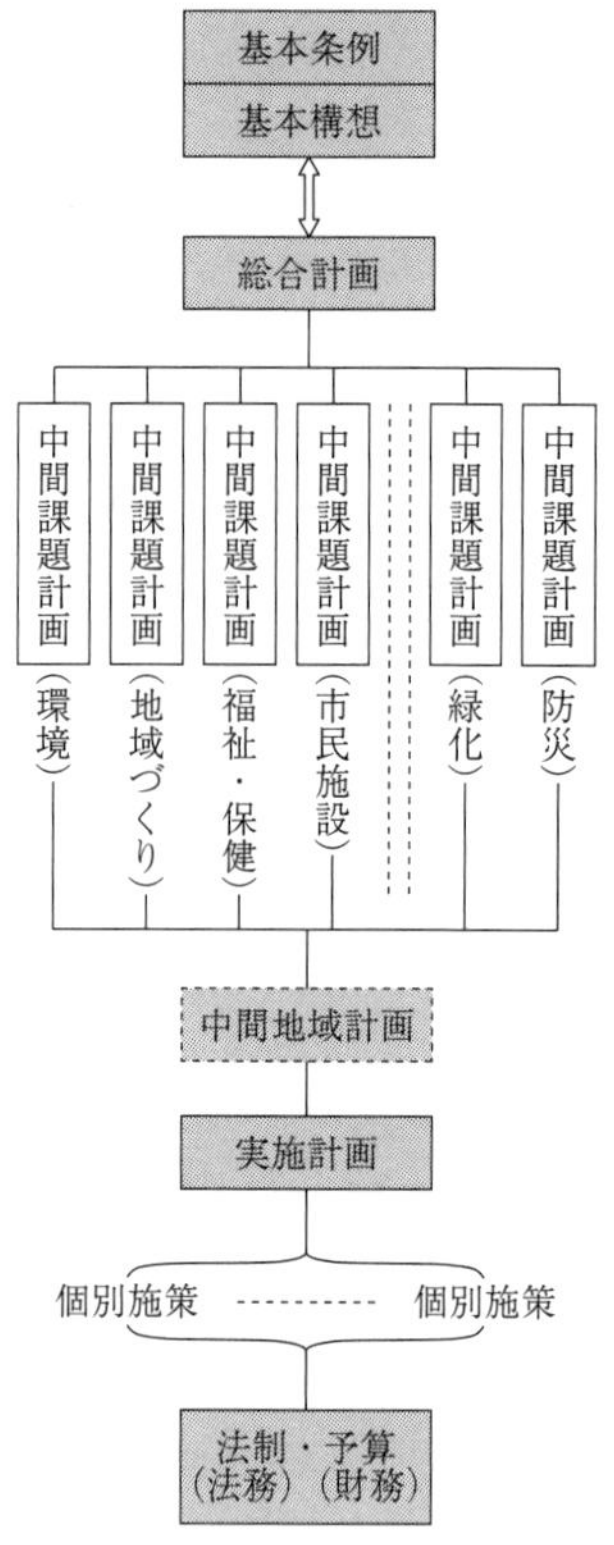


この戦略構想は、図27のように、「自治体計画」（基本構想）はもとより、「基本条例」の課題となる。つまり「基本条例は自治体再構築にむけての、政策・制度再編の「実質調整規範」となる」のである。

そして、「基本条例には、国の憲法にのっていない、①新しい権利、②新しい政策・制度、③自治体再構築についての先駆発想を組み込んで、国の憲法を支援すべきである」。①については、すでに環境や景観にかかわる条例によって、国に先んじて「環境権」の実効化を行っているし、情報公開条例では「知る権利」の実効化を実現した。②では、「地域景観をかたちづくる地域史、デザイン、エコロジーを座標軸にすえ、緊急となっている山間地での地域産業としてのエコ森林づくり、都市では危機管理とあわせて大型・小型の緑地の確保などをふくむ、緑ゆたかな「地域個性文化」

の造出、地域経済力の拡充」が要請される。③ではあらためて、「市民参加・情報公開の拡充、整備、さらに長・議会、職員機構の課題・責任の再確認」が課題となる。

基本条例の具体的論点として、松下は図28をつくった。この基本条例にかかわる議論では、たえず図27の自治体政策の基本構造が想定される必要がある。なぜなら、「基本条例は、各自治体の長期・総合計画をはじめ個別の政策・制度の展開をたえず予測し、かつ結びつけなければならないからである。でなければ、ここでも基本条例は空文となる」。

**図28　基本条例の論点模型**

(1) 市民自治の基本原則
(2) 地域政治・行政の基本課題（わが自治体の戦略課題）
(3) 市民の自立と権利
(4) 市民参加ついで市民組織（＋団体・企業）
　・運動型
　・制度型 ── 市民委員会 / オンブズマン / 住民投票（など） ──＋計画策定手続
(5) 情報公開・行政手続
(6) 長の課題と責任
(7) 議会の課題と責任
(8) 職員機構の課題と責任
(9) 行政外郭組織のあり方
(10) 法務・財務ついで監査・入札の原則
(11) 危機管理・有事における市民保護
(12) 自治体の国際・外交政策
(13) 政府間関係の改革

また、基本条例と個別の政策・制度条例の間に、以下のような「基本条例関連条例」を制定し、基本条例を実効化する必要がある（『自治体改革＊歴史と対話』）。①市民参加条例、②議会運営条例、③情報公開条例、④個人情報保護条例、⑤自治体計画策定・改定条例、⑥行政手続条例、⑦行政監査条例、⑧公益通報条例、⑨オンブズ条例、など。これは、国の憲法関連法として、国会法、内閣法、裁判所法、地方自治法、公務員法、また情報公開法、行政手続法などがあるのと同じである。

ここで問題になるのは、策定にあたって(1)基本条例からはじめるのか、(2)「関連条例」からはじめるのか、ということがある。松下は、それは各自治体が決めればよいことだ、という。つまり、(1)を先につくった場合には、それが実効性をもつためには(2)が必要になるし、(2)を先行させた場合には(2)相互間の調整が必要となり、結局(1)の策定につながるからだ。

そして、もっとも重要な点として、松下は「基本条例は、自治体の〈最高規範〉として、あらためて自治体では国法運用の上位規範となることを確認したい」という。なぜなら、「自治体が個別国法の自治解釈権、さらに自治体課題全域での自治立法権を二〇〇〇年分権改革で獲得したかぎり、基本条例を枠組として個別国法解釈また個別条例立法がおこなわれるからである。とくに国法が役立たないとき、あるいは欠落しているときは、当然、各自治体は条例の自治立法となるが、この条例立法の枠組もこの基本条例なのである。ここから、旧来、国法を中心において、講壇法学の中核をかたちづくった官治・集権型「法段階説」のドグマは崩壊する」。

というわけで、「基本法運用への新思考」の必要性について、松下は「市民立憲からの憲法理論」でつぎのように書いたのだった。

また、政府を自分たち市民がつくるという経験と理論を蓄積するにはどうしたらよいかが、自治体の基本条例、国の憲法、国際機構の国連憲章をめぐる《基本法》問題として、私たち日本の市民に問われています。この基本法については、抽象的な学者型の議論ではなく、市民がその法務経験を積みかさねていくことが基本です。とくに、今日の日本では、自治体の「基本条例」というかたちで、自治体レベルでの基本法をつくりながら、その思考訓練を成熟させ、基本法運用に熟達していく。この思考・経験を、基本法としての日本国憲法、あるいは国連憲章の運用にも、たえずいかすことが不可欠となります。

それゆえ、国の基本法としての憲法の運用を、政治家や官僚・法曹、ついで憲法学者に任せることはできません。私たち市民が、その策定・運用をみずから〈思考〉し〈経験〉するため、自治体基本条例の策定・運用こそが二〇〇〇年代の日本で原型性をもちます。

## 自治体再構築のために

以上、基本条例策定の意味と方法について、簡略ながら、みてきた。この作業と並行して松下は、二〇〇〇年代にはいって、自治体再構築にむけて、積極的な啓蒙活動をブックレットの出版という形で続けてきたのであった。二〇〇〇年には『転型期自治体の発想と手法』、二〇〇三年には『シビル・ミニマム再考』と『市民文化と自治体文化戦略』、二〇〇四年には『転型期の自治体計画づくり』(新版)と『自治体再構築の市民戦略』(いずれも公人の友社刊)。そしてこれらが集められて、『自治体再構築』(公人の友社、二〇〇五年)として出版された。

この本の「論集後記」で、松下はつぎのように書いている。

二〇〇〇年前後、日本は「都市型社会」の成熟にともなう《分権化・国際化》という課題に直面して、『地方自治法』大改正による分権改革が急務となり、官治・集権から自治・分権への転型期にたつにいたった。政治・経済・文化そして軍事の分権化・国際化という今日の普遍課題を解決しえないかぎり、日本は官治・集権という閉鎖性をもった中進国状況のまま、〈財政破綻〉、さらに「高齢化」、「人口減」とあいまって、自治・分権を成熟させる開放型の先進国状況に飛躍できず、衰退していくであろう。

こうした松下の杞憂にたいして、あたかもそれを裏づけるような動きがあることを、私たちは確認しておくべきだろう。

二〇一一年秋以降に作成されたと思われる自由民主党政務調査会のパンフレット『チョット待て‼〝自治基本条例〟～つくるべきかどうか、もう一度考えよう～』には、以下のような記述がある。

「全国一八二の自治体が何らかの名称で、自治基本条例を制定しています」。「各地方自治体の「自治基本条例」はパターン化しているものが多く、背後に何らかの組織的動きがあることも懸念されます」。「「自治基本条例」はもともと一九七〇年代、学生運動が盛んなころ法政大学の松下圭一教授が提唱しました。菅直人前首相、仙谷由人元官房長官などの民主党幹部が、松下理論の信奉者です」。「この考え方は、法律の範囲内で地方自治を認めている憲法の考え方とは、大きく異なっています」。「憲法と自治基本条例の関係を松下圭一教授は、「複数信託論」、「補完性の原理」という独自の概念によって説明しています。（中略）この松下圭一理論は、国家を否定し、憲法や地方自治法を逸脱した危険な考え方といえます」（傍点大塚）。

松下が『市民自治の憲法理論』を出してから四〇年もたった現在でも、このような国家統治の考え方が政権与党公認の見解として通用している現実を、私たちはしっかりと認識したうえで再出発する必要がある。

最後に、二〇〇〇年分権改革をうけて行われた松下の講演（『二〇〇〇年分権改革と自治体危機』公人の友社、二〇一三年）から、次の文章を引いて本節を終わりにしよう。今こそ従来の膨張体質から脱却し、自治体政府としての自己責任で、自治体を真の意味で再構築していく必要があるからだ。そこからまた、新たな希望が芽生えてくるはずである。

　自治体は、国とおなじく、財源の自然増によって中進国型の「夢」をふくらませるビルド・アンド・ビルドという「膨張時代」つまり中進国段階を終り、スクラップ・アンド・ビルドにとどまらず、スクラップ、スクラップ、スクラップ・アンド・ビルドという、リストラによる再活性化という、きびしい〈財務〉での「縮小時代」にはいっています。むしろ、スクラップこそがビルドであるという先進国型の〈財務〉という考え方の導入が不可欠の急務となります。

# 第八章　市民法学の提起

## 1　官僚内閣制から国会内閣制へ

### 日本の政治の分水嶺

一九九八年、松下は『政治・行政の考え方』を上梓した。それは、二年前の『日本の自治・分権』が自治体レベルの政治・行政改革の思想・方法の提起であったのにつづけて、国レベルの国会・内閣、そして省庁にかかわる改革構想の提言であった。この二冊の岩波新書は、いずれも講演を集めたものであるが、そこには松下の、話し言葉によってできるだけ多くの読者にうったえたい、という強い意図がこめられていた。

『政治・行政の考え方』に収録された「官僚内閣制から国会内閣制へ」は、一九九七年一〇月に法政大学法学部政治学科のコロキアムで報告されたものだが、その一端は『世界』同年八月号の菅直人・五十嵐敬喜との座談会「行政権とは何か」でも触れられている。

「官僚内閣制から国会内閣制へ」という考え方がどのような経緯で誕生したかについて、松下自身が、一九五〇年代以降の日本国憲法をめぐる改憲・護憲論争にかかわって、二〇〇九年に書いている（『国会内閣制の基礎理論――松下圭一法学論集』「補論」）ので、それをみることからはじめよう。

　私は、一九六〇年代以降、この改憲・護憲という従来系譜の争点設定をたえず批判して、（中略）あらたに、①国家統治論対政府信託論という基本理論対立はもちろん、②生活権をめぐる国家給付論対シビル・ミニマム論、③政治構成についての官治・集権対自治・分権、④行政権の国独占から国、自治体の行政権を区別する政府の重層化、⑤官僚中核の三権分立論と最高機関「国会」基軸の機構分立との対立、また、今日での「個人の安全保障」論議を先取りするのだが、⑥自衛権をめぐる国家自衛権対個人自衛権などの理論軸を提起して既成憲法理論を批判し、日本の官僚法学・講壇法学の解体をめざしていく。この私の論点はいずれも、従来の〈改憲・護憲〉ないし〈保守・革新〉という旧政治対抗軸を横断していた。

　この横断論点は、（中略）《市民自治》を起点に、明治国家から戦後もつづく「官僚内閣制」をかたちづくった、《国家統治》という憲法理論・運用をめぐる基幹軸の転換を提起することになる。つまり本書の主題である「官僚内閣制」から「国会内閣制」への転換への模索であった。

　ちなみに、ここで松下があげている六つの論点については、これまですべてみてきた。ただ、⑥

については、『市民自治の憲法理論』以外に、『都市型社会と防衛論争――市民・自治体と「有事」立法』（公人の友社、二〇〇二年）ほかがあることを付記しておきたい。

さてそれでは、「官僚内閣制から国会内閣制へ」をみることにしよう（ここでは『国会内閣制の基礎理論』所収の論稿による）。この論稿の冒頭で、松下は、国会は「国権の最高機関」（日本国憲法四一条）たりうるかという問いを提起するとともに、国会内閣制についてのべる。以下、その順序にしたがって、松下の論稿をたどる。

一九九〇年代にはいり、日本国憲法施行後五〇年たって、ようやく「国レベルの政府の構造特性ないし憲法運用を問いなおす、政治・行政改革がきびしく政治争点として」うかびあがってきた。「日本の近代化を主導した官治・集権政治から自治・分権政治への転換、いわば明治国家の解体・再編への問いのはじまりという分水嶺」にたったのである。

また、国の行政劣化、財政破綻があきらかになっただけでなく、省庁官僚主導の「政官業複合の全体構造」も白日のもとにさらされることになってきた。

その結果、明治以来の官治・集権の国家による近代化が達成されて「都市型社会」に移行した現在、日本でも先進国型の「自治・分権」政治への移行が不可欠であることが、ようやく理解されようとしている。「政治・行政では地方分権、産業・経済では規制改革、さらには国レベルでは国会・内閣の再構築、省庁・公務員制度の再編、ついで日本の社会構成全体の〈分権化・国際化〉が、巨大借金、人口の高齢化・減少とともに、今日、ラジカルに問われるにいたった」のである。

資料①をみてもらいたい。これは、一九九六年一二月に衆議院予算委員会で、菅直人国会議員が松下理論をふまえておこなった問題提起（序論参照）に、内閣法制局長官が答えた内容である。

**資料①　衆議院予算委員会（一九九六年一二月六日）議事録**

**大森（内閣法制局長官）政府委員**　要点だけお答えいたしますが、現行日本国憲法は、第八章におきまして地方自治の原則を明文で認めております。そして九四条は、「地方公共団体は、その財産を管理し、事務を処理し、及び行政を執行する権能を有する」このように明文で規定しているわけでございますので、地方公共団体の行政執行権は憲法上保障されておる。

したがいまして、憲法六五条の「行政権は、内閣に属する」というその意味は、行政権は原則として内閣に属するんだ。逆に言いますと、地方公共団体に属する地方行政執行権を除いた意味における行政の主体は、最高行政機関としては内閣である。それが三権分立の一翼を担うんだという意味に解されております。（傍点松下）

つまり、国が自治体を操作するトリックである「機関委任事務」方式の廃止が、この時点で決定づけられたのであった。すなわち、「憲法第五章「内閣」の六五条「行政権は、内閣に属する」の行政権は、自治体レベルの行政権を「除いた」国レベルのみにかぎられ、自治体の独自課題領域では、憲法第八章「地方自治」の九四条にもとづいて、国から自立する独自の行政権をもつというわけです」。自治体と国、市町村と県のあいだも「政府間関係」となり（図19、二四六頁参照）、従来の国家主権による国家統治という考え方はなりたたなくなる。

松下はいう。「この自治体の政府としての自立は、現行法のシクミ全体の全面改正を必要とするため、今後三〇年単位で考える必要があります。政治が図2（一四七頁）の国家統治による〈近代化〉型から《市民政治》型に変わっていく確認の第一歩として、この憲法六五、九四条の解釈転換を位置づけたいと思います」。

一九四五年の敗戦にともなう日本国憲法制定にあたって、まず問題になったのは第一章「天皇」であった。しかし、存続派と廃止派の双方が、「象徴」ということで妥協した。続いて問題になったのは、冷戦の激化にともなう第二章「戦争の放棄」と第三章「国民の権利・義務」であった。つまり、平和と人権の問題である。鳩山一郎内閣と岸信介内閣は、公然と改憲をかかげた。だが一九五八年の警職法改正、六〇年の日米安保条約改定をめぐって反対の国民運動が展開されるに及んで、改憲の試みは挫折する。その後は、すでにみたように、自民党ニュー・ライトが登場し、社会党ニュー・レフトの「護憲」を前提とする、自民党の「経済高度成長」の追求となった。

この経済高度成長の過程で、日本ははじめて都市型社会へ移行する。松下の活躍もここからはじまった。シビル・ミニマムの提唱をめぐって、市民運動の展開は、自治体改革、革新首長の群生をみた。こうした一九六〇年代からの市民運動のたかまりが、資料①の憲法解釈転換を誕生させたのである。

## 官僚法学転換のきざし

そして一九九〇年代になって、さきにみた行政劣化と財政破綻からくる政治・行政改革をめぐって、憲法第四章「国会」と第五章「内閣」の関係再編が課題となってきた。それは当然、第六章「司法」の問題にも及び、裁判所の定義も議論の対象になる。

だから松下はつぎのようにいうのだ。「この意味では、私たち日本の市民は、戦後五〇年の歴史現実のなかで、憲法各章の意義と論点を、順次、理解することができるようになってきました。／今日の政治・行政改革の核心は、ようやく第一歩をふみだした第八章「地方自治」の解釈転換をふまえて、第四章「国会」、第五章「内閣」をめぐる憲法運用を再編し、《官僚内閣制》から《国会内閣制》に移行しうるかにあります。この再編の中核は、日本国憲法第四章冒頭にある四一条の、国会は国レベルの政府の「最高機関」なのか、それとも「立法機関」にとどまるのかにあります」。

資料②も、菅直人議員の質問にたいする橋本総理の答弁である。

**資料②　衆議院予算委員会（一九九六年一二月六日）議事録**

**橋本内閣総理大臣**　……確かに憲法第四一条において、国会は国権の最高機関である、そう規定されております。国会が、主権者である国民によって直接選挙をされたその議員から成っておりますす国民の代表機関、こうした位置づけでありますから、国家機関の中で、何といいましても一番主権者に近い、しかも最も高い地位にあるにふさわしい、そういう趣旨を当然のことながらこれはあらわしていると思います。

同時に、憲法が国家の基本法則としてのいわゆる三権分立という制度を採用しておりまして、これは行政権及び司法権との関係において、国会の御意思が常に他に優越するということでは私はないのではなかろうか、むしろ、そこまで最高機関と位置づけました場合に、司法との関係には非常に微妙な問題を生ずるのではないかという感じがいたします。

国会と内閣ということになりますと、六五条で「行政権は、内閣に属する」と定めておりますけれども、同時に、憲法は議院内閣制を採用しておりますし、国会が立法や予算の議決権、国務大臣の出席あるいは答弁要求権等によって行政権を統制されることを認めております。また、「内閣は、行政権の行使について、国会に対し連帯して責任を負ふ」と定められております。ですから、私は、内閣の行政権行使の全般にわたりまして政治責任を、あるいはその政治責任を追及する上での行政監督権というものは、国会は当然のことながらお持ちになっていると思います。

（傍点松下）

ここでも、戦前からつづいてきた官僚法学転換のきざしを、みてとることができる。では、その官僚法学とはどのようなものであったのか。

憲法四一条には、資料②にもあるように、「国会は、国権の最高機関であつて、国の唯一の立法機関である」と書かれている。しかし、日本の憲法学の主流は、国権の最高機関という位置づけについて、それは「政治的美称」にすぎないといってきた。いまでもこれが通説である。つまり、図14（二三六頁）にある国家統治型「三権分立」論をうけつぎ、「国会、内閣、裁判所を並列させ、そのうえで、内閣・省庁一体の行政中軸を設定」してきたのである。

しかし、民主政治では、政治の主体としての市民が、基本法にもとづいて選出した、長・議会からなる各レベルの政府が不可欠である。つまり、「政治主体」は市民であり、各レベルの政府は、市民によって基本法ルールでかたちづくられた「制度主体」にしかすぎないのだ。

　明治憲法では、その前文で国家統治をかかげている。そこでは、右の〈市民と政府〉あるいは〈主体と制度〉の分裂は見失われてきた。国家統治は絶対・無謬だったのである。

　戦後になって日本国憲法が制定されたにもかかわらず、官僚法学、講壇法学では、政府を「統治機構」とよんでいることは、すでにみた。この国家統治は、内閣が行政機構つまり官僚組織を中軸にして、国会、裁判所をふくめて分担するというかたちをとる。図14がそれである。すなわち国家主権型の「三権分立」である。そこでは、戦前からの官僚統治が温存されているのだ。

　しかし日本国憲法では、国レベルで国会が政府の「最高機関」となり、内閣は国会によって構成され、国会に責任をもつものとなる。「官僚組織としての行政機構つまり省庁は、国会・内閣によって組織・制御されるその補助機構」にすぎない。これが《国会内閣制》である。

**図29　現代権力分立論の構成**

| ［過程分立］ | ［機構分立］ |
| --- | --- |
| 政治決定 | 長　＋　議会 |
| 政治執行 | 長 |
| 政治責任 | 議会・裁判所 |

　国会内閣制では、従来の国家主権型三権分立論における、立法、行政、司法の「機能分立」と国会、内閣、裁判所の「機構分立」の予定調和とはことなる、権力分立論自体の再構成が必要となる。つまり、「①政治決定は国会を中心に内閣と協働、②行政執行は内閣、③制度責任については、政治責任は国会、法責任は裁判所による追及という「過程分立」を設定する必要」がある、ということだ（図29）。

とするならば、「国家主権型「三権分立」論は官僚法学による行政権中軸理論の残映にすぎず、いわば官僚内閣制論だった」ことになる。そこでは政権交代によって内閣が変っても、省庁の政策の継続性はつづく。「内閣は変われど省庁官僚の国家統治は変わらず」なのだ。「事務次官を頂点とした官僚組織の自己完結性だけでなく、「行政の継続性」というかたちで、政策転換を抑止する。ここが、官僚統治型の旧「三権分立」論の秘儀」である。

おまけに、首相秘書は各省庁の現役官僚たちであるだけでなく、各省庁大臣は省庁人事に介入しない慣行ができあがっている。たえずいれかわる内閣・大臣にたいして、官僚は「自立した自己完結性・自己継続性をもつ、人事権を掌握しているわけ」だ。とすれば、「大臣は変われど官僚組織は変わらず」ということになる。

講壇・官僚法学では、今日も、「国家統治から、立法（国会）、司法（裁判所）を一応分離し、残った国家の中枢が行政だという、官僚統治を核心においた「行政残余（控除）説」をとっている」。いわゆる「行政消極説」だ。つまりこの行政消極説こそ、「官僚統治積極説」なのである。松下はこの行政残余説こそ、国家主権型「三権分立」論の「エキス」だという。

くわえて、国会は国政調査権（憲法六二条）をもっているにもかかわらず、それを十分に発揮できない。さらに実質は官僚である「政府委員」（国会法六九条）は、明治憲法五四条をうけついで国会審議における発言のみならず、議事運営にまでくわわる。法案の多くは、省庁原案を事務次官会議、閣議をへて閣法として提出される。それは議員立法、委員会立法ではなく、「内閣提出の閣法」なのだ。

だから松下は、国会は「国権の最高機関」どころか、「省庁に占領され、立法機関としても未熟で、立法技術、立法スタッフの蓄積も弱」く、「戦前の帝国議会とおなじく省庁官僚主導の「協賛」（明治憲法五、三七条）に、なおとどまっている」と嘆くのだ。

**行政の驚くべき劣化**

つぎに、官僚内閣制において、いかに行政劣化が進行しているか、みることにしよう。

まず留意すべきは、憲法六五条の「行政権は、内閣に属する」（資料①参照）というとき、この内閣の行政権は「政治」的行政権を意味しているということである。それは、官僚による狭義の「省庁行政」つまり内閣法三条の「行政事務」とは区別されなければならない。しかし実際には両者は混同され、二枚舌的に用いられている。

次に問題とすべきは、内閣が合議体であることだ。自治体レベルでは、長が「政治」的行政権をもつ個人として、ピラミッド型行政組織を指揮する構造になっている。ところが国レベルでは、タテ割省庁を組織・制御する（はずの）「合議体」の内閣が、「政治」的行政権をもっているのだ。しかし実際には、官僚法学の明治憲法以来の憲法運用の慣行によって、首相、内閣の権限は弱いという「解釈」が定着している。

資料③にあるように、日本国憲法では大臣は「国務大臣」である。しかし、今日でも、憲法運用と解釈の慣行は、「明治憲法五五条による国務「各」大臣の天皇単独輔弼《ほひつ》にもとづいた、閣議における全員合意をうけついで」いる。しかも閣議運営は、事務次官会議の「全員合意」によって拘束され、閣僚間の自由討議は行われない。「その結果、閣議は事務次官会議における全員合意の案件について、一〇分間前後の花押《かおう》サイン会となってしまう」。つまり、閣議は事務次官会議決定の追認にすぎない、ということだ。くわえて、事務次官会議と閣議は双方とも全員一致制なので、各省庁はそれぞれの所管にかんして、実質的に拒否権をもっていることになる（その後事務次官会議は、民主党が政権をとるに及んで廃止された）。

**資料③　日本国憲法**

**〔内閣の組織、連帯責任〕**

**第六六条①**　内閣は、法律の定めるところにより、その首長たる内閣総理大臣及びその他の国務大臣でこれを組織する。

③　内閣は、行政権の行使について、国会に対し連帯して責任を負う。

**〔国務大臣の任命、罷免〕**

**第六八条①**　内閣総理大臣は、国務大臣を任命する。但し、その過半数は、国会議員の中から選ばれなければならない。

②　内閣総理大臣は、任意に国務大臣を罷免することができる。

**〔内閣総理大臣の職権〕**

**第七二条**　内閣総理大臣は、内閣を代表して議案を国会に提出し、一般国務及び外交関係について国会に報告し、並びに行政各部を指揮監督する。

（傍点松下）

しかし、日本国憲法六六条では、首相を首長とする内閣という位置づけがなされている（資料③）。また内閣法六条では、首相は「閣議にかけて決定した方針に基いて、行政各部を指揮監督する」となっている（資料④）。

資料④　内閣法

〔内閣の組織、連帯責任〕

**第二条①**　内閣は、首長たる内閣総理大臣及び二十人以内の国務大臣を以て、これを組織する。

②　内閣は、行政権の行使について、国会に対し連帯して責任を負う。

〔行政事務の分担管理、無任所大臣〕

**第三条①**　各大臣は、別に法律の定めるところにより、主任の大臣として、行政事務を分担管理する。

②　前項の規定は、行政事務を分担管理しない大臣の存することを妨げるものではない。

〔閣議〕

**第四条①**　内閣がその職権を行うのは、閣議によるものとする。

②　閣議は、内閣総理大臣がこれを主宰する。

③　各大臣は、案件の如何を問わず、内閣総理大臣に提出して、閣議を求めることができる。

〔内閣の代表〕

**第五条**　内閣総理大臣は、内閣を代表して内閣提出の法律案、予算その他の議案を国会に提出し、一般国務及び外交関係について国会に報告する。

〔**行政各部の指揮監督**〕

**第六条**　内閣総理大臣は、閣議にかけて決定した方針に基いて、行政各部を指揮監督する。

〔**権限疑義の裁定**〕

**第七条**　主任の大臣の間における権限についての疑義は、内閣総理大臣が、閣議にかけて、これを裁定する。

〔**中止権**〕

**第八条**　内閣総理大臣は、行政各部の処分又は命令を中止せしめ、内閣の処置を待つことができる。

（傍点松下）

このようにみてくるならば、「省庁主導の官僚法学では、前述のように閣議を事務次官決定後の通過儀礼にしています。とすれば、逆に、〈現行〉の憲法、内閣法にもとづいて、首相みずから閣議で主導性をもち、閣僚間の自由討議による閣議の政治決定を各省庁におろすというかたちにすべきではありませんか」という松下の言葉は、強い説得力をもっていることが納得できる。

ところで、なぜこのような「官僚内閣制」がつづくのだろうか。「明治から大正にかけては明治国家をつくった元勲などが政治として各省を制御しましたが、大正以降になると、政党内閣をふくめて、とくに戦中は軍官僚でしたが、官僚の大先輩が内閣の中枢を構成し、戦後も佐藤内閣ぐらいまでつづきます。いわば官僚内閣そのものでした。／だが、田中内閣以降になると、だんだん官僚歴をもたない首相、閣僚が多くなります。しかも、国会議員の「政治未熟による大臣病」からくるのですが、内閣の定期一斉改造というかたちで、派閥ないし連立与党の相互均衡・年功序列方式によって、在任一年前後という閣僚が量産されていきます」。

こうした政治状況のなかで、さきにみた「政府委員」の復活もあって、ただ座っているだけの大臣も量産されることになる。大臣は秘書を一人つれていくだけなので、省庁の大臣室で孤立する。また、政治任命の政務次官も役にたたない。資料⑤にあるように、法文では事務次官に先行し、副大臣ともいえる役割をはたすべき政務次官も、現実には当選回数の少ない国会議員の政務見習にしかすぎない。なぜなら、事務次官中心の「省庁の自己完結性」がこわされてはならないから。さらに、閣議での大臣の発言は、事前調整がないかぎり、「不規則発言」とみなされる。

**資料⑤　国家行政組織法**

（政務次官）

第一七条

③　政務次官は、その機関の長たる大臣を助け、政策及び企画に参画し、政務を処理し、並びにあらかじめその機関の長たる大臣の命を受けて大臣不在の場合その職務を代行する。

（事務次官）

第一七条の二

> ② 事務次官は、その機関の長たる大臣を助け、省務又は庁務を整理し、各部局及び機関の事務を監督する。（傍点松下）

とすれば、「日本では《官僚内閣制》というかたちで、政治ないし国会・内閣の空洞化がおきている」といって過言ではない。そして現在、「内閣は、実質、空虚なるブラックホールになっている」のである。

したがって、松下はつぎのように書いたのだった。「一九九〇年代末の今日、政治・行政改革が問われはじめたのは、ここにのべた国会・内閣の戦後型構造特性ないし憲法運用の問題性が、省庁の行政劣化、財政破綻とともに、ようやく露見したところからきます。しかも、日本が都市型社会にはいるにつれて、分権化・国際化が必至となり、閉鎖国家をめざして国内むけの国家統治をかかげてきた従来の省庁官僚では、もはや対応できるはずがないという事態も、誰の目にもはっきりしてきたのです」。

## 政治と行政の峻別

それでは、このように長く続いてきた官僚内閣制を、日本国憲法がいう国会内閣制に変えるには、どうすればよいのか。松下は、国会改革のための七つの具体的提言を行っているのだが、その前に、政治・行政改革をめぐって、政治と行政の峻別が必要だという。

従来、日本で行政というと、内閣・省庁をまとめて行政府と考えがちであった。しかし、憲法六五条の「行政権は、内閣に属する」の意味は、第一に自治体の行政権をのぞき、第二に行政機構の省庁をのぞく、ということだ。「最高機関」としての国会が首相をえらび、首相によって構成される内閣の政治権限が「行政」なのであって、官僚組織あるいは行政機構としての省庁は、ここにはふくまれない。国会・内閣は、市民の代表機構である憲法機構つまり政府であるが、省庁は市民の税金によってまかなわれる市民の「代行機構」である。それは、国会・内閣が立法によってつくりかえることが可能な「補助機構」にすぎないのである。

松下は、内閣と省庁の分離がなぜ、いま、問いなおされるのか、以下の三点をあげる。

第一に、明治以来の閉鎖的な官治・集権による近代化が終り、都市型社会の成熟にともなって、自治・分権をめざす国会、内閣そして省庁の関係の再構築が、緊急の政治課題となってきた。

第二に、すでにみたように明治、大正、そして戦前にかけて、官僚の大先輩が内閣を構成し、その威信で省庁を統制できた。しかし戦後も田中内閣以降になると、官僚歴のない首相・閣僚がふえてくる。このため、事務次官を頂点とする自己完結性をもつ省庁と、短期間で交代する内閣との閣僚をめぐって、その責任の区分が問題となってきた。

第三に、都市型社会にともなう国際化・分権化の必要性に、従来の国家統治型省庁では対応しきれなくなっている。とくに一九八〇年代以降のバブル経済の破綻は、それに対処できない行政の劣化と財政破綻を顕在化した。

こうした状況をふまえて、松下はこれらの問題点に対する具体的な方策、とりわけ官邸における人材の登用、新たな政策ポストの配置などを具体的に提言し、国会議員自体の政治訓練と熟達を目指しているのだが、ここでは省略する。それらの具体的提言をとおして、松下は、官僚内閣制から国会内閣制への移行をつぎのようにまとめた。

このようなかたちで官僚内閣制から国会内閣制へと一歩ふみだし、閣僚、首相官邸に政務をもつ国会議員、ついで省庁に政務補佐として配属される複数の国会議員は国会の「外」にでて政治・行政実務を体験・改革するだけでなく、国会の「中」では、当然、本会議、委員会の自由討議ならびに議決にくわわるとき、国会にたいして閣僚が大臣としてむきあう帝国議会以来の内閣対国会という官僚内閣制の政治習慣は崩壊します。国会ははじめて「国権の最高機関」となるのです。

また閣僚も、「国務大臣」ですから、閣議では、時間をかけて、各省庁にわたる案件をふくめて、ひろく自由討議による政治決定をおこない、省庁におろすべきです。

明治憲法型の官僚内閣制という憲法運用では、もうまにあいません。今日の官僚法学の破綻はここに集約されます。それゆえ、省庁再編にとどまらず、《憲法運用》の再編こそが急務というべきでしょう。

事実、内閣ないし閣議の空洞化・儀式化は、事務次官会議決定の追認からくるだけではありません。竹下（登）内閣以降七代七年の内閣が官僚出身の同一官房（事務）副長官に依存せざるをえなかったのは、政治家の政治未熟を露呈していたわけです。

今日では内閣は闊達に「たえず」省庁再編をおこなうと同時に、あるいはそのためにこそ、地方分権ついで規制改革、さらに外部組織の整理による、省庁行政の減量が不可欠となります。また、この省庁再編には、無限の省益をめぐる裁量・指導から天下り先までがわきでてくる各省庁の「設置法」の再編も不可欠です。その法論理も国法・行政準則の策定・公開を基本に、包括授権型から限定授権型、さらに事前指導型から事後監視型につくりかえて、市民からみての省庁行政の可測性・透明性をおしひろげるべきでしょう。

また、省庁の権限・財源が、国レベルの課題領域に純化されるとき、国会議員の課題も国レベルの課題領域に純化できます。

そのうえ、政治においては、省庁間調整の慣行にすぎない事務次官会議をこえた、憲法機構としての国会・内閣独自の課題があります。政治ないし政府には、ナワバリという病理をもつ「省庁間調整」をこえて、かつては神秘用語の〈国家理性〉と呼ばれたのですが、今日では〈市民理性〉としての《市民への政治責任》がたえず、日々、問われていきます。

以上の憲法運用の改革がすすむとき、明治以来、「国家」の絶対・無謬をかかげていた省庁主導の官僚内閣制が終わり、国会内閣制がようやくはじまります。

## 国会改革のための七つの提言

松下はこのように、国会内閣制への移行をめぐる憲法運用のありかたを整理したうえで、以下のような国会改革のための七つの論点を提起した（ただし、選挙制度改革については必要のかぎり言及するにとどめられている）。

(1)自由討議制の確立

「戦前の帝国議会時代の読会、あるいは戦後の国会初期にあった本会議での自由討議（国会法旧七八条）の伝統を復活させ、衆参両院それぞれが本会議で、国レベルでの重要・緊急課題ないし政策・制度改革について、党議拘束なき、また原稿ヌキの自由討議を、テレビ中継つきで、毎月二回特定曜日の午後おこな」う。

そこでの主題は、法案中心ではなく、将来の政治課題をめぐる「予測と調整」の論議、つまり争点・論点の先取りをめざす、という。その課題は以下の五つである。

①政治争点の集約・整理（複数政党・自由討議）
②政治情報の集約・公開（情報公開・国政調査）
③政治家の訓練・選別（政務訓練・政治熟達）
④内閣・行政機構の監視（内閣批判・行政監査）
⑤政策の提起・立法・評価（政策審議・立法立案）

つまり、日本の国会は⑤の立法機関であるよりもまえに、①②③④をめぐる言論のヒロバであることが要請される。そして①〜⑤をふくめて「最高機関」になるべきなのだ。③の延長上に、首相を選出し内閣を構成する。なお自由討議は、すでに委員会室ではじまっているように、円卓型の議場が必要になる。

⑵委員会制の再編

「日本の国会の問題点は、特別委員会は別として、委員会制の中核となる常任委員会が審議効率の名のもとに縦割の省庁別方式になってしまったことにあります。／とすれば、国会発足直後にみられたような事項別すなわち省庁横割の問題別方式にあらためるべきでしょう。このためには、常任委員会の設置規定は、両院合意が必要な国会法から、各議院が個別にきめられる議員規則に移し、たえず委員会をくみかえる必要があります。」

というのは、この省庁と常任委員会の縦割癒着こそが、政党対立のウラで与野党双方の地元・族議員をうみだしてきたからだ。この地元・族議員が「政治家」になるためには、省庁の縦割権限・財源を、地方分権・規制改革によって、国レベルに純化する必要がある。あわせて、省庁別委員会を問題別委員会へと再編しなければならない。

また松下は、この⑴⑵ともに、すでにいくつかの国でみられるような、公共の専用チャンネルでの無編集テレビ放映が必要だという。それは情報公開、あるいは市民の政治家選別の媒体として、大きな政治効果をもつからだ。

⑶審議時間の拡大

日本の実質審議時間は短いといわれるが、松下は「国会を不用とみる官僚内閣制たるゆえん」だという。ほぼ〈通年制〉が必要になるともいう。「ほぼ通年国会になることによって、各院の本会議、委員会の党議拘束なき自由討議を活性化させ、省庁官僚ないし党幹部のシナリオをこえた水準で議員が討議、さらに立案・立法するとき、はじめて《国会立法》が出発し、テレビ放映とあいまって、国会は威信をもつことができます。日本の政治あるいは世論、ジャーナリズムの水準は、省庁記者クラブ制での官僚がかくスジガキではなく、国会討議においてこそ確立されるべきでしょう」。

(4)党議拘束の緩和・政府委員の廃止

国会の活性化には、党の基本政策は残るものの、本会議、委員会での自由討議が不可欠である。それによって議員は一国会議員としての政治責任をもつことになる。従来「党決定」そのものが、国会議員の陣笠化と地元・族議員化の〝かくれみの〟であった。「政党は、①名望化仲好し政党から始まり、つぎに、②教条的組織政党、ついで、③政策的連合政党へとかわっていきます。教条化した党議拘束は②段階の産物で、③段階に入る今日、当然緩和せざるをえません。③段階での政党は大枠での合意が成り立っているだけとなります。このため基本争点をのぞけば、自由党議・自由投票になるはずです」。

したがって政府委員は廃止される必要がある（二〇〇一年の国会・内閣改革で廃止）。その結果、省庁による国会操作は不可能になる。

(5)立法展開の三段構え化

まず第一段として、国会立法としての〈枠組法〉をつくる必要がある。そして、省庁の所管カコイコミ用となる「基本法」（教育基本法など）を廃止する。

第二段の、この枠組法にもとづく個別の施策立法では、国会立案のみならず省庁立案の法案も可能とする。もちろん省庁立案の法案についても、国会が全面精査して修正をおこなう。

第三段では、政令・省令・通達などの行政立法・解釈を、国会の「事後審査」のもとにおく。通達（二〇〇〇年分権改革で、たんなる「参考の通知」になった）や省庁の行政計画も、国会への「事後報告」とする。この第三段は、行政の透明性のみならず、省庁行政にたいする国会責任、内閣責任の明確性のために必要である。

この三段構えをつくることによって、官僚内閣制から国会内閣制への転換が可能になる。つまり、ここではじめて、「省益肥大をめざした従来の省庁縦割政官業癒着を、国会が「立法」ないし「調査」によって切開」できるようになるからだ。さらに国会自体の立法作業では、国法に先行している自治体あるいは国際立法をくみいれることができるし、省庁間調整の時間も国会主導で短縮が可能になる。

(6)国会調査活動の整備

国会は国権の最高機関として、国政調査権をもつ。また資料②にあるように、今日では行政監査権ももっている。この行政監査の制度化として、国会オンブズあるいは国会での行政監査組織の設置が考えられる。自治体職員は住民訴訟の対象になるのに、省庁官僚は、民法・刑法を別として、行政法の訴えの対象に「しない・できない」だけでなく、行政監査やその処分すらも手抜きになる特権地帯を形成してきた。そこには当然、接待をはじめとする「公務員の犯罪」が多発する。

「ですから、地方分権、規制改革によって、自治体あるいは省庁外郭組織への派出・天下り、また補助金などをサッパリ整理・廃止するとともに、予算書、決算書も工夫し、原価計算もくみいれた事業別さらに連結型にその編成を変えないかぎり、国会議員は今後も予算・決算の全体構成がわからないだけでなく、実質の審議もでき」ないことになる。とりわけ、専門の行政監査組織が国会に設置されるなら、「国会両院はそれぞれ決算審議を法制改革とむすびつけるとともに、予算改革にとりくみうる情報をもつことができ」るようになる。

(7)立法・法務スタッフの充実

この国会立法・法務スタッフの充実については、まず議会の五課題（三二八頁）にとりくむ「最高機関」としての国会の位置の設定から出発すべきだ、と松下はいう。また立法については、法学知識よりも現場を知悉した〈政策・制度型思考〉の熟成が必要である。そのためには、国政調査や行政監査を活性化して、政治・行政の「現場」に立ち入って学ばなければならない。

選挙制度にかんしては、「二院制をいかす方法の工夫が必要です。最近では両院ともに現議員の既得権保持のため、漸次、両院の選挙制度が、似るとともに複雑になってきました。このため二院制をとる意義がないと批判されます。／衆議院では、区制は別として、完全人口比例、参議院では同数の各県代表に徹してそれぞれ明快にすべきでしょう。このとき、人口の比重がたかい大都市型と面積の比重がたかい一般型の争点の相違が、それぞれ選挙あるいは国会でおもてにでて、きわだちます。このため、かえって、地域特性をふまえた市民生活を起点とする、政策・制度の立案・調整ができるようになるでしょう。今日のいわゆる「投票率低下」には、全国争点が強調されて、地域特性の争点化が低いところにも原因があると指摘しておきます」。

そして最後に松下は、「国会への市民参加の制度整備」が不可欠だという。国会議員が官僚から自立するためには、独自の争点と情報の開発が必要だからである。公聴会・参考人制度について、市民参加制度として再評価すべき、という。とくに公聴会は、議院規則で市民は誰でも両院に開催を要求できるのだから。さらに、政策・制度開発については、先駆自治体の方が省庁より先行し、水準も高くなっているので、市町村の長・議員、そして行政に熟達した職員を積極的に公聴会・参考人制度で活用すべきだと主張する。

以上、官僚内閣制から国会内閣制への制度改革と憲法の運用転換についての、松下の考えをたどってきた。都市型社会の成立した今日、近代化を推進してきた国レベルの行政機構・官僚組織である省庁の位置は変ってきた。市町村、県、国、そして国際機構がそれぞれ政府として独自の課題をもつようになった結果、「省庁機能には国レベルの課題への純化・限定が不可欠」となった。「省庁は、いわゆる絶対・無謬という国家観念をかざすこと」ができなくなっただけでなく、「国会・内閣によってその権限・財源ついで責任を組織・制御される、国レベルの事業部制」とみなされるべきものになった。

政策の開発・実現についても、省庁官僚の独占ではなくなってきた。政策の発生源は、自治・分権政治では図30（次頁）のように、多元・重層化していく。図17（二四三頁）の〈分節理論〉である。当然、国の政府は国レベルの課題領域に純化される。図2（一四七頁）にみられるように、《市民政治》段階では、シビル・ミニマムの量整備から質整備への移行をめぐって、国際平準化とともに地域個性に即した文化戦略が不可欠となる。そこでは図18（二四五頁）のように、「地域個性文化、

図30　政治イメージの模型転換

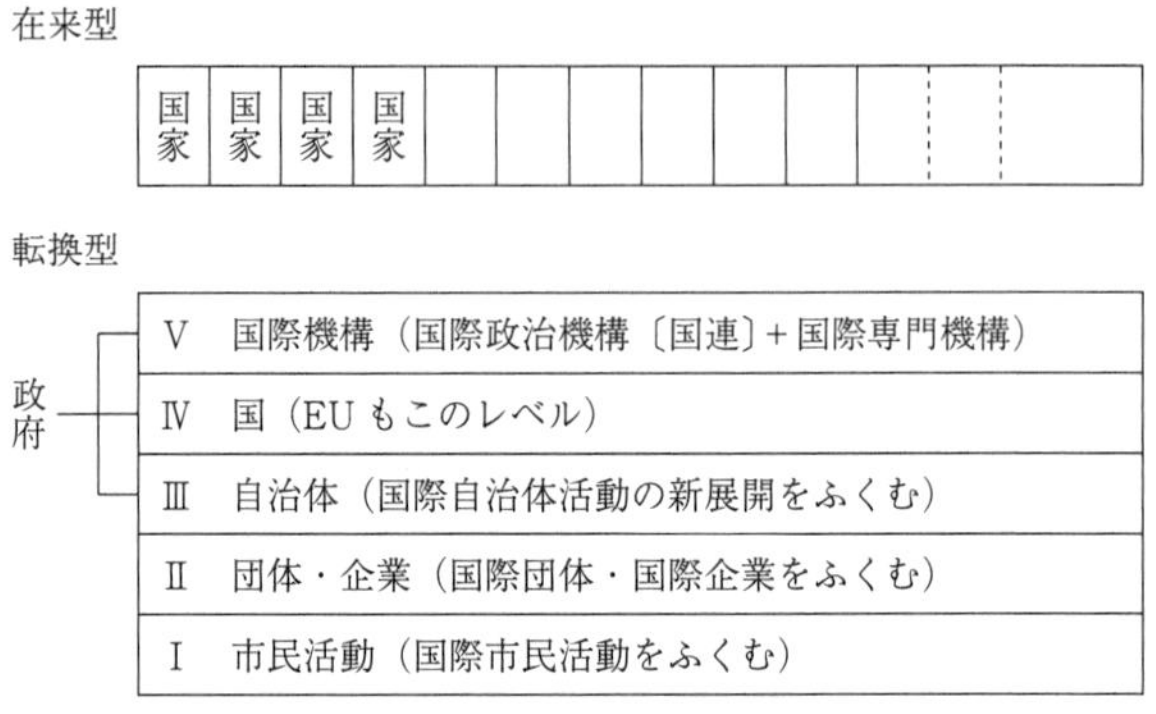


国民文化、世界共通文化という文化の三層緊張を背景とする、自治体、国、国際機構という政府の三分化、条例（自治体法）、法律（国法）、条約（国際法）という法の三分化」もすすむ。

省庁の外交能力は、外務省をふくめて、低劣としかいえないが、分権化によって省庁の課題領域を国レベルに純化するならば、国際外交の熟度も高まるにちがいない。分権化と国際化は表裏の関係にあるのだ。

## 2　政治学と法学の分裂

### なぜ講壇法学に陥るのか

本書第五章の「市民自治の憲法理論」も、前節でみた「官僚内閣制から国会内閣制へ」も、その内容はまさに従来の官僚法学・講壇法学にかえての、市民法学の提起であった。

しかし、市民法学を考えるにあたって、ここには日本特有の問題がひそんでいる。それは、政治学と法学の分裂という問題である。松下は、二〇〇九年に『国会内閣制の基礎理論――松下圭一法学論集』を上梓するにあたって、［補論］として「市民法学の提起と国会内閣制」を書き下ろした。以下それにしたがって、松下の意見をきくことにしよう。

日本では、明治維新前後に、先進国イギリスやフランスの影響をうけて、法学が成立しはじめた。しかし、「東洋専制の伝統のなかで後進性を克服しながら近代国家をつくろうとした日本では、（中略）当時ようやく官僚国家をきずきつつあった、ヨーロッパでの中進国モデルをかたちづくるドイツ語圏の国家統治型法学を導入することになる」。それ以降日本では、市民法学の可能性はなくなった。

明治憲法は、伊藤博文など少数の人物が、ドイツ語圏法学の学習をふまえて作成し、欽定憲法として天皇から下賜された。そこでは〈国家統治〉をたかくかかげる一方、官僚養成校としての旧帝国大学で、憲法・行政法を中心に官僚法学・講壇法学を構築していくことになる。日本国憲法の制定をみた戦後においても、第五章でみたように、この官僚法学・講壇法学は、外見上の民主主義にもかかわらず、実質的には戦前そのままの官治・集権型理論構成をひきついでいたのであった。

その意味で、日本の「戦後民主主義」は、憲法制定の最初から、「《表層》ないし《表見》にとどまっていた」、と松下はいう。この論点にたいする批判が、松下の、(1)「地域民主主義・自治体改革」であり、(2)「国会内閣制論」の提起であった。

政治学と法学の分裂にかかわって、第一に問題となるのは、旧帝国大学法学部における両者の講座数からあきらかなように、政治学は官僚育成のための「教養」でしかなかったことである。第二の問題は、明治憲法のモデルとなったドイツ語系学界では、「社会」と「規範」を峻別する新カント派が隆盛であり、日本の社会理論はその影響を強くうけていることだ。「法学は国法の解釈論にとどまるというかたちでの規範論理、というよりも現実の変化をたえず無視する法解釈への逃避、政治学は逆に規範論理ないし制度構造なき流体としての政治への埋没に、それぞれ陥ることになった」。

したがって「日本の法学、とりわけ憲法学、行政法学では、《市民法学》たろうとする発想はうまれにくく、ひたすら国家統治ないし官僚法学に即応する講壇法学に陥り、法解釈中心の規範学つまり教条学として閉鎖・独善性をもつことになった」。天皇機関説をとなえた美濃部憲法学も、この系譜に属した。

戦後は、日本国憲法の制定をみたにもかかわらず、国家統治という「思考原型」はかわらなかった。もちろん、官僚統治のフランス型へののりかえや、アメリカの法手法の導入もみられたが、定着することはなかった。

新カント派系の社会・規範二元論は戦後も継続し、戦前からの「公法学」におけるイェリネックの圧倒的影響下に、法と社会（政治をふくむ）の分断が進行した。「結果として、日本の法学理論では社会現実ついで社会理論は切り捨てとなる」。イェリネックの「国家両面説」（法学と社会理論の分断説）は、二〇世紀にはいってドイツ語圏で、ケルゼンの「規範」への純化、シュミットの「政治」への純化、として両極化する。それらは「いずれも社会現実なき〈形式〉の学となっていった」。

新カント派の二元論の分裂・対立を、「社会全体の文脈のなかであらためて結びつけなおそうとしたのが」、ドイツのウェーバーであり、ヘラーであり、イギリスへの亡命後のマンハイムであった。

日本でも、民法系の末弘厳太郎、我妻栄、川島武宜、戒能通孝などが、新カント派系の方法分裂を実質的に脱却していたが、法学者の主流は官治・集権型の理論、条文解釈に閉じこもっていった。戦後もその論理構成が大きく変ることはなかった。つまり「日本の憲法・行政法学者はいわば、戦後改革立法を「政治所与」としてうけとめ、戦前型官治・集権の法学論理のままでの、その解釈にとどまった」のである。

**市民法学を生むために**

ここで松下は、あらためてヨーロッパ近代における法学の歴史をふりかえる。なぜなら、それは理論構成の転換をめぐる「政治論争」の歴史でもあったからだ。「ヨーロッパの思想史をみれば、きびしい法学論争は、また同時に時代の転型をめぐる〈政治課題〉、したがって〈理論構成〉、さらに〈立法政策〉の再編をめぐる政治論争だった」のである。

近代国家の形成期における、主権観念の成立をめぐってのボーダンとモナルコマキの論争、イギリス革命にかかわる「ホッブズの制定法とコモンローヤーの伝統法との対置」、ロックの「社会契約＋政府信託論」とフィルマーの「君主主権＋政府家産論」との対立、「ブラックストーンの複合憲法論にたいするベンサムの制定憲法論による批判」、アメリカ革命、フランス革命での「政治としての憲法制定論争」などがその例である。

くわえて、一九世紀ドイツ語圏における近代化・統一国家形成をめぐっての、自然法学派と歴史法学派の対立（後者ではさらに、ロマニストとゲルマニストの緊張がある）、皇帝・宰相の統治理論にたいするイェリネックの議会による抑制理論、ウェーバーの憲法運用論など。

二〇世紀にはいってからは、第三章第1節でみた、メートランド、バーカー、デュギー、ラスキらの〈政治多元論論争〉や、エールリッヒ、パウンドらの「法社会学」の提起、社会主義者の「社会権」あるいは「生活権」にかんする理論構築などもあった。

第二次大戦では、「全体政治にたいする人権論争」、第二次大戦後では「民族独立、ゲリラ・レジスタンスをめぐる国際法の再編」、そして「国際政治機構」（国際連盟、国際連合など）、「国際専門機構」（ＩＬＯ、ＷＨＯなど）の位置づけにかかわる理論の対立・調査・創出など。

「つまり、法学論争は同時に政治論争であり、政治論争は法学論争となっているのである」。日本でも、明治憲法制定をめぐる自由民権対国家統治の論争、民法典論争、天皇神権説対天皇機関説の憲法論争、などがあった。また一九五〇年代には、日本国憲法をめぐる改憲・護憲論争がたかまったことは、すでにみたとおりである。

こうした流れの延長線上に、松下は「市民自治の憲法理論」と「官僚内閣制から国会内閣制へ」を、提起したのであった。

そして松下は、「二〇〇〇年代では、日本は、後・中進国型の官治・集権による、官僚主導の「進歩と発展」の時代は終わり、先進国型の自治・分権による「成熟と洗練」という《市民政治》への移行が課題となっている。でなければ、日本は官僚内閣制という中進国状況のまま、〈社会の解体〉をともなう「没落と焦燥」の時代にはいる」と書いた。

「成熟と洗練」にむかうためには、つまり「官治・集権政治の破綻のなかで、しかも人口の高齢化さらに減少をみる都市型社会という問題状況、（中略）利子をふくめて国、「居眠り」自治体の日々巨額がふえていく超絶借金をふまえて、長期・マクロの戦略構築には」、以下の三課題が市民討論において緊急だ、と松下はいう。

(1)「都市・農村いずれでも、農林漁業の再生を基軸とする、国土の生態・構造のグリーン化・エコ化、また食糧自給率上昇」。

(2)「老朽していく住宅・公共施設、拡大する正規・非正規の従業員・職員の生活格差とくに失業増大、崩壊する地域生活・社会保障、また脆弱性を深める危機管理などの再編」。

(3)「各地域経済での創意から出発する新雇用・新技術・新産業、また自然エネルギーなど新資源の造出にむけた《経済》の再活性化、さらには地域個性文化・世界共通文化の緊張をともなう《市民文化》の醸成」。

「この(1)(2)(3)をめぐる戦略思考への市民の習熟・熟成」こそが、「日本の活力の増幅・飛躍」のためには必須だと、松下はいう。つまり、「多様な特性をもつそれぞれの地域での市民の相互性、主導性、とくに既成政治・行政をこえる市民の個性ある戦略、構想力が、まずその起点として要請されている」のである。

# 終　章　成熟と洗練
## ——日本再構築にむけて

### 独自の思索はいかにして生まれたか

これまで、六〇年間以上にわたる、松下の仕事の軌跡をたどってきた。その他に類をみない構想力の豊かさと、強靭な思考力は、松下自身が現場におもむき、現場の人々とともに、つちかってきたもの以外の何物でもない。七〇歳近くになるまで、ほとんど毎週のように、日本全国の現場に足をはこんだ松下（二六七頁参照）。その借り物ではない独自の思索は、どのようにして可能になったのか。松下自身の言葉を聞いてみよう（『現代政治＊発想と回想』あとがき）。

ここで、留意いただきたいのは、私の二〇歳代のヨーロッパ政治思想史研究の延長線上に、その後の日本政治研究、ことに自治体改革の構想があったのではないことである。（中略）私は三〇歳前後から《自治体改革》を起点に日本政治の《構造改革》にとりくんだが、これはヨーロッパ政治思想史研究とサヨナラ、つまり断絶したうえではじめている。

> 日本の政治についての研究には、新たに日本の政治家、政党職員、また政治ジャーナリスト、ついで官僚、自治体職員、また経営者、法曹の方々、とくに一九六〇年代から日本で新しく登場する市民活動の方々との交流ないし討議のなかから、既成政治・社会理論の批判をおしすすめ、理論の再構築をみずからの課題としていった。いわば「書物」からはなれる、あるいは「研究室」の外に出るという、私自身の〈生活スタイル〉、いいなおせば《経験》の再編が不可欠であった。事実、大学でも研究室をもたないようにしてきた。
>
> 外国研究の「延長」ないし「応用」という考え方からぬけでて、私は日本の文脈ないし課題に直接とりくみ、そこから再出発している。外国モデルの日本へのアテハメでは、戦前から今日もつづいているような、理論不毛となってしまう。（傍点大塚）

私は編集者という職業上、非常に多くの研究者に接してきた。しかし、自らの意志で研究室をもたない研究者に会ったことは、松下以外に一回もない。松下は自身でそう決断し実行することによって、従来の学問のあり方に疑義を呈したかったのだろうと、私は思う。ただ、半世紀以上にもなる長いつきあいのなかで、松下がそのことを口にしたことは絶えてなかった。松下の覚悟の深さに、思いを至さざるをえない。

一方、松下は、二〇歳代のヨーロッパ政治思想史研究と、その後の膨大な仕事との、断絶を強調しているが、それはそのとおりであったに違いない。たとえば、第三章でみたように、松下は政治の現場を知るために、政治家や政党職員たちとの夜のつきあいも律義にまもったのだった。その後の、自治体首長や職員たち、市民活動家たちとの数えきれないほど多くの交流を考えるなら、松下の研究者としての特異な姿勢に脱帽せずにはいられない。

と同時に、松下自身がその断絶を言明しているにもかかわらず、本書を通して松下のじつに多彩な仕事をみてきた私としては、若き日のロックを中心としたヨーロッパ政治思想史の研究成果が、いつもその背景にあることを疑うことができない。二〇一三年一一月の日付をもつ「〈官治・集権〉の日本とロック」（岩波現代文庫版『ロック『市民政府論』を読む』所収）にある「戦後の一九五〇年代、まだロックの本格理論研究は日本になかった。私は一九五〇年代の若き日、ロック理論を市民政治理論の《古典的形成》として位置づけ、今日の《普遍市民政治原理》を理論化するという時期をもちえたことに、感謝している」という一文を読むとき、一人の稀有な政治学者の生き方に、心底圧倒される。

### 救いはあるか

ところで、松下自身、現在日本の政治状況について、どのように考えているのだろうか。近年の著作から引用する。まず二〇一二年八月に刊行された『成熟と洗練——日本再構築ノート』（公人の友社）から。

日本も明治以前は江戸時代の藩群立による、いわばここでいう「小国モデル」の典型だったのだが、明治以来「帝国モデル」を追求し、挫折した。みずからを「大日本帝国」と称し、天皇についても一時外国むけには「皇帝」とよんでいたのである。二一世紀の今日になっても、日本はいまだに自治・分権の市民社会にも移行しえず、官治・集権の明治国家型中進国状況にとどまったまま、没落するのではないかという岐路にたつ。

日本は今日、〈進歩と発展〉の時代は終わって、ついに〈没落と焦燥〉の時代に沈んでいく、という予感をもつ事態にはいっている。はたして、日本は北欧など「小国モデル」が提起するような自治・分権型の「成熟と洗練」にむけての《転型》ができるだろうか。

一読して、明るい論調とはいえない。しかし、救いがないわけではない。

半世紀以上かかったのだが、「自治体」という市民の言葉が、「地方公共団体」という官僚用語を追いだし、また「市民自治」といった言葉もつかわれはじめていることをみれば、日本もようやく変わるという希望もふくらむ。後・中進国型の官僚用語も、今後の立法改革のなかで、国会が順次なおしていけばよい。

二〇〇〇年代にはいってようやく、日本の市民たちは、〈外見〉にすぎなかった、自民党官僚内閣型のいわゆる「戦後民主主義」をのりこえはじめ、今後、政権交代を幾回かつづけていくとき、時間がかかろうとも、市民としての《成熟・洗練》にむけて、自覚・覚悟をもちうるのではないかと、私は考えはじめている。

いうまでもなく、松下の真意はいままでみたように、自治体再構築と国会内閣制の定着による日本再構築にある。しかし、松下はあくまでも慎重である。

日本の私たち市民は、地球規模での都市型社会の成立のなかで、日本の政治・行政あるいは経済・文化は、すでに《分権化・国際化》の段階にはいったという「自覚」すら、まだ成熟させていない。明治以来の、そして自民党政権が戦後うけついだ国家観念ないし国家統治という、〈閉鎖国家〉型の考え方に惑溺する時代がすでに終っていることは、たしかである。日本の市民は《市民活動》の熟成、《自治体改革》の展開、《国会内閣制》の構築のなかで、市民個々人が多元・重層のチャンスをもつ《市民政治》の時代をつくりうるのだろうか。

私たち日本の市民は、くりかえしのべたように、後進国型の「進歩と発展」への幻想は終って、「没落と焦燥」か、「成熟と洗練」か、という岐路にたっている。

そしてさきにみた最近の文章「〈官治・集権〉の日本とロック」でも、慎重な論調はつづく。

二〇一〇年代、《日本沈没》は現実となりはじめ、〈没落と焦燥〉の時代をむかえつつある。ひろく日本の未来は、明治以来、戦後も半世紀余つづく、「政官業学複合」主導の官治・集権型《官僚内閣制》から、「市民自治」を起点におく自治・分権型《国会内閣制》への転換を基軸に、省庁官僚が明治国家以来育成してきた、地域のムラをひきつぐ「町内会・地区会」、また戦後の農協をはじめ省庁の「外郭団体」となる業界団体という、自民党官僚内閣政権の中進国型「岩盤」の解体・再編をいかにすすめるかにかかっている。

たしかに、二一世紀の政治は、日本をふくめ、地域規模から地球規模にかけて、自治・分権型の多元・重層状況に移行しはじめており、この《都市型社会》における私たち日本の市民は、地域レベルから自治体（市町村・県）、国、国際機構の各政府レベルまで、経済・文化ついで政治・行政また法学をめぐって、その〈市民熟度〉をもちうるか否かが、とくに沈没状況の危機のなかで緊急に問われている。日本ははたして、市民政治・市民文化における《成熟と洗練》の段階をむかえるだろうか。

二〇二〇年オリンピックの東京開催決定にわく、現在の政治・文化状況についても、松下の論調はまことにきびしい。

だが、日本の〈官僚内閣制〉、ついで官僚法学を基軸におく日本の大学・教育、また政治家の美辞や省庁解説にとらわれがちの日本のマスコミについて、その市民型改革をおしすすめるには、すでにもうおそいのかもしれない。そのうえ、日本の社会は今日も、外国語流通、女性登用、また貿易の自由、あるいは外国人留学生・観光客受け入れなどなどをめぐって「閉鎖国家」状況にあり、地球規模での市民型公共感覚を築きえていない、しかも〈政権交代〉なき中進国状況に、いまだにとどまることを確認したい。日本の市民の《成熟と洗練》をめぐって、私たち市民はきびしい「覚悟」という時点にたっている。（傍点大塚）

「すでにもうおそいのかもしれない」という松下の言葉は、六〇年以上も自治と分権、市民文化の熟成のために、生涯を献げてきた真摯な政治学者の胸底からの発言であるだけに、重く私たちのこころにひびく。

**確かな希望**

しかし、本書をとおして松下の身をもっての苦闘を追体験してきたいま、私は確信をもっていうことができる。松下が日本の市民の自由と幸福と自立のためにおこなってきた、改革の提言の多くが、具体的な政策となって実現されている、ということを。たとえば、自治体がどんな政策を実施する場合でも、その前提にシビル・ミニマムの考え方があるのは、ごく常識になっている。つまり、改革の提言が実現されると、それは市民の常識になるということだ。

敗戦直後の、都市にひろがる焼野原と、そこに点々と形成されるバラック建ての闇市を歩きまわった少年であった私にとって、松下の改革の提言がどれほど大きな成果をうんできたか、そしてそれがどのように市民の常識になっていったか、とても簡単に表現することはできない。

一例だけあげる。二〇一四年早春、ある会合があって長野県の小布施《おぶせ》町をおとずれた。この小さな町は、世界中から多数の観光客がやってくることで知られている。私の親しい韓国の出版社の社長も、家族づれで訪れたといっていた。町立の図書館にいって、あれこれとみていたら、『第五次小布施町総合計画　二〇一一―二〇二〇』という印刷物があった。そのなかに〝「自己決定」「自己責任」の自治体運営〟という項目があり、つぎのように書かれていた。

国と地方公共団体の関係を、国が地方に優越する上下の関係から、対等の立場で対話のできる新たなパートナーシップの関係へと根本的に転換し、地域のことは地域に住む住民が責任を持って決めることのできる活気に満ちた地域社会をつくっていくため、住民の最も身近な基礎自治体の「地域主権」のさらなる広がりが求められます。

これは、松下の主張そのものではないか。私はこれを読んで、なぜ小布施が世界中から人が集まる美しい町なのか、その理由がわかった気がした。

同時に、日本中の市や町や村で、小布施と同様に、松下の考えが市民の常識となっていくであろうことを、確信したのであった。

＊考えてみれば、松下はいつも陽気に雑談していた。しかし、自分自身の仕事について語ることはあまりなかった。今回、幸いなことに松下の思考の「芯」ともいうべきものについて、想い出を語ってもらうことができた。本書の最後にそれを掲載する。——大塚

# 私の仕事

松下圭一

私は小学生のころから地域の町内会費集め、中学時代の農家や軍需プロペラ工場などへの学徒動員、また敗戦後、金沢の高校（旧制四高）では市民二人がつくった、発禁本をふくむ「市民文庫」にかよい、大学での学生新聞編集長、丸山眞男ゼミ、大学助手の時には日本で最初の中村哲・丸山眞男・辻清明編『政治学事典』編集のため、一時出版社の平凡社で仕事をし、印刷所にもつめた。いわば〈複合〉した生活・経験のなかで、いろいろな人々と知りあうことができた。

その間、戦争末の福井市空襲、戦後の福井大地震による、家と地域の焼失・壊滅によって、〈日常性〉の完全な崩壊を短期間で二度経験した。《都市型社会》をめぐって、後述する「シビル・ミニマム（生活権）論」の理論着想は、この原体験にある。

一七世紀、ヨーロッパ《近代》を構想して「啓蒙哲学」の祖となり、ルソー、カントへの系譜もかたちづくったロックについて、一九五九年、日本で初めての本格研究となる私の第一作『市民政治理論の形成』（岩波書店）を刊行したが（『ロック『市民政府論』を読む』岩波現代文庫、二〇一四年参照）、そのときすでに、日本でのマルクス主義崩壊のキッカケとなった、私の提起による《現代》をめぐっての《大衆社会論争》を終えていた（拙著『現代政治の条件』中央公論社、一九五九年、同『戦後政治の歴史と思想』ちくま学芸文庫、一九九四年参照）。その後、《現代》をめぐる「大衆社会＝都市型社会」を立論して、私は《近代・現代二段階論》という、〈歴史・構造〉（後述）のマクロ定式をきずいていく。

なお、日本の大衆社会への移行を背景とした、「ミッチー・ブーム」をめぐる一九五九年の拙論「大衆天皇制論」（『中央公論』四月号）は、《現代》天皇制論の一般定型となり、私の論旨への賛成・反対を問わず引照される「事件」となった。

高度成長期の一九六〇年代以降は、日本の《現代》への移行をめぐって、いずれも日本で初めて理論化したのだが、（1）のちにボランティアからＮＰＯ、ＮＧＯも当然ふくむことになる市民活動の理論化、（2）市民自治を基点に政治を多元・重層化する自治体改革の提起、さらに（3）国政をめぐる官僚法学・講壇法学の理論再編、くわうるに「国会」また〈官僚内閣制〉の制度改革という、三層の「複合改革」をめざしていく。私は大学で授業には勤勉だったが、四〇歳代以降、「研究室」はもたなくなっていた。私の仕事が〈複合〉していたからである。

**註**　私の回想録に、『現代政治＊発想と回想』二〇〇六年（「松下圭一著述目録」を収める）、『自治体改革＊歴史と対話』二〇一〇年、いずれも法政大学出版局、がある。

戦後の『日本国憲法』でも、日本の自治体は「国」つまり官僚が「国法」ないし「通達・補助金」で中味をつめる、〈空虚〉な「地方公共団体」にすぎなかった（同九二条）。このため、今日、日本語になっている《自治体改革》という言葉は、私が一九六〇年前後に新しく造語している。新しい時代は新しい言葉を必要とするからである。この自治体改革は、自治体の〈独自〉政府としての自治性・地域性・自立性の熟成を中核におき、その後、後出の《二〇〇〇年分権改革》につながっていく（拙著『二〇〇〇年分権改革と自治体危機』公人の友社、二〇一四年参照）。

統一地方選挙の年である一九六三年は、私の予測どおり、早くも《自治体改革》の出発の年となった。都市型社会のあり方を模索する「市民活動」を起点に、当時はまだ革新系市町村長・知事が主導で、七〇年代まで続く〈革新自治体〉の時代となった。当時、「革新市長会議」は、前述の《自治体改革》をかかげ、革新市には横浜、仙台、神戸、金沢、旭川、武蔵野などなど全国の市の三分の一、これに東京都ほかいくつかの県も間接にくわわった。

この革新自治体では、これまで日本で政治の課題となっていなかった、都市型の総合性をもつ「市民福祉」を基軸に、緑化、下水道、公害をあらたな戦略課題とする《自治体計画》の推進をすすめていく（拙著『自治体は変わるか』〔7〕回想の武蔵野市計画、岩波新書、一九九九年参照）。この《自治体改革》という私の発想は、一九六〇年前後の「警職法」、「安保」で神話化されていた賛成デモ・反対デモが、いずれも実際には日当つきの政党動員によって街頭を流れただけで、大都市東京でも当時その地域社会は「行政下請」のムラ型「町会支配」のままという、戦後政治動員の盲点への批判からはじまった（私もくわわった『大都市における地域政治の構造』〔杉並区調査〕都政調査会、一九六〇年参照。前掲拙著『現代政治＊発想と回想』三八頁以降に詳しい）。もちろん、小布施《おぶせ》、湯布院《ゆふいん》などの名望家主導、妻籠《つまご》、柳川などの公務員個人主導の個性ある地域づくりも、地域特性をきわだたせて画期となっていた。新型・大量の革新自治体をふくめ、これら各種の「先駆自治体」がなければ、行政とは「国法の執行」という官治・集権型のみじめな「画一」に、日本の地域はなっていただろう。

この《自治体改革》への自治体内部からの本格始動は全国各地で多様にみられたが、東京・多摩地区での自治体職員個人みずからによる「自主研究会」方式の出発も、これにあげられる。この自主研究会にもとめられて、私の編集で、一九八〇年『職員参加』（学陽書房）、また一九八六年『自治体の先端行政』（同）を刊行し、日本における職員革新への実務開発のはじまりとなる。当然、「自治研集会」をふくめた、自治労系の企業労働組合における「階級闘争論」の不毛性も批判して、職員の個人自発性による〈職場〉の再構築を提起していく。この研究会の流れは、二〇一四年の今も月一回「行政技術研究会」の名で、私も毎回参加してつづき、その間《自治体改革》の多くの先端を現場の視点から切り開いてきた。

自治体独自の〈政策法務〉（私の造語）の確立をめざして、明治国家以来戦後もつづく日本の官治・集権型からあらたに自治・分権型へという、行政法学転換の画期となったのは、天野巡一（武蔵野市職員、のち岩手県立大学教授）、岡田行雄（三鷹市役所職員）、加藤良重（小金井市職員、のち自治体職員研修、大学などの講師歴任）著『政策法務と自治体』（日本評論社、一九八九年）であった。これも、この多摩の研究会を背景にもつ。

また、私はコンピューターが今日ほど普及していなかった当時、関連のある出版社とともに、新しい理論フロンティアであるこの《自治体改革》をめぐって、たとえば大冊二冊の『資料革新自治体（正・続）』（松下圭一、鳴海正泰、神原勝、大矢野修編、日本評論社、一九九〇年、一九九八年）など、幾種類もの「自治体資料集」を編集し、自治体の新時代にふさわしい（1）市民活動、（2）自治体改革、（3）国政・国法改革についての資料の整理・刊行もおこなってきた（前述、「松下圭一著述目録」参照）。

しかし、当時、〈国家統治〉をかかげる官僚たちは、「都市型社会」への移行にともなう、歴史上はじめての、この（1）（2）（3）の激動を理解できず、一時はパニックにおちいっていたといってよい。私は人事院や省庁など国の研修、また自治体の研修にも、幾度も、あるいは連続して講師によばれ、日本の官治・集権行政の現実を批判するとともに、これを自治・分権政治に変えるため、二〇〇〇年代の今日では常識となった「情報公開・市民参加」という《市民手続》の構築をきびしく訴えた。この基幹論点を私は当時まとめて理論設定しえていたからである。もちろん、今日の二〇一〇年代の官僚たちも、心底ではいまだにその明治国家体質は実質変わらず、官僚行政中核の《官僚内閣制》は今日も続く（当時の全体としてのエリート官僚にみられた傲慢な実態については、拙著『成熟と洗練・日本再構築ノート』公人の友社、二〇一二年、一〇〇頁以降参照)。

そのころ、自治体改革ではおおきな仕事がのこっていた。全国規模の「自治体学会」の結成、さらには大学カリキュラムに新時代の《自治体改革》関連講座の新設である。この自治体学会創立の提案は、「学者」知事の長洲一二神奈川県知事もはやくからおこなっていた。だが私は、現場を職場とする自治体職員が自治体独自の政策・制度づくりができるようになるまで、一〇年まちましょうといって、有名人や学者中心の学会づくりをやめにした。

森啓(神奈川県自治総研研究部長、のち北大教授)、鳴海正泰(横浜市企画調整局専任主幹、のち関東学院大学教授)、それに私がこの自治体学会を準備し、一九八七年、田村明(元横浜市企画調整局長、法大教授)、西尾勝(元武蔵野市第一期長期計画策定委員長、東大教授)、塩見譲(元日本経済新聞公害担当論説委員、和歌山大学教授)を代表委員として、「自治体学会」は出発している。その後、自治体学会所属の長、職員のなかから大学の教授・講師が輩出し、自治体を独自課題をもつ〈政府〉と位置づけて制度画期となった《二〇〇〇年分権改革》に、対応できたのであった。

なお、大学教授もひろく「現場経験」をもつ市民型の専門学識者であるべきだと考え、私は法政大学の政治学科で、いちはやく自治体改革系の新講座を複数設置するとともに、人事方式についても改革をはじめた。二〇一〇年代では、いわゆる官僚天下りによる逆用もあるが、このような大学人事方式は各大学における今日の大学改革の常識となっている。ただ、各大学の法律学科にみられる、「講壇法学」と私が呼ぶ憲法学・行政法学の理論硬直・時代錯誤は、いわば旧来の師弟型人事志向からきていることを特記しておきたい。

一九七三年、私は「市民参加と法学的思考」（『世界』七月号）で、日本の憲法学・行政法学は戦後の『日本国憲法』についても、明治憲法と同型の《国家統治》理論にとどまっていると全面批判した（拙著『市民自治の憲法理論』岩波新書、一九七五年、また『国会内閣制の基礎理論』岩波書店、二〇〇九年参照）。この《国家統治》（国家法人説）型から《市民自治》（政府信託説）型への憲法学・行政法学の全面転換という問題提起は、当時「松下ショック」といわれるほど、日本の法学に衝撃力となった。

だが、内閣法制局の官僚法学とむすびついている講壇法学は、明治国家以来今日もつづく〈官僚内閣制〉の弁証にとどまり、国会の「最高機関」という位置づけ（『憲法』四一条）を空文化して、憲法のほぼ全教科書がこの「最高機関」とは「政治的美称」にすぎないとのべ、「最高機関」の国会を行政中核の戦前型「三権分立」のなかにとどめおく始末である。私のいう、『日本国憲法』にふさわしい《国会内閣制》への始動は、戦後政治における長期の《官僚内閣制》型「自民党ボケ」とあいまって、学者・評論家・政治部記者のみならず、当事者である国会議員自体の間ですらもいまだ始まっていない（「三権分立」についての図示は、本書二三六頁参照――編集部註）。

以上の社会・政治・行政理論再構築という私の課題の背景には、日本の《都市型社会》への移行、これにともなう〈現代都市問題〉の激発からくる当時の言葉での「市民運動」、今日ではその後私がおきなおしたのだが《市民活動》の新しい出発があった。

そのころ、ある夜突然、岩波書店編集者で旧知の大塚信一さんが私宅にこられ、市民活動を起点に、〈現代都市政策〉を岩波新書にまとめる話になった。これが一九七一年刊行の『都市政策を考える』である。手もとの本でみると、八四年に一一刷となっている。当時、地域・都市づくりは《市民》の課題であり、しかも「情報公開・市民参加」の《市民手続》が不可欠だとは、都市計画家・建築家、それに市民自体、また官僚のほとんどが考えていない時代だった。

ひきつづき一九七二年、市民活動に起点をおく岩波講座『現代都市政策』〈全一二巻〉の編集に伊藤光晴、篠原一、松下圭一、宮本憲一の文科系四名でとりくみ、私が全体の総論を書いた。日本の地域づくり・都市政策、また（1）市民活動、（2）自治体改革、（3）国の政策・制度再編をめぐる、当時の他の講座、叢書などの編集とあいまって、建築・都市についての従来のせまい理科系専門発想を、ひろく市民による《地域づくり・自治体改革》へと解放する、新しい思想・理論活動の考え方をきりひらいていった。

そこでの私の発想基軸は、市民の普遍基本権から出発する《シビル・ミニマム〈市民福祉＝社会保障〈福祉・医療〉・社会資本〈住宅・施設〉・社会保健〈事故・公害〉の総合〉の思想》による、憲法二五条〈生活権〉の新定位であった。《現代》の「都市型社会」における《市民》という新「人間型」をめぐって、数千年来の「農村型社会」のムラ規制にかわる〈思考方法〉〈政策・制度〉〈市民文化〉の新構想、さらに〈自治体計画・基準・条例〉の新展開を課題としていた。

経済高成長にともなう一九六〇年代以降における日本の《都市型社会》への移行は、以上のように、市民が起点となる社会・政治・行政の《現代》型再編をめざした、思想・理論、政策・制度の新構築を不可欠としていたのである。しかも、この新構築にはみずからを「統治機構」とよんで官僚行政の低水準をみずからしめしていた。

ここから官僚行政の《市民化》ないし〈行政の文化化〉つまり日本の生活文化、社会・政治・行政、また思想全体について、〈ムラ＋官僚〉という伝統型をこえる〈市民型〉への、《文化水準》の転換・上昇という要請とむすびついていく（拙編『都市文化をデザインする』有斐閣、一九八四年、拙著『市民文化は可能か』岩波書店、一九八五年）。

学会活動では、戦後アメリカで流行した役立たずの「政治科学」（ポリティカル・サイエンス）とは異なり、私自身は日本の政治思考・理論の自治・分権型再編成、つまり市民型の《成熟と洗練》を目指していた。日本政治学会会長への就任も、私なりにその一環である。くわえて、かつて『展望』一九六五年七月号で、当時の日本における、経済学をふくむ、ひろく社会理論全体の観念性・不毛性・翻訳性を批判したが、この批判は文部省の委託でOECDが日本の社会理論を調査・批判する一〇年前であった（前掲拙著『現代政治＊発想と回想』、一二八頁以降）。一九九六年、ようやく時代の要請となる条件がととのい、市民レベルからの〈政策・制度型思考〉の熟成をめざして、「日本公共政策学会」が発足し、私は初代会長となっている（公共政策ないし政策・制度型思考についての包括整理としては、拙著『政策型思考と政治』東京大学出版会、一九九一年参照）。

またこの二〇〇〇年代、日本の自治体、とくに市町村（県は戦前と同じく幹部に国の官僚出向も多く、いまだに実態は国の出店〉では、自治体の〈憲法〉というべき、私の造語による《自治体基本条例》の制定段階にはいっている。自治体は長・議会の二元代表のため、また条例名も自由のため、数え方はむつかしく、約一七〇〇の自治体のうち概数ではあるが、すでに自治基本条例を三〇〇、議会基本条例を四〇〇の自治体が策定したといわれている。《二〇〇〇年分権改革》で自治体が市民の《政府》になったのだから当然である。自治体立法＝条例の基点も、国法の立法とおなじく、《基本法》すなわち自治体憲法の策定にある。《自治体基本条例》が、これである。さらに、そこでは、各自治体はそれぞれ独自に、基本条例・総合計画、個別条例・個別施策が、たえず相互に循環するシクミをつくりだすべきであろう（神原勝『増補自治・議会基本条例論』公人の友社、二〇〇八年も参照）。

省庁が自治体について選択肢をだし、あるいは特区選択するのはいまだ官治型ではないか。全国画一の国法に自治体条例自体が独自政策を「上乗せ・横出し」するのが、最初からの基本である。またその罰則も罰金をはじめ懲役などにもおよび、日本でも国法にたいする〈自治体法〉の自立・成熟を、この点ではようやくみつつある。だが、これまで条例また計画の策定訓練をつみかさねてこなかった、自治に未熟・怠惰な市町村、くわえて国の出向官僚がおさえている多くの県は、今日もたとえば市民保護に不可欠の原発についての地域防災計画などの策定にも充分対応できていないという周知の事態を、きびしく批判しておきたい。基幹道路が一本しかない原発すらある。これらは、自治体は市民に無責任、国は見識ナシ、というべきである。

また、この二〇〇〇年代になっても、日本社会全体の「国家」型閉鎖性を反映して、日本の法学は国際法務へのとりくみにも決定的にたちおくれ、〈自治体法務・国際法務〉をふくめた急務の法学再編もすすまない。団体・企業、また市町村・県・省庁、くわうるに各弁護士会などには今日、自治体法務・国際法務を担当する「政策法務室」が必置である。しかし、これにともなう法曹要員の拡大を予測できず、近年の「司法試験」改革も失敗となった。

この二〇〇〇年代でも、自民党復活政権によるオールドライト系閉鎖型《国家》観念の残影は続いているが、この戦前系の「国家観念」は実質はすでに崩壊・解体し、今日では政府は自治体、国、国際機構に三分化し、国境を越える《市民観念》が地域・国・地球規模それぞれでの社会をつないでいる。

この転型期にある日本の緊張の中で、私は多様な論争をつづけながらも、多くの友人と歩んできた。最近も公人の友社から、古くからの友人二人の著作が刊行された。西尾孝司『三権分立論の虚妄性・国会は〈国権の最高機関〉である』、神谷秀之『震災復旧・復興と「国の壁」』がこれで、いずれも、今日もつづく、日本の官治・集権体質を批判している。

二〇一四年にはいって、大病をわずらう身となったが、医師、看護師さんらの誠意、医療の技術革新、あるいは地域連携・院内改革の加速もあり、私も元気をとりもどせそうである。くわえて、長年、地域の活力あふれる市民、また創意ある自治体職員、勇気ある政治家、言論人、出版人などの友人ともども、私は元気に生きてきたように思う。

一九七〇年代、厚生省官僚は私のシビル・ミニマム（生活権）論を、「バイブル」とさえよんだ。当時の日本には都市型社会、つまり〈現代〉の《市民福祉》をめぐる一般理論はいまだなく、階級闘争論を水増しした大河内一男の社会政策論があっただけだったからである。その後、高度成長にうかれて福祉、財政の政策・制度をめぐる厚生、財務官僚などの決定的な政策誤断、さらには自民党の長期にわたる政官業学複合によるバラマキ・ムダヅカイもつづいて、財政全体の破綻、つまり〈日本沈没〉が二〇〇〇年代では現実危機となるほど、日本は超絶した政府借金大国となった。

くわえて、日本の社会・政治・行政理論では、戦後の今日も憲法・行政法学者は戦前からの〈官僚法学・講壇法学〉から自立できず、政治学者もおおくは戦後の〈自民党史観〉にもとづく長期の「自民党ボケ」にとどまってきた。いわば、学者による「体制同調」だったのである。このため、天皇制国体論による言論弾圧の戦前はもちろん戦後も、いわゆる「私小説」から私はヒントをえたのだが、私のいう《私文化》型の「文芸評論」が、〈政治批判〉についての代替役をになってきたことはよく知られている。私が若い日に目をとおしていた「思いつき」レベルの『近代文学』から、私とほぼ同世代の「心情性」の強い吉本隆明また大江健三郎まで、「文芸評論」が〈政治批判〉の代替になってきた。

井崎正敏は近著『〈戦争〉と〈国家〉の語り方・戦後思想はどこを間違えたのか』（言視社、二〇一三年）の「第七章　私たちの基本ルール・松下圭一の「憲法」」で、〔1〕「左右同根の国家観」、〔2〕「憲法・国家統治の基本法から市民自治の基本法へ」の二点に論点をしぼって、私と、吉本、大江との発想のちがいを対比している。吉本、大江のいずれも、《市民》型の《政策・制度》の改革提案ができない、《私文化》型なのである。

市民型提案といえば、個別・具体のミクロ面で、私はたとえば、自治体の行政職員が「主権者」市民を〈教育〉するという、ムダで倒錯した官治型の考え方を批判し、『社会教育の終焉』（筑摩書房、一九八六年、新版、公人の友社、二〇〇三年）を提起したが、今日では自由な市民サークルから市民塾、市民大学というかたちなどで、市民は行政から自立しつつある（ここでいう市民には農業市民、商工業市民などが当然ふくまれる）。

事実、公民館から行政職員をひきあげ、「市民管理・市民運営」の地域小型館に公民館を再編すれば、生活、文化、政治における市民の成熟度もたかまる。また行政職員一人あたりの年間人件費一千万円も節減できる。日本では主権者《市民》は、官僚立案の個別法制ではいまだに、明治国家型「臣民」の変形である「国家公民」、つまり〈時代錯誤〉の受益者扱いにすぎないのだ。

なお、ここで、私の受賞歴をあげておこう。

（1）一九七一年〈毎日出版文化賞〉『シビル・ミニマムの思想』東京大学出版会

（2）一九七二年〈吉野作造賞〉『市民参加』東洋経済新報社

（3）一九九一年〈東畑精一賞〉『政策型思考と政治』東京大学出版会

受賞作品はいずれも、戦前の「国家」型発想を打破した、《現代》の市民型発想への転換ないしその成熟への一歩一歩を示している。（1）はまず、都市型社会〈独自〉の「生活権」の設定による基本人権の理論再構成、（2）は市民の成熟と洗練をめぐる〈日常〉での「自立・自治・抵抗」、（3）は「国家統治」をのりこえる〈市民自治〉にむけて、市民個人における

「政策・制度」型思考の熟成をめざしている。

私は前述した〈国家対私文化〉という、明治以降つづく日本《近代》の貧弱な「個人自由」でなく、《現代》型の《市民自治》ないし《市民政治》の成熟をめざす、思考変革の論理を提起できたと考えている。明治官僚国家の「絶対・無謬」を掲げた《国家》観念自体、〈都市型社会〉の成立とともに解体し、今日では、政治は前述のように〈市民活動〉を起点とする、自治体・国・国際機構三レベルの《政府》による、多元・重層の複合・調整になってきた。

二〇一四年、安倍内閣がかざす自衛隊再編は、ツジツマ合わせの憲法論議のなかで、自衛隊個人の服務内容を変える。まず、戦後の自衛隊員の服務は、〈国家〉観念への忠誠をしめす戦前・戦中の「兵役の義務」ではない。今日では、個々人の考え方・思想をふくめた職業選択、つまり個人の「契約」によるのであるから、法改正による自衛隊員個人の〈再服務〉には、自衛隊再編からくる新契約をふまえた《再宣誓》が必要となる。

《再宣誓》なき、ナシクズシの自衛隊再編はできない。隊員の旧新組織自動移行は、法制上、また実際としても、できないのである。ところが、日本の今日の政治家、官僚、理論家、また記者といった、いわば「政官業学複合＋マスコミ」、くわえてその反対派すらもふくめて全体としてここに気づかないフリをしている。これでは、国際基準も無視していた、独善の、日本における原発「安全」神話の偽造・同調メカニズムと同型ではないか。

『自衛隊法』五三条では、「隊員は防衛省令で定めるところにより、服務の宣誓をしなければならない」とさだめている。だが、この宣誓文は、国家公務員法では内閣の「政令」、自衛隊法ではここにあげた防衛省の「省令」でさだめるというかたちで、官僚法学によるいずれも官僚内閣制型だが、ひろく国家公務員、自衛隊員の宣誓文は、それこそ「国権の最高機関」である《国会》が「国法」として策定するという《国会内閣制》型にすべきではないか。自衛隊は、内閣・省庁の「私兵」ではないはずである。今後、国法の新立法・改正をめぐる国会論議の水準、ついで国会の見識があらためて問われていく。

また、憲法運用変更というべき今回の自衛隊再編による「戦死」をめぐっても、「市民権」をもつ自衛隊員個人の当事者・家族をふくめ、主権者たる日本の各個人の市民責任、さらに自衛隊の組織・指揮についての政府責任を、それぞれあらためて考えたい。当然、「靖国」問題での新論点も生起する（さらに、《市民保護》をめぐる拙著『都市型社会と防衛論争』公人の友社、二〇〇二年も参照。日本の原発では3・11以降の今日も「市民保護」について国際基準違反なのだが、この拙著では、軍事思考における戦前・戦後それぞれの「市民保護」発想の《欠落・欠陥》をのべている）。

最後になったが、私の社会・政治・行政理論の〈方法論〉は、最初の『市民政治理論の形成』、また『現代政治の条件』以来きずきあげてきた《歴史・構造》方法である。つまり、歴史の変化のなかに現実の構造変化をみ、また現実の構造変化をおしすすめて歴史の変化をつくりだす、という考え方を私はとっている。それゆえ、私の理論の立ち位置は、市民起点の〈自治体改革〉からはじまる《市民型構造改革》である。

二〇世紀後半以降、従来型の自然科学を模型とした組織と研究費が不可欠の「実証・量化」

方法中心では役立たず、社会・政治・行政理論は〈普遍市民政治原理〉にもとづく「価値合意」をたえずもとめ、しかも芸術家と同型の「構想力」の訓練を基本におく、《歴史・構造》方法による〈作品〉の制作が不可欠であると、私はたえず考えてきた。事実、私も若い日につかっていた「社会科学」と、ついでその〈客観性〉という言葉も、今では日本でつかわなくなっている。

たしかに、社会・政治・行政についての考え方また理論は、たんなる実証にとどまらず、《予測と調整》をめぐる個人の構想を中核にもつ。私の前述二冊の回顧録、また最近の拙著『転換期日本の政治と文化』（岩波書店、二〇〇五年）、『二〇〇〇年分権改革と自治体危機』（公人の友社、二〇一三年）に、その思考方法をみていただきたい。

ひろく、社会・政治・行政についての私たち市民の考え方は、先に公民館問題にみたように、日々、実際の〈現場〉でのミクロな個別・具体の「問題解決」、つまり柔らかいプラグマチズムをふまえたうえで、「法務・財務」の実務手法をもふくむ、〈市民良識〉から出発していく。とくに、最近、二世、三世がふえて幼稚化しがちな政治家、官僚、経営者、また同調する学者、記者といった「政官業学＋マスコミ」には、あらためて、経験に深くささえられた〈市民良識〉を対抗させたい。

だが、二〇〇〇年代の日本の今日、マクロには、［1］戦後自民党長期政権の中枢であり、①全国画一、②省庁縦割、③時代錯誤という問題性をもつ〈官僚内閣制〉の破綻、くわえて［2］〈自民党〉復活政権のバラマキ政治もめだち、「財政支出」と「財務経営」の区別もないため、スクラップ・スクラップ・スクラップ・アンド・大型ビルドができず、すでにかえせない規模となった、国際社会で超絶する日本の政府借金の加速、さらには［3］高齢化・人口減・東京集中・税金増・貧困増、また［4］空屋・空室から社会基盤まで戦後の社会ストックの総崩壊、これに［5］巨大自然災害、また想像をこえる巨額と時間のかかる原発・核の処理も加わる。

くりかえすが、明治以来、〈官僚統治〉を原型に、政治とは「国法の執行」と訓練されてきたため、市民をはじめ、政治家、ついで官僚・行政職員をふくめ、法務・財務の抜本大改革、また未来にむけての予測・企画という、マクロの問題解決能力の欠如もいちじるしい。

以上のような明治以来の官治・集権の持続・停滞といった〈歴史・構造〉問題をめぐって、私たちは《日本沈没》を予感しつつ、市民個人それぞれがみずからあらたな未来を摸索していくことになる。たえざる不確定性のなかで私たち市民が未来を構築するには、以上のマクロ・ミクロでの《歴史・構造》が提起する課題をふまえざるをえないことを、誰もが認めるであろう。

これまでほとんど語らなかったのだが、八五歳という高齢となって、理論と相関する「実務」レベルでの「私の仕事」についてのべる機会をいただいたことに感謝したい。

# あとがき

序章で書いたように、『特定秘密保護法』の強行採決や「集団的自衛権」をめぐる恣意的な閣議決定など、安倍政権の暴走には目に余るものがある。こうした暴走に対する有効な歯止めとなる論拠はどこに求めることができるのか。

私は、松下圭一氏の市民自治と分権にかかわる理論こそ、もっとも有効で適切な論拠になるものだと思う。その具体的な根拠を逐一述べたのが、本書であるともいえる。

もちろん、私はそのために本書を執筆したのではなく、「はじめに」で記したように、松下圭一という稀有な政治学者がどのように誕生したのか、その秘密を探ることが本来の目的であった。しかし、私の執筆期間が、たまたま安倍政権の暴走と重なったことから、以上にのべたような結果になったのであった。

そしてこのこと自体が、松下氏の政治理論の真の有効性を示す証左であると思う。なぜなら、六〇年以上にわたって展開されてきた松下理論が、現在でもそのまま妥当するからである。

学生時代より半世紀以上にわたってご教示をいただき、多くの著作を執筆していただいた松下氏には、今回また多数の図版の使用と著作からの膨大な引用を認めていただき、感謝の言葉をみつけることができない。

くわえて、松下氏執筆の「私の仕事」を本書に収録することができたのは、望外の幸せであった。あつく御礼申し上げる。

いまだにお上《かみ》崇拝の色濃い日本の社会・政治風土のなかにあって、松下氏の市民および市民文化の熟成と市民自治の貫徹への問題提起は、二一世紀に生きる私たちにとって、もっとも重要な課題といえるであろう。

そのために、本書がいささかでも寄与することができるならば、私にとってこれ以上のよろこびはない。

なお、図版とそのタイトルおよび説明は、凡例にあるように、松下氏の指示に基づいて作製したが、それ以外の本書についての責任は、すべて大塚にある。

最後に、いつものように十二分の配慮をもって編集作業をして下さったトランスビュー社の中嶋廣さん、綿密な校正をして下さった三森曄子さん、見事な装幀を仕上げて下さった高麗隆彦さんに、心から御礼申し上げたい。

二〇一四年八月八日

中国・貴陽における第一七回東アジア出版人会議の直後に、東京にて

大塚信一

**大塚信一**（おおつか　のぶかず）

1939年、東京生まれ。国際基督教大学卒業。63年、岩波書店に入社し、雑誌『思想』、岩波新書編集部を経て、「岩波現代選書」「叢書・文化の現在」「新講座・哲学」などを企画・編集。また編集長として季刊誌『へるめす』を創刊し、学問・芸術・社会にわたる知の組み換えと創造を図る。97年～2003年、代表取締役社長。現在、社会福祉法人日本点字図書館理事、東アジア出版人会議最高顧問。著書に『理想の出版を求めて――編集者の回想1963-2003―』『河合隼雄　心理療法家の誕生』（共にトランスビュー）、『火の神話学―ロウソクから核の火まで―』（平凡社）、『顔を考える―生命形態学からアートまで―』（集英社新書）など。

松下圭一　日本を変える
―市民自治と分権の思想―

二〇一四年一一月五日　初版第一刷発行

著　者　大塚信一
発行者　中嶋　廣
発行所　株式会社トランスビュー
東京都中央区日本橋浜町二―一〇―一
郵便番号一〇三―〇〇〇七
電話〇三（三六六四）七三三四
URL http://www.transview.co.jp

印刷・製本　中央精版印刷

ISBN978-4-7987-0155-4　C1031